Biologischer Pflanzenschutz im Garten

Otto Schmid
Silvia Henggeler

Biologischer Pflanzenschutz im Garten

8., durchgesehene Auflage
165 Farbfotos
73 Zeichnungen

E.U.
VERLAG
EUGEN
ULMER

Die Autoren:
Otto Schmid, Dipl.-Ing. Agr. ETH
Gründer des Beratungsdienstes am Forschungsinstitut für biologischen Landbau, CH-Oberwil BL
Mitglied verschiedener Organisationen für biologischen Landbau
Silvia Henggeler
Kursleiterin der Arbeitsgruppe für biologischen Gartenbau
Vorstandsmitglied der Schweizerischen Gesellschaft für biologischen Landbau

Zeichnungen von Yvonne Escher-Vuilleumier, CH-Wermatswil
Umschlagfotos: Die Kamelhalsfliege, eine Verwandte der Florfliegen, ernährt sich von Blattläusen, ihre Larve lebt von Borkenkäfern.
Kleines Bild links: Die Weiße Fliege wird in Gewächshäusern und im Freien schädlich.
Kleines Bild rechts: Auch die Schwebfliege (hier eine *Episyrphus*-Art) gehört zu den Feinden der Blattläuse.

CIP-Titelaufnahme der Deutschen Bibliothek

Schmid, Otto:
Biologischer Pflanzenschutz im Garten / von Otto Schmid; Silvia Henggeler. –
8., durchges. Aufl. – Stuttgart: Ulmer, 1990.
ISBN 3-8001-6436-1

NE: Henggeler, Silvia

Wollgrasweg 41, 7000 Stuttgart 70 (Hohenheim)
(Schweiz: Verlag Wirz AG, Aarau)
Printed in Germany
Lektorat: Agnes Bartunek, Herstellung: Otmar Schwerdt
Einbandgestaltung: Alfred Krugmann, mit Fotos von Ellen Henseler (kleines Bild links) und Hans Steiner (großes Bild und kleines Bild rechts)
Satz: Setzerei Lihs, Ludwigsburg
Druck und Bindung: Friedrich Pustet, Regensburg

Geleitwort

Schon immer hat sich die Menschheit mit der Frage des Tötens und der Vernichtung nicht nur von menschlichem, sondern auch tierischem und pflanzlichem Leben beschäftigt. Und immer wieder kam sie zum Schluß, nach Möglichkeit Leben zu schonen und zu schützen. In fast allen Regionen ist deshalb »die Ehrfurcht vor dem Leben« (Albert Schweitzer) als einer der höchsten Kulturwerte verankert.

Die Bewegung des alternativen, biologischen Land- und Gartenbaus hat diesen Gedanken seit Jahrzehnten zur Grundlage ihres Denkens und Arbeitens gemacht. Dabei ging es ihr nicht primär um die Aufstellung wissenschaftlicher Lehrmeinungen, sondern um das einfache Ziel, mit natürlichen Mitteln unter größtmöglicher Schonung allen Lebens gesunde Nahrungsmittel aufzuziehen. So wird nicht wider die Natur, sondern mit ihr gearbeitet!

Das Interesse am naturgemäßen und lebensgesetzlichen Landbau erfaßt immer breitere Menschenkreise. Neue Freude und Begeisterung für ungezwungenes Wachstum, für Hegen und Fördern brechen überall durch. Alle erfreuen sich mit ihrem Handeln des giftfreien Genusses selbstgezogener Pflanzen und Früchte. Leider sind da aber auch andere Lebewesen, Pilze und Kleintiere, die »Freude« an unseren Pflanzen haben. Wir bezeichnen sie als Schädlinge. So gehört es mit zur biologischen Arbeit, ihrer Herr zu werden und in jedem Falle giftfreie Mittel und Wege zu finden, um sie von unseren Kulturen fernzuhalten.

Aus alter Tradition und aus neuer Erkenntnis haben Pioniere und Praktiker viele giftfreie Abwehrmöglichkeiten entwickelt, die nun erstmals auf systematische und umfassende Weise in diesem Buche zusammengetragen wurden.

Die Verfasser haben es verstanden, einerseits wissenschaftliche Erkenntnisse dem Praktiker auf leichtverständliche Art darzustellen und andererseits dem Ratsuchenden eine Fülle von Ratschlägen samt Anweisungen anzubieten.

Das Wichtigste bei all diesem Tun ist unsere grundsätzliche Einstellung zu aller Kreatur. Abwehr wird dann zur Notwehr, die biologische Schädlingsabwehr zu einer Kunst produktiver Findigkeit! Jeder kann sich da etwas einfallen lassen. Und deshalb sind wir auch mit diesem reichhaltigen Angebot von Ratschlägen noch lange nicht am Endziel angekommen! Tragen Sie selbst, lieber Leser, durch Ihre Ideen mit zur noch besseren »gedeihlichen Behandlung« unserer »Garten-Unholde« bei.

Wir alle wachsen, zeitlebens,
denn die Natur wächst auch, zeitlos!

Dr. Heinz Bertschinger,
Schweizerische Gesellschaft für biologischen Landbau

Vorwort

Die Vielzahl von Veröffentlichungen über Pestizide und der Verschiedenheit der geäußerten Ansichten stehen die wenigen wissenschaftlichen Dokumente gegenüber, die toxikologische Schlüsse für den Menschen zulassen. Diese Aussagen von Prof. Dr. Fournier anläßlich der wissenschaftlichen Tagung der Deutschen Gesellschaft für Qualitätsforschung im April 1970 haben auch heute noch nicht an Aktualität verloren und seine Feststellung, daß die Situation riskiert, unentwirrbar zu werden, ist brennender denn je. Neuere Ergebnisse zeigen nämlich (Wellenstein 1977) auf eindrückliche Art und Weise, daß schwerwiegende toxische Auswirkungen selbst kleinster analytisch nicht mehr erfaßbarer Rückstandsmengen auf die Potenz der Tiere und den Gesundheitszustand ihrer Nachkommen feststellbar sind. Gottschewski (1976) folgerte aufgrund seiner langjährigen Versuchserfahrung, daß man selbst im Bereich kleinster Rückstandsmengen nicht von einem sogenannten »no effect level« sprechen darf. Die Anreicherung von chlorierten Kohlenwasserstoffen in der Muttermilch (Aubert 1976; Schüpbach 1979) auf Werte, die bis zum Vielfachen des von der Welt-Gesundheits-Organisation tolerierten Gehaltes betragen, ist immer noch alarmierend. Das Vorhandensein anderer problematischer, noch unzureichend untersuchter Wirkstoffe ist ebenfalls beunruhigend.

Ein Ausweg aus diesem Dilemma kann sicherlich nicht durch den Einsatz stets neuer Pestizide gefunden werden. Es bleibt eigentlich nur die Alternative einer ganzheitlichen Betrachtung, das heißt des Einbezugs aller Faktoren, also auch von Nützlingen und Schädlingen gemeinsam. Die Erhaltung und Schaffung von Gleichgewichten im Agro-Öko-System bietet hier eine Möglichkeit. Allerdings klafft auf diesem Gebiet in der wissenschaftlichen Forschung eine große Lücke, die nun nachträglich zum Teil durch private Initiativen wie die der Schweizer Stiftung zur Förderung des biologischen Landbaus mit dem Forschungsinstitut für biologischen Landbau ausgefüllt werden muß. Es bedarf einer solchen Forschung, um die in diesem Buch zusammenfassend wiedergegebenen Erfahrungen und Beobachtungen zu erhärten und eventuell verbesserte Maßnahmen für die praktische Anwendung zu entwickeln.

Prof. Dr. H. Vogtmann,
Kassel

Inhaltsverzeichnis

Einleitung

Es ist das Anliegen der Verfasser, auf einige der komplizierten und faszinierenden Zusammenhänge in der Natur hinzuweisen und die verschiedensten Erfahrungen und Kenntnisse im biologischen Pflanzenschutz aus Praxis und Forschung zusammenzutragen. Viele dieser Erfahrungen sind noch nicht wissenschaftlich geprüft und wurden unter ganz verschiedenartigen Bedingungen (Boden, Klima, Fruchtfolge) gemacht. Das vorliegende Handbuch möchte den Praktiker anregen, durch eigene Beobachtungen und Versuche die für seinen Garten geeignetsten Maßnahmen zu treffen. Es will keine Anleitung für biologischen Gartenbau sein. Der biologische Anbau aber ist Grundlage und Ziel unserer Arbeit. Wir empfehlen dem Leser auf jeden Fall, sich die dazu notwendigen Kenntnisse anzueignen. Literatur und Informationsstellen hierzu finden sich am Schluß des Buches.

Die Erfahrung zeigt, daß sich im biologischen Anbau nach einer gewissen Zeit eine Art neues Gleichgewicht einstellt und sich viele der hier aufgeführten direkten Abwehrmittel erübrigen. Das Buch soll eine Hilfe sein, Schadursachen zu erkennen und zu bestimmen, und es soll zeigen, wie im Garten die natürlichen Regulationsvorgänge aufgebaut und verstärkt werden können. Biologischer Pflanzenschutz wird damit zu einer interessanten und befriedigenden Tätigkeit.

Um die Handhabung zu erleichtern, sind die Kapitel mit einführenden Texten versehen, in denen auch die jeweilige Gliederung erklärt wird. Das Sachregister am Ende des Buches enthält alle verwendeten Namen und Fachwörter. Ausdrücke, die im Text nicht erklärt werden, sind im Verzeichnis »Definitionen von Fachausdrücken« erläutert. Die wissenschaftlichen Namen sind in einem eigenen Verzeichnis zu finden. Das Literaturverzeichnis führt die zu dieser Arbeit verwendeten Unterlagen an. Auskunftstellen und Organisationen für biologischen Landbau in Deutschland, in Österreich und in der Schweiz sowie die dort verwendeten Bezeichnungen für Handelsprodukte sind ebenfalls angeführt.

Die Forschung hat sich in den letzten Jahren vermehrt dem biologischen Anbau zugewandt. Ihre Erkenntnisse haben wir berücksichtigt, ohne Anspruch auf Vollständigkeit erheben zu wollen. Die vorliegende Fassung entstand nach gründlicher Überarbeitung der Auflage von 1984. Die Anzahl der Farbbilder wurde erhöht und das Buch um ein Kapitel über Gewürzkräuter und Zierpflanzen erweitert. Somit werden nun auch die Probleme, die im Ziergarten auftreten können, berücksichtigt. Die enorme Vielfalt an Pflanzen in Ziergärten zwang uns, eine Auswahl der wichtigsten Arten zu treffen. Vom ökologischen Standpunkt aus gesehen erscheint der Einsatz chemischer Pflanzenschutzmittel im Ziergarten besonders fragwürdig.

Für die freundliche Unterstützung und hilfsbereite Beratung, die wir von verschiedenen Seiten, insbesondere von Mitarbeitern der Eidgenössischen Forschungsanstalt für Obst-, Wein- und Gartenbau in Wädenswil und der Eidgenössischen Forschungsanstalt für landwirtschaftlichen Pflanzenbau in Rekkenholz-Zürich erfahren durften, möchten wir an dieser Stelle herzlich danken.

Otto Schmid und Silvia Henggeler

1 Grundsätzliche Überlegungen

1.1 Kennzeichen eines biologischen Gleichgewichtes

In der Natur hat jedes Lebewesen seine Funktion und ist Glied einer langen Kette. Schädling und Nützling sind daher willkürliche Bezeichnungen.

Bio-logisch heißt *lebens-gesetzlich.* In einem biologischen Gleichgewicht kann sich das Gesunde, Lebensfähige entwickeln, weil jene Organismen, die wir Schädlinge nennen oder die Krankheiten verursachen, die Aufgabe haben, das Schwache, seinen Lebensbedingungen schlecht Angepaßte oder Alternde abzubauen. Dieses Gleichgewicht ist um so stabiler, je vielfältiger es zusammengesetzt ist, das heißt je mehr verschiedene Organismen (Viren, Bakterien, Pflanzen und Tiere) sich direkt oder indirekt beeinflussen. Wo diese Abbauvorgänge unsere Anbauziele stören, dürfen wir von *Schädlingen* sprechen. Den Ausdruck *Nützlinge* wenden wir dort an, wo Lebewesen durch ihr Verhalten oder durch ihre Ernährungsweise das massenhafte Auftreten anderer Lebewesen, welche unsere Kulturpflanzen schädigen, verhindern.

1.2 Problematik des chemischen Pflanzenschutzes

Das Schädlingsproblem ist in den letzten Jahren immer bedeutender geworden. Im Anbau stellen wir an die Pflanzen Ansprüche, die über ihre ursprünglichen Eigenschaften hinausgehen. Die Früchte müssen größer, die Blumen schöner sein. Durch jahrhundertelanges Züchten und durch den Einsatz zahlreicher Hilfsstoffe wurde in den letzten Jahrzehnten eine enorme Steigerung der Erträge erreicht. Damit wuchs aber oft auch die Anfälligkeit der Kulturpflanzen gegenüber Krankheiten und Schädlingen. Die Frage muß gestellt werden, wie sinnvoll die modernen Ansprüche in bezug auf Größe und Aussehen unseres Obstes und Gemüses sind. Diese hoch gesteckten Anforderungen können nur durch den massiven Einsatz chemischer Mittel erreicht werden. Daß schöne und große Produkte nicht unbedingt qualitativ und geschmacklich hochwertig sind, läßt sich anhand einzelner Apfelsorten aus dem Intensivanbau zeigen. Es ist Sache des Konsumenten, sich dieser Zusammenhänge bewußt zu werden und seine Ansprüche entsprechend zu ändern.

In den letzten Jahren wurden von der Schweizer Landwirtschaft trotz geringerem Wirkstoffgehalt der Produkte jährlich mindestens 130 Tonnen Insektizide, über 1000 Tonnen Fungizide und über 800 Tonnen Herbizide eingesetzt. In der Bundesrepublik Deutschland werden jährlich über 18000 Tonnen Herbizide, über 2000 Tonnen Insektizide sowie 8000 Tonnen Fungizide eingesetzt (Quelle: Industrieverband Pflanzenschutz 1984).

Der chemische Pflanzenschutz hat eine Reihe von Problemen geschaffen, welche auf längere Sicht noch weitgehend ungelöst sind:

- Die Gefahr, daß chemische Pestizide die menschliche Gesundheit beeinträchtigen, besteht trotz einer schärferen staatlichen Kontrolle weiterhin. Insbesondere ist kaum bekannt, wie sich die Rückstände solcher Pflanzenschutzmittel auf längere Dauer auswirken, vor allem wenn sie in Verbindung mit den zahlreichen nichtlandwirtschaftlichen Umweltgiften auftreten. Verschiedene Pestizide bauen sich nur langsam ab.

- Obwohl chemische Spritzmittel Schädlinge und Krankheiten vernichten, bilden sich oft widerstandsfähige Formen oder Rassen aus. Diese Resistenz zwingt zur Entwicklung von neuen Wirkstoffen. Bei Kartoffelkäfer, Spinnmilbe und Birnblattsauger konnte man beispielsweise diese Entwicklung beobachten.
- Zahlreiche Nützlinge verlieren durch den Einsatz der meisten Pflanzenschutzmittel und auch durch die Anwendung von Unkrautbekämpfungsmitteln ihre Nahrungsgrundlage oder werden mitvernichtet.
- Der Einsatz von Pestiziden bedeutet in jedem Fall einen Eingriff in das Ökosystem. Viele wirken sich auch auf das Bodenleben negativ aus.

Wir erkennen, daß wir mit solchen Maßnahmen entgegen der Natur arbeiten und deshalb nach anderen Mitteln und Wegen suchen müssen. Das Problem besteht weniger darin, daß immer wieder Schädlinge an unseren Kulturpflanzen auftreten, sondern daß wir durch die Art unserer Produktionsweise und infolge unserer mangelhaften ökologischen Kenntnisse und Anstrengungen deren Befall und Ausbreitung einfach nicht mehr meistern können.

Das große Angebot an chemisch-synthetischen Mitteln und Düngern hat dazu geführt, daß viel Wissen über die natürlichen Zusammenhänge und viel Erfahrung verlorengegangen ist. In unserem Hausgarten, wo wir im Gegensatz zum Landwirt oder Erwerbsgärtner nicht unter wirtschaftlichem Druck stehen, können wir leichter aus diesem Teufelskreis ausbrechen.

1.3 Allgemeine Maßnahmen zur Förderung der Pflanzengesundheit

Pflanzen heranzuziehen, die aus eigener Kraft Krankheiten und Schädlingen widerstehen, darin liegt die Bedeutung der biologischen Anbauweise. Das Ziel heißt, durch die Berücksichtigung der natürlichen Gegebenheiten, durch geeignete Anbaumaßnahmen und durch die Förderung der Nützlinge optimale Verhältnisse zu schaffen, so daß eine direkte Abwehr von Schädlingen und Krankheiten nur in Ausnahmefällen nötig wird. Auf Maßnahmen, die zu einem möglichst naturgemäßen Zustand führen, möchten wir im folgenden eingehen.

Geeignete Anbau- und Kulturmethoden

Eine durch den großflächigen Anbau bedingte Einseitigkeit sollten wir im Garten vermeiden und das Zusammenleben möglichst vieler Tier- und Pflanzenarten fördern. Bekannt ist, daß einseitige Fruchtfolgen Krankheiten begünstigen. Auch zu enge Saat- und Pflanzabstände können dem Befall durch Schädlinge und Krankheiten förderlich sein. Durch Mischkulturen und Gründüngung sorgen wir für einen vielseitigen Pflanzenbestand. Eine vielfältige und naturnahe Gartengestaltung schafft Lebensräume für zahlreiche Lebewesen, was wiederum einer einseitigen Vermehrung von Schädlingen Grenzen setzt.

Die Pflege des Bodens ist von zentraler Bedeutung. Schonende Bodenbearbeitung, Bodenbedeckung (Mulchen) mit organischem Material und eine ausgeglichene organische Düngung fördern das Bodenleben. Dieses ist nicht nur für optimale Durchlüftung und Wasserversorgung, sondern auch für den reibungslosen Ablauf der Stoffwechselvorgänge verantwortlich. Ziel der Düngung im biologischen Anbau ist nicht allein die direkte Ernährung der Pflanzen, sondern vorwiegend die Ernährung der Bodenlebewesen. Es werden daher hauptsächlich Dünger verwendet, die erst durch die Tätigkeit der Bodenorganismen den Pflanzen verfügbar gemacht werden. Verschiedene wissenschaftliche Arbeiten haben gezeigt, daß Pflanzen hochkomplizierte Stoffe wie Aminosäuren (Eiweißbausteine) und Antibiotika, die zur Bildung von pflanzeneigenen Abwehrstoffen beitragen, direkt aus organischen Düngemitteln aufnehmen können.

Als wichtigste Düngemittel werden deshalb Kompost, Mist und organische Handelsdünger eingesetzt. Die Nährstoffansprüche der verschiedenen Pflanzenarten (Stark- oder Schwachzehrer) sind zu berücksichtigen. Die Nährstoffzusammensetzung der Handelsdünger ist zu beachten, zum Beispiel der hohe Kalk- und Phosphorgehalt von Hühnermist. Gesteinsmehl und Algenkalk regen die Tätigkeit der Mikroorganismen an und führen dem Boden wichtige Spurenelemente zu.

Im Gegensatz dazu werden leichtlösliche Mineraldünger direkt von der Pflanze aufgenommen. Dadurch steigt die Gefahr einer Qualitätsverminderung durch Überdüngung. Die Nährstoffauswaschung ins Grundwasser und die Beeinträchtigung des Bodenlebens nehmen zu. Eine zu sehr wachstumsfördernde Düngung, vor allem mit leichtlöslichen Stickstoffdüngern, führt zu einer Schwächung des Zellgewebes und zur Veränderung des Pflanzensaftes. Dies hat in vielen Fällen eine erhöhte Anfälligkeit für bestimmte Pilzkrankheiten und Schädlinge zur Folge (zum Beispiel Mehltau, Spinnmilben). Es erscheint wichtig, durch Beobachtungen (Zeigerpflanzen) und durch Bodenproben den Zustand des Bodens regelmäßig zu überprüfen. Chemische Untersuchungen geben Auskunft über Nährstoffvorräte und deren Verfügbarkeit für die Pflanzen.

Im biologischen Anbau werden Unkräuter nicht restlos entfernt, da ihnen wichtige Funktionen zukommen. Verschiedene neuere Untersuchungen weisen auf die großen Vorteile einer Restverunkrautung für das biologische Gleichgewicht hin. Unkräuter bedekken und beschützen den Boden. Nützlichen Bodeninsekten, zum Beispiel Raubkäfern, bieten sie Unterschlupf, und ihre Blüten bilden die Nahrungsquelle für viele natürliche Feinde der Schadinsekten. Es können aber Krankheiten auch durch Unkräuter übertragen werden, und als Wirtspflanzen von Schädlingen spielen sie ebenfalls eine Rolle. Trotzdem sollte man nur gezielt und nur beim Auftreten von größeren Problemen radikal vorgehen. So müssen zum Beispiel bei einem Kohlherniebefall wildwachsende Kreuzblütler aus den Beeten entfernt werden. Herbizide sind im biologischen Landbau nicht zugelassen.

Häufiges Überbrausen der Pflanzen fördert den Befall durch Pilzkrankheiten und führt zu Bodenverkrustung. Die Pflanzen sollten möglichst rasch abtrocknen, deshalb erweist sich das Spritzen am Abend als ungünstig. Gründliches Wässern am Morgen mit nachfolgendem leichtem Hacken und Abdecken mit einer dünnen Mulchschicht sorgt für einen ausgeglichenen Wasservorrat und verhindert die Verkrustung. Wird nur gehackt, so sollte das vor allem abends geschehen, damit die Abendfeuchte besser in den Boden eindringen kann.

Neben den üblichen Pflegemaßnahmen fördern Saatbäder das rasche Keimen des Samens. Auch Kräuterjauchegaben und Pflegespritzungen aus Kräutern wirken sich günstig auf das Wachstum und die Widerstandskraft der Pflanzen aus.

Das Entfernen und Vernichten befallener Pflanzenteile ist eine wichtige erste Maßnahme, wenn sich ein Befall zeigt. Wo Probleme mit Krankheiten und Schädlingen aufgetreten sind, sollte man auf das Kompostieren der Pflanzenreste verzichten.

Richtige Standortwahl

Dem Standort, ob sonnig oder schattig, geschützt oder exponiert sowie dem Kalkgehalt des Bodens (pH-Wert), ist Rechnung zu tragen. Beim Kauf von Pflanzen und Samen sollte man sich nach deren Standortansprüchen erkundigen.

Geeignete Sortenwahl

Der Gärtner sollte sich jene Gemüse- und Obstsorten merken, die sich in seinem Garten, das heißt unter seinen Boden- und Klimaverhältnissen, sowie für den biologischen Anbau bewähren. Bestimmte hochgezüchtete Sorten sind auf leichtlösliche Mineraldünger angewiesen und entwickeln sich bei Kompostdüngung schlechter. Zu berücksichtigen ist auch, daß die Krankheitsanfälligkeit bei Pflanzen stark schwankt. Nicht bei allen Pflanzenarten und -sorten ist die natürliche Fähigkeit, Schaderreger abzuwehren, gleichermaßen entwickelt. Gegen Krankheiten und tierische Schädlinge werden abweisende chemische Stoffe gebildet. Auch äußere, morphologische Merkmale dienen der Abwehr, dazu gehört beispielsweise die Behaarung der Blätter, dicke Zellwände oder die Wachsschicht auf Blättern. Bei der Züchtung neuer Sorten werden solche Eigenschaften zur Bildung von Resistenzen genutzt. Beispiele für solche Züchtungen sind mehltauresistente Gurken-, Salat- oder Rosensorten. Leider gibt es immer wieder Fälle, wo Resistenzeigenschaften nicht mehr wirksam sind, weil sich neue Rassen von Schaderregern entwickelt haben.

Fruchtfolge

Wichtig ist das Einhalten eines Fruchtwechsels, um die Übertragungsgefahr von Krankheiten und Schädlingen zu vermindern. Der zu häufige Anbau der gleichen Pflanzenfamilie am selben Ort kann bestimmte Krankheiten und Schädlinge fördern. Insbesondere ist ein Fruchtwechsel bei Kohlgewächsen, Lauch und Zwiebeln, Karotten, Erbsen, Kartoffeln, Petersilie und Erdbeeren wichtig. Generell empfiehlt sich ein Fruchtwechsel im dreijährigen Turnus. Beim Auftreten gewisser Krankheiten ist eine längere Anbaupause nötig, da die Schaderreger im Boden jahrelang überdauern können. Der Fruchtwechsel ist auch bei Mischkulturen einzuhalten.

Gewisse Pflanzenarten der gleichen Familie, wie Gänsefußgewächse und Rosengewächse (Kernobst), sollten nicht unmittelbar nacheinander angepflanzt werden, da sie mit sich selbst unverträglich sind.

Die Beachtung von Saatzeiten

Die Angaben über die Saattermine auf Samenbrieflein und in Katalogen sind zu beachten.

Schon die alten Bauernkalender enthielten die für die Saat und Bearbeitung günstigen Stellungen des Mondes zur Erde und zu den Tierkreisen (Konstellationen). In Deutschland hat man durch jahrelange Anbauversuche diese Einflüsse nachweisen können. Berücksichtigt man bei der Aussaat zudem die Flugzeit gewisser Schädlinge, so kann ein Befall vermindert werden. Dies betrifft beispielsweise Spätsaaten bei Karotten und Rettich.

Richtige Erntezeit und Lagerung

Für die Qualität und Lagerfähigkeit unserer Erzeugnisse sind der Reifegrad und das schonende Ernten bei trockener Witterung sowie geeignete, saubere Lagermöglichkeiten wichtig.

Im Rahmen dieses Buches sind nur Hinweise auf diese verschiedenen Kulturmaßnahmen möglich. Das Wissen um die Grundlagen des biologischen Gartenbaus wird vorausgesetzt.

Biologischer Pflanzenschutz bedingt ein ständiges Beobachten der Natur als Ganzes.
Das Auftreten von Krankheiten und Schädlingen an unseren Pflanzen zeigt uns Anbaufehler oder ungünstige Wachstumsbedingungen an.
Ein Ziel der biologischen Anbauweise ist der Aufbau pflanzeneigener Abwehrkräfte und natürlicher Regulationsvorgänge.

2 Zur Biologie einiger Lebewesen im Garten

Ökologische Grundlagen

Ökologie ist die Lehre vom Naturhaushalt. Sie beschäftigt sich mit den Beziehungen der Lebewesen zueinander und zu ihrer Umwelt. Dieser Naturhaushalt wird durch komplizierte Mechanismen gesteuert und organisiert. Einige Grundgesetze sollen kurz beschrieben werden.

1. Alle Stoffe befinden sich in Kreisläufen. Im Landbau werden besonders die Kreisläufe der Nährstoffe (Stickstoff, Phosphor, Kalium usw.) sowie die von Sauerstoff, Kohlenstoff und Wasser beachtet.
2. Pflanzen dienen Pflanzenfressern als Nahrung, und diese wiederum bilden die Nahrungsgrundlage für Fleischfresser. Abgestorbene Tier- und Pflanzenteile werden schließlich über viele Stufen durch die verschiedenartigsten Organismen in ihre Grundelemente zerlegt. Der Substanzaufbau beginnt dann von neuem. Die Energie, welche diese Prozesse in Gang bringt, stammt von der Sonne.
3. Die Natur hat im Laufe der Zeit eine unermeßliche Vielfalt von Lebensformen hervorgebracht, die in komplizierten Beziehungen zueinander stehen. Überall wo diese natürlichen Systeme in ihrer Vielfalt beeinträchtigt werden, geht auch ihre Stabilität verloren.
4. Ökosysteme regulieren sich selbst. Die Natur bedient sich der verschiedenartigsten Mechanismen, um ein Gleichgewicht zu halten. Zum Beispiel durch ein Räuber-Beute-Verhalten, wenn Marienkäfer Blattläuse fressen, oder durch Parasitismus, wenn Schlupfwespen Eier in Blattläuse oder Raupen ablegen. Raubtiere werden außerdem von Krankheiten befallen und durch die Reviergrenzen der Individuen einer Art eingedämmt usw. Solche natürlichen Gleichgewichte bedeuten ein stetiges Auf und Ab von Lebensformen. Erst wenn sich gewisse lebensbestimmende Faktoren zu stark verändern, beispielsweise durch extreme Witterung oder massive Eingriffe des Menschen, kann ein System zusammenbrechen und unter Umständen zu einer Massenvermehrung von Schädlingen führen.

Im biologischen Anbau versuchen wir, diese Zusammenhänge zu beachten und zu nutzen. Dazu braucht es eine gute Beobachtungsgabe und gewisse Kenntnisse über die Lebensweise der Lebewesen in unseren Gärten. Dort finden wir Vertreter der Höheren Tiere, der Weichtiere, Insekten, Spinnentiere, Nematoden, Pilze, Bakterien und Viren.

2.1 Höhere Tiere und Weichtiere

Für den Gartenbau wichtige Vertreter dieser Tiergruppen werden sowohl im Kapitel »Nützlinge« als auch im Kapitel »Schädlinge und Krankheiten« beschrieben. Auf ihre sehr verschiedene Lebensweise möchten wir hier nicht eingehen.

2.2 Insekten

Insekten zeichnen sich durch große Artenvielfalt aus. Die Fähigkeit zu rascher Vermehrung erlaubt ein plötzliches örtliches Massenauftreten. Einzelne Arten entwickeln mehrere Generationen pro Jahr. Die Vermehrung der Insekten wird stark durch die Witterung, das

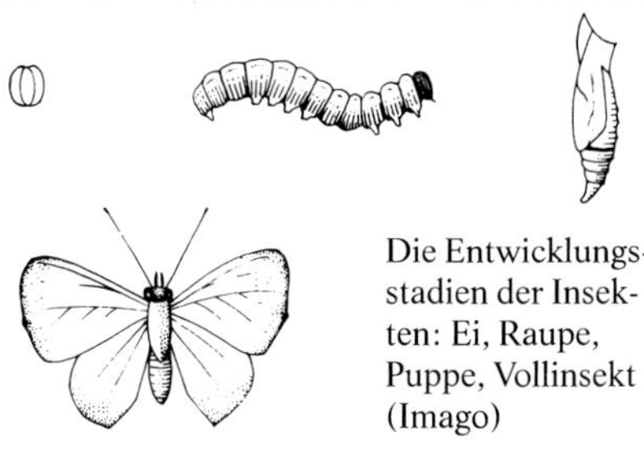

Die Entwicklungsstadien der Insekten: Ei, Raupe, Puppe, Vollinsekt (Imago)

Nahrungsangebot und durch das Vorhandensein natürlicher Feinde bestimmt. Wärme fördert ihre Entwicklung, während große Feuchtigkeit sie stark hemmt.

Typische gemeinsame Merkmale der Insekten sind vor allem die Dreiteilung des Körperbaus in Kopf mit Fühlern, Brust mit drei Beinpaaren und Hinterleib. Je nach Insektenart sind die Mundwerkzeuge zum Lecken, Saugen oder Beißen ausgebildet. Die meisten Insekten vermehren sich durch Eiablage. In zahlreichen Fällen entwickelt sich aus dem Ei noch nicht das fertige Insekt, sondern es folgen verschiedene Stadien der Entwicklung mit charakteristischen Formen und Umwandlungen in der sogenannten Metamorphose.

Bei Insekten mit einer vollständigen Metamorphose, wie beim Kartoffelkäfer, entwickelt sich aus dem Ei zuerst eine Larve. Diese ist nicht vermehrungsfähig und sieht völlig anders aus als das eigentliche Insekt. Die Larve wächst nach umfangreicher Fraßtätigkeit heran, häutet sich mehrmals und stößt dabei den zu eng gewordenen alten Panzer ab. Im Unterschied zu den Käfern bezeichnen wir bei den Schmetterlingen im allgemeinen die Larven als Raupen und bei den Fliegen und Mücken als Maden. Die ausgewachsene Larve verpuppt sich, vorwiegend im Boden, in einer kaum bewegungsfähigen Puppe. Aus dieser schlüpft dann das Vollinsekt (Imago).

Bei Insekten mit unvollständiger Metamorphose ähneln oft die Larvenstadien schon dem ausgewachsenen Tier, wie zum Beispiel bei den Heuschrecken.

Bedeutung: Es sind keineswegs alle Insekten für unsere Kulturen schädlich. Sie spielen in der Befruchtung der Blüten eine sehr wichtige Rolle. Am bekanntesten sind dafür die Bienen. Viele Insekten bilden auch die Nahrungsgrundlage für andere Lebewesen.

Insektenbestimmung

Das Bestimmen der oft winzig kleinen Insekten ist recht schwierig, und Verwechslungen sind leicht möglich. Ohne Lupe ist die Bestimmung meistens unmöglich. Eine Pinzette leistet guten Dienst.

Ertappt man ein Insekt auf frischer Tat, so ist die Bestimmung anhand von Ort und Zeit des Auftretens und mit Hilfe einer Beschreibung am einfachsten. Hat man keinen Schaderreger entdeckt, so ist das Schadbild sowie Ort und Zeit des Vorkommens festzuhalten. Es lassen sich zwei Gruppen von Schäden durch Insekten unterscheiden:

1. Fraßschäden durch beißende oder kauende Mundwerkzeuge (Engerlinge, Raupen, Käfer) als Loch-, Fenster-, Skelettier- oder Minierfraß an Blättern, Trieben, Früchten und anderen Pflanzenteilen.
2. Saugschäden durch stechend-saugende Mundwerkzeuge (Blattläuse, Wanzen, Zikaden), welche meist zu Verkrüppelungen, Verkräuselungen, Verformungen und Wachstumshemmungen führen.

Das Einfangen zur Bestimmung

Verschiedene Hilfsmittel ergänzen das Ablesen von den Pflanzen und das Einsammeln der unter Brettern oder Steinen und in der Erde versteckten Insekten. Aus der Vielfalt der Methoden seien einige kurz beschrieben.

Schmetterlingsnetz. Fliegende, ausgewachsene Insekten fliegen meistens nur bei warmer, trockener Witterung. Bei extremen Temperaturen, bei Nässe und Wind halten sie sich verborgen. Bestimmte Arten fliegen nur in der Dämmerung oder nachts.

Um mit dem Schmetterlingsnetz Erfolg zu haben, wählt man einen schönen Tag, eventuell auch den frühen Morgen. Man streicht mit dem senkrecht gehaltenen Netz mehrmals durch die befallenen Pflanzen.

Lichtfallen. Für Insekten, die in der Dämmerung fliegen, stellt man blau, violett oder weiß scheinende Lichter auf. Viele Insekten sind blind für die Farben Rot und Orange. Auch dämmerungsaktive Insekten fliegen meist an warmen Abenden.

Die einfachste Vorrichtung bildet eine Gaslampe, die in einer Schüssel mit Seifenwasser oder Öl steht. Die Falter fallen hinein und können sich nicht wieder befreien.

Lockfallen für fliegende Insekten. Man stellt Gefäße mit süßer Flüssigkeit (Honigwasser, Sirup, Most), in der frische Hefe aufgelöst wird, auf. Baumstämme, Äste oder Brettchen kann man mit zähflüssigem Fruchtbrei, Melasse oder Honig bestreichen. Mit Leim bestrichene Tafeln locken Insekten an (siehe Kapitel 5.5).

Pheromonfallen. Verschiedene Schmetterlingsweibchen locken ihre Männchen mit Sexualduftstoffen an. Die Duftstoffe einiger

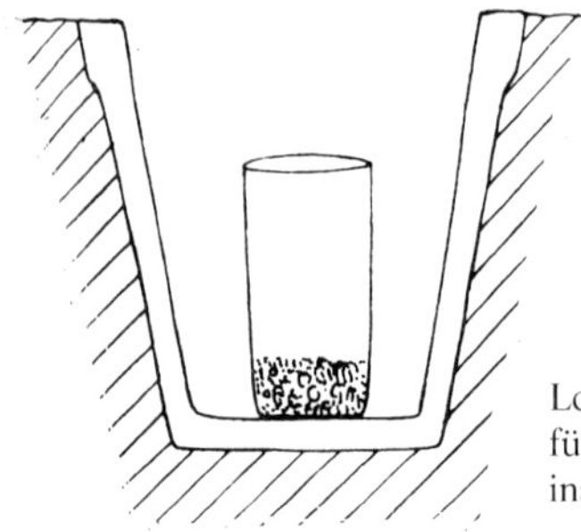

Lockfalle für Bodeninsekten

wichtiger Schädlingsarten, zum Beispiel des Apfelwicklers, können synthetisiert werden. Es gibt Fallen, die diese Lockstoffe enthalten. Man verwendet sie vor allem, um den Zeitpunkt und die Stärke eines Schädlingsfluges zu ermitteln.

Nichtfliegende Insekten oder solche in flügellosen Stadien (Larven, Raupen) sind zu jeder Zeit und manche Arten oft über Monate hinweg zu finden.

Abschütteln. Man breite unter befallenen Büschen und Bäumen helle Tücher aus und schüttle mit kurzen, festen Stößen.

Lockfallen für Bodeninsekten. Glattwandige Behälter werden ebenerdig eingegraben, und man gibt Bier, faulende Früchte, Melasse usw. als Köder hinein. Darf das Insekt nicht durch die Flüssigkeit verschmutzt werden, so füllt man diese in ein kleineres, hohes Glas oder in einen Becher, die man in der Mitte des Gefäßes aufstellt. Das Ganze muß eventuell gegen Regen geschützt werden.

Man sollte Lockfallen, die zur Bestimmung der Insekten dienen, nicht länger als nötig stehen lassen, da diese ebenfalls harmlosen Tieren und Nützlingen zum Verhängnis werden können.

Will man Insekten zu näherem Studium töten, so verwendet man zum Beispiel Ethylacetat (Essigether). Man befeuchtet ein Stück Löschpapier mit einigen Tropfen der Flüssigkeit und gibt es mit dem Insekt in einen gut verschließbaren, kleinen Glasbehälter. Eine ungefährliche Methode besteht darin, das Insekt in einer kleinen, gut verschließbaren Kapsel oder in einem Glasröhrchen in sehr heißes Wasser zu tauchen. Die Hitze tötet das Insekt schnell, ohne es zu beschädigen.

2.3 Spinnentiere

Für den Gartenbau sind neben den großen Spinnen vor allem die Milben von Bedeutung.

Im Unterschied zu den Insekten haben Spinnentiere keine Körperdreiteilung, keine Fühler, keine Flügel und meistens vier Beinpaare. Sie machen in ihrer Entwicklung verschiedene Stadien durch, die aber weniger deutlich als bei den Insekten erkennbar sind.

Die Milben sind kleiner als 1 mm und deshalb praktisch nur mit der Lupe zu erkennen.
Bedeutung: Die größeren Spinnenarten tragen als räuberische Insektenfresser zum Erhalt des natürlichen Gleichgewichtes im Garten bei. Milben zerkleinern im Boden organische Substanz. Sie fressen Pilzmyzel. Ihr Kot stellt eine Humusvorstufe dar.

Die schädlichen Milbenarten lassen sich in drei Hauptgruppen unterteilen: die Spinnmilben (Rote Spinne, Gemeine Spinnmilbe), die Weichhautmilben (Pocken-, Kräusel- und Wurzelmilben) sowie die Gallmilben. Nebst diesen Arten gibt es Raubmilben, die sich von den oben erwähnten Milben ernähren und deshalb geschont werden sollten.

2.4 Nematoden (Älchen, Fadenwürmer)

Nematoden gehören zu den zahlenmäßig am meisten verbreiteten Tieren im Boden. Sie sind ungegliedert, ohne Skelett und spindelförmig. Ohne Lupe sind sie nicht zu erkennen. Ihre Dauerformen, die Zysten, können über Jahrzehnte hinweg lebensfähig bleiben. Die Dichte der Nematoden im Boden oder in Pflanzen kann sehr groß werden, vor allem wenn genügend Feuchtigkeit vorhanden ist.
Bedeutung: Nematoden leben von Restprodukten organischer Substanz, das heißt sie wirken auch an der Humusbildung mit. Gewisse Arten befallen Pflanzen und verursachen Gewebeveränderungen. Zur biologischen Bekämpfung des Dickmaulrüßlers wird eine Nematodenart eingesetzt, welche die Larven parasitiert (siehe Seite 220).

2.5 Pilze

Der angestammte Lebensbereich der Pilze befindet sich im Boden, wo sie in verschiedenartigsten Formen und in großer Zahl anzutreffen sind.

Pilze sind niedere Pflanzen. Da sie kein Chlorophyll (Blattgrün) enthalten, sind sie von lebender oder toter organischer Substanz als Nahrungsquelle abhängig. Die eigentlichen Vegetationskörper, die meist nur unter dem Mikroskop sichtbar sind, bestehen aus ein- und mehrzelligen Fäden, die als Hyphen bezeichnet werden. Alle Hyphen zusammen bilden das Pilzmyzel. Diese Pilzfäden haben die Fähigkeit, in totes oder lebendes Gewebe hineinzuwachsen und Nährstoffe daraus zu entziehen. Da dabei in der Regel giftige Substanzen ausgeschieden werden, kann dies zum Absterben des Gewebes führen.

Um sich zu vermehren, bilden viele Pilze spezielle Vermehrungskörper, sogenannte Sporen, ähnlich den Samen der übrigen Pflanzen. Die Form dieser Sporen und ihrer Sporenträger beziehungsweise Sporenkapseln kann je nach Pilzart oder Jahreszeit (Sommer- und Wintersporen) außerordentlich unterschiedlich aussehen. Die Verbreitung der Pilze erfolgt passiv, vor allem durch Wind und Wasser. Zur Keimung und Infektion benötigen die meisten Pilze viel Feuchtigkeit und Wärme. Die Krankheitserreger können an befallenen Pflanzenteilen, auch zum Beispiel an Wurzelresten im Boden als Myzel oder mittels ihrer Dauerformen, tiefe Temperaturen überstehen und jahrelang infektionsfähig bleiben. Infektionen können auch über das Saatgut erfolgen.

Bedeutung: Die Bedeutung der höheren Pilze für die Lebensgemeinschaft des Waldes ist bekannt. Im Boden sind die Pilze außerordentlich wichtig zur Ingangsetzung und Erhaltung der Abbauprozesse und zur Humusbildung (siehe Kapitel 3.8 Bodenorganismen). Unter den Pilzen existieren auch Arten, welche als Erreger von Krankheiten bei Insekten und Nematoden bekannt sind. So gibt es zum Beispiel Pilze aus der Gattung *Entomophthora*, die auf Blattläuse spezialisiert sind. Ein starker Blattlausbefall kann durch diesen Pilz vor allem bei warmfeuchter Witterung innerhalb weniger Tage zusammenbrechen. Zurück bleiben bräunliche, tote Blattläuse.

Schäden durch Pilzkrankheiten sehen je nach Pilzart und Pflanzen ganz unterschiedlich aus. Meist lassen sich zuerst fleckenartige Verfärbungen auf den Pflanzenorganen erkennen, danach kommt es oft zum Absterben oder Verfaulen der befallenen Teile. Auf jeden Fall führen Pilzkrankheiten zu einer Schwächung der Pflanze und damit letztlich zu einer Ertrags- und Qualitätseinbuße.

Pilze können an allen Pflanzenarten und -teilen auftreten. Einzelne Pflanzen weisen eine stärkere Widerstandsfähigkeit gegen Pilzkrankheiten auf, da sie sich zum Beispiel durch anatomische Besonderheiten (wie behaarte Haut, Wachsschicht) oder durch spezielle Abwehrstoffe gegen Infektionen schützen können.

Gewisse schädliche Pilze treten immer auf Pflanzen derselben Art auf, andere wiederum haben einen Haupt- und einen Zwischenwirt, das heißt sie wechseln im Verlauf eines Jahres die Pflanzenart.

2.6 Bakterien

Bakterien gehören zu den einfachsten Lebewesen. Sie treten in der Natur in fast unvorstellbar großer Zahl auf. Sie sind Einzeller, die infolge ihrer geringen Größe von tausendstel Millimetern nur mit dem Mikroskop sichtbar sind. Die Vermehrung geschieht durch einfache Zellteilung. Bei großer Hitze oder Kälte können widerstandsfähigere Dauerformen, sogenannte Sporen, gebildet werden. Bakterien kommen in unterschiedlichen Formen vor: kugelig als sogenannte Kokken, stäbchenförmig als Bazillen und spiralförmig als Spirillen.

Bedeutung: Vor allem im Boden ist die Tätigkeit der zahllosen Bodenbakterien von enormer Bedeutung für die Erhaltung der Bodenfruchtbarkeit. Sie nehmen an den meisten chemischen Umsetzungen im Boden teil. Die Bedeutung der stickstoffbindenden Bakterienarten ist besonders bekannt und wichtig.

Auch für die Lebensmittelveredlung spielen Bakterien eine wichtige Rolle (Milchprodukte, Fruchtsäfte usw.).

Bei Mensch und Tier sind sie häufig Verursacher von Krankheiten und Epidemien, bei Pflanzen aber von geringerer Bedeutung. Gewisse Bakterienarten werden in der biotechnischen beziehungsweise mikrobiologischen Schädlingsbekämpfung vermehrt und gezielt eingesetzt (siehe Kapitel 5.5).

2.7 Viren, Mykoplasmen

Viren sind allerkleinste Lebewesen, die nur unter dem Elektronenmikroskop sichtbar sind. Sie können sich nur in lebenden Zellen anderer Organismen entwickeln. Mykoplasmen hingegen entwickeln sich auch auf abgestorbenem Material.

Bedeutung: Viren treten als Krankheitserreger bei Menschen, Tieren und Pflanzen auf und verursachen die unterschiedlichsten Schäden.

Es laufen Versuche, sie in der biotechnischen Schädlingsbekämpfung gegen Insekten und Nematoden einzusetzen.

3 Die wichtigsten Nützlinge

Die Gartengestaltung und besonders das Einbeziehen einheimischer Pflanzen sind für den Aufbau eines natürlichen Gleichgewichts im Garten von großer Bedeutung. Immer wieder dürfen wir erleben, wie die Natur regulierend wirkt. Ein auffallendes Beispiel ist die große Vermehrung von Marienkäfern in Jahren mit starkem Blattlausbefall. Viele nützliche Insekten wie Schlupfwespen oder Raubmilben sind sehr klein und unauffällig. Je kleiner ein Insekt ist, um so rascher vollzieht sich in der Regel seine Vermehrung und um so wichtiger ist seine Bedeutung für die Schädlingsregulierung.

Viele für das biologische Gleichgewicht eines Gartens und einer Landschaft wichtige Tier- und Pflanzenarten sind ganz besonders gefährdet. Durch Meliorationen oder das Abholzen von Hecken und durch Überbauungen wird ihnen der Lebensraum entzogen. Viele werden durch chemisch-synthetische Pflanzenschutz- und Düngemittel, den Straßenverkehr und die schweren landwirtschaftlichen Maschinen vernichtet oder in der Entwicklung gehemmt.

Dieser Verarmung unserer Landschaft an Tieren und Pflanzen entgegenzuwirken, ist eine wichtige Aufgabe. Auch die Rolle der Wildpflanzen (Unkräuter) für das ökologische Gleichgewicht einer Landschaft, und dies nicht nur als Wirtspflanzen für verschiedene Insektenarten, darf nicht unterschätzt werden (siehe Kapitel 5.1). Im eigenen Garten, noch besser in ganzen Wohnquartieren, im öffentlichen Gemeindegebiet, vor allem aber in der Forst- und Landwirtschaft bieten sich viele Möglichkeiten, Brutplätze und Unterschlupf zu schaffen. Diese Lebensräume, Biotope wie Teiche, Sumpfland, Hecken, Waldränder, Magerwiesen usw., müssen erhalten und vor Eingriffen geschützt oder wieder neu angelegt werden. Wichtig ist auch, daß zwischen Biotopen eine Verbindung besteht oder daß sie nicht mehr als 200 bis 300 m voneinander entfernt liegen. Auch im Garten sollte für solche naturbelassenen Bereiche Platz sein.

In der Schädlingsbekämpfungsforschung sind Versuche über den gezielten Einsatz von Nützlingen im Gange. Diese haben schon interessante Erfolge ergeben (siehe Kapitel 5.5).

Die folgende Aufzählung von Nützlingen ist nach abnehmender Größe, also nach Säugetieren, Vögeln, Reptilien, Amphibien, Insekten, Spinnentieren und Bodenorganismen geordnet. Innerhalb der einzelnen Gruppierungen ist die Reihenfolge alphabetisch.

3.1 Säugetiere

Es gibt eine Anzahl Säugetiere, die ausgesprochene Insektenfresser und deshalb für die Schädlingsbekämpfung wichtig sind. Andere sind wiederum gegen Mäuse und Schnecken eine Hilfe.

Fledermäuse

(Unterordnung Microchiroptera)

Fledermäuse, von denen es in Europa verschiedene Arten gibt, sind die einzigen fliegenden Säugetiere. Sie haben zwischen dem Rumpf, den Vorder- und Hintergliedmaßen und dem Schwanz eine Flughaut. Mit den Daumen und Füßen klettern sie an Bäumen und Mauern hoch. Der Körper ist gedrungen.

Bieten wir Brutplätze und Unterschlupf an, so wird sich eine Vielfalt an Tieren im Garten einfinden. Ein paar Beispiele: 1. Tagpfauenauge, 2. Gartenbaumläufer, 3. Kohlmeise, 4. Marienkäfer, 5. Ohrwurm, 6. Schwebfliegen, 7. Hausrotschwanz, 8. Raupe des Schwalbenschwanzes, 9. Igel, 10. Kröte, 11. Zauneidechse, 12. Laufkäfer, 13. Hummel

Die Augen sind klein und zurückgebildet. Fledermäuse, die in der Dämmerung und nachts fliegen, orientieren sich mittels ihrer Echoloteinrichtung, das heißt sie stoßen Schreie in sehr hoher Frequenz (Ultraschall) aus, die von der Umgebung reflektiert (zurückgesendet) werden. So bemerken sie jedes auch kleinste Hindernis und so finden sie ihre Beute. Obwohl sie vollständig harmlos sind, werden sie ihres Aussehens und Verhaltens wegen oft gefürchtet. Die Fledermäuse paaren sich meistens schon im Herbst. Erst nach dem Winterschlaf, den sie kopfabwärts hängend in Scheunen und Höhlen verbringen, kommen 1 bis 2 Junge zur Welt. Die Jungen saugen sich an den Zitzen der Muttertiere fest und werden auf diese Art mitgetragen. Der Flug ist flatternd mit schnellen Wendungen.

Fledermaus

Nutzen: Fledermäuse sind besonders nützlich, weil sie in der Dämmerung und nachts jagen. So fressen sie Insekten wie Wickler, Spanner, Eulen, Schnaken, Maikäfer usw., die von anderen Insektenfressern (zum Beispiel den Vögeln) nicht erwischt werden.

Förderung: An ihren Tages- und Winterschlafplätzen, vor allem aber an den Setzplätzen, darf die empfindliche Fledermaus nicht gestört werden. Das Erhalten und Wiederzugänglichmachen von Fledermausplätzen (Scheunen, Estriche, Kirchtürme sowie alte, hohle Bäume) ist wichtig. Im Handel sind Fledermauskästen zum Aufhängen an Hauswänden erhältlich.

Igel *(Erinaceus europaeus)*

Der Igel wird 25 bis 30 cm groß. Seine erdfarbenen Stacheln sind Tarnung und Schutz zugleich. Bei Gefahr schützt er die verletzlichen Teile (Kopf, Beine und Unterseite) durch Einrollen. Nach dem Winterschlaf im warmen Nest kommt es im März zur Paarung. Nach 7 Wochen Tragzeit wirft das Weibchen 3 bis 6 Junge, die anfangs weiß und weich sind. Der Igel hält sich tagsüber versteckt und geht in der Dämmerung auf Nahrungssuche. Dabei nimmt er die Jungen mit. Diese werden erst im Herbst selbständig und im zweiten Lebensjahr geschlechtsreif.

Nutzen: Der Igel ist im Garten besonders nützlich. Er sucht ihn nach Schnecken, Raupen, Mäusen und anderem ab. Daß er gelegentlich Erdbeeren nascht und junge Vögel oder Vogeleier frißt, muß man ihm verzeihen.

Förderung: Die natürlichen Feinde des Igels sind der Fuchs, der Uhu und der Hund. Besonders gefährdet wird er aber durch den Straßenverkehr und durch Insektizide. Der Igel findet Unterschlupf in liegengelassenen Reisighaufen, in dichtem Gebüsch und anderen Verstecken. Während des Winterschlafs darf er nicht gestört werden.

Der Igel ist nicht nur im Garten nützlich, es macht auch Spaß, ihn zu beobachten.

Maulwurf *(Talpa europaea)*

Der Maulwurf wird bis zu 15 cm lang. Er hat starke Grabbeine, sein Fell ist schwarz bis graubraun und glänzend. Der Maulwurf ist Insekten- und Würmerfresser; er findet seine Nahrung mit dem Geruchs- und Tastsinn. Er lebt einzeln oder als Paar in unterirdischen Gängen. Die ausgegrabene Erde wird durch einen kurzen Gang nach oben zu einem großen Haufen ausgestoßen. Bei Gängen, die dicht unter der Oberfläche verlaufen, wird der Boden nach oben abgehoben. Die Gänge werden manchmal auch von Wühlmäusen benützt. Der Maulwurf paart sich im frühen

Der Maulwurf kann rechten Ärger bereiten. Er lebt aber von Engerlingen und anderen Schädlingen.

Frühling. Das Weibchen trägt 40 Tage und wirft 4 bis 5 Junge, die nach 5 bis 6 Wochen selbständig werden. Der Maulwurf hält keinen Winterschlaf.
Nutzen: Der Maulwurf frißt Würmer, Insekten, Larven und Puppen. Wo Bodenschädlinge auftreten, ist er auf alle Fälle zu schonen. Nur seine Wühlarbeit ist schädlich. Er reißt dabei Pflanzen ab oder unterwühlt sie. Die Auswurflöcher sind auf Weiden eine Gefahr für das Vieh und eine Behinderung beim Mähen.

In vielen Staaten, auch in der Bundesrepublik Deutschland, ist der Maulwurf geschützt. Er darf nur gefangen und getötet werden, wo er großen Schaden anrichtet.

Man vertreibt ihn, indem man Knoblauch oder Lappen, die mit stark riechenden Substanzen (Petrol, Terpentin usw.) getränkt wurden, in seine Gänge stopft.

Spitzmäuse (Familie Soricidae)

Es gibt viele Spitzmausarten. Die kleinste Art ist mit 4 cm Länge das kleinste Säugetier Europas. Die etwa 7,5 cm große, kurzschnauzige **Feldspitzmaus** *(Crocidura leucodon)* und die **Hausspitzmaus** *(Crocidura russula)* kommen in Scheunen, im Garten und auf Feldern am häufigsten vor. Diese Insektenjäger sind Mäusen ähnlich. Sie haben aber eine lange, mit Tasthaaren dicht besetzte Rüsselschnauze und sehr scharfe, spitze Zähnchen. Die Weibchen werfen 5 bis 10 Junge, die nach 5 Wochen schon auf die Jagd gehen. Die sehr lebhaften Spitzmäuse gehen abends und während der Nacht auf Nahrungssuche. Tagsüber verbergen sie sich in Erdlöchern und anderen Verstecken.

Spitzmäuse sind Insektenjäger

Nutzen: Spitzmäuse vertilgen pro Tag ihr Eigengewicht an Insekten, Larven und Schnekken. Sie fressen aber auch Mäuse.
Förderung: Als ausgesprochener Nützling sind Spitzmäuse in einigen Kantonen der Schweiz geschützt. Hunde und Füchse meiden sie wegen ihres aufdringlichen Moschus-Geruchs. Katzen fangen, aber fressen sie nicht. Ihre natürlichen Feinde sind Eulen. Wir fördern Spitzmäuse, indem wir Ast- und Laubhaufen liegenlassen, oder durch Hecken und Gebüschen.

Wiesel (Familie Mustelidae)

Das **Kleine Wiesel** oder **Mauswiesel** *(Mustela nivalis)* wird, ohne Schwanz gemessen, etwa 20 cm lang. Der Übergang der braunen Rückenseite zur weißen Unterseite ist gezackt. Der kurze Schwanz und die Pfötchen sind braun. Nur im Hochgebirge verfärbt sich das Mauswiesel im Winter. Es bringt in 1 bis 2 Würfen 3 bis 7 Junge, manchmal auch mehr, zur Welt. Sein Verhalten ist dem des **Großwiesels** oder **Hermelins** *(Mustela erminea)* ähnlich. Dieses bis 30 cm lang werdende Wiesel ist im Sommer oberseits braunrot, der weiße Bauch ist in gerader Linie abgegrenzt. Das Hermelin wechselt zweimal im Jahr das Fell. Im Winter ist es schneeweiß, nur die Schwanzspitze bleibt schwarz.

Die scheuen, überaus flinken Wiesel jagen nachts, werden aber auch öfters am Tag gesehen. Sie leben ungesellig in Wäldern, Parks, an Ufern, auch in der Nähe von Häusern.

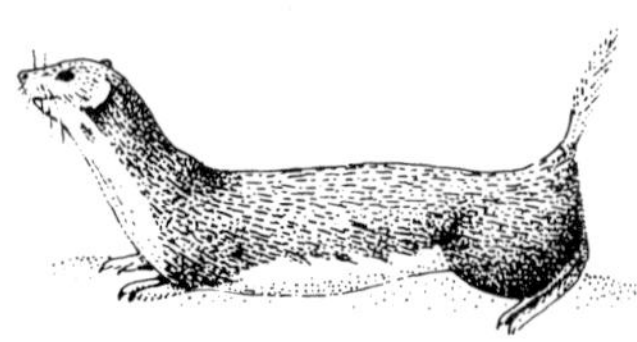
Wiesel

Nutzen: Da Wiesel besonders Mäuse und Ratten jagen, sind sie sehr nützlich. Obschon sie auch Vögel, Vogeleier, Junghasen und Hühner nicht verschonen, sollte man sie nicht verfolgen. Sie sind selten geworden.
Förderung: Stein- und Reisighaufen bieten ihnen Unterschlupf.

3.2 Vögel im Garten

Bei den Vögeln erscheinen in ganz besonderem Maße die Begriffe Schädling und Nützling problematisch. Der Star zum Beispiel frißt im Frühjahr hauptsächlich Insekten, die meisten davon sind Schädlinge. Wenn die Kirschen und die Trauben reifen, so sind aber die Stare, und dann meist in großen Schwärmen, die ersten bei der Ernte.
Nutzen: Vögel sind die Zierde eines jeden Gartens und erfreuen uns mit ihrem Gesang. Sie sind eine wichtige Hilfe in der Bekämpfung beziehungsweise Regulierung schädlicher Insekten. Zahlreiche Singvögel sind zur Ernährung der Jungtiere auf Raupen, Larven oder Maden angewiesen. Andere Vögel wiederum fressen Unkrautsämereien.

Die vollständige Verhinderung eines Schädlingsbefalls, besonders bei einem plötzlichen, starken Auftreten, ist durch Vögel kaum möglich. Sie können aber zum Beispiel im Obstgarten den Befall durch Frostspanner und Gespinstmotten niedrig halten.
Förderung: Richtig durchgeführter Vogelschutz ist heute eine wichtige Aufgabe. Allzusehr wurden in den letzten Jahren die Lebensräume, Fortpflanzungs- und Ernährungsmöglichkeiten zahlreicher Vogelarten eingeschränkt. Ebensosehr wurden aus Unkenntnis Vogelarten gefördert, die bereits selber eine große Anpassungsfähigkeit entwickelt haben (wie Stare, Amseln, Spatzen).

Zu den wichtigsten Förderungsmaßnahmen gehört das Anlegen von Nist- und Aufenthaltsgelegenheiten wie Nistkästen, Hekken, Astquirle und Sitzstangen für Greifvögel. Dabei sind einige wenige Punkte zu beachten:

a) Der Bestand zahlreicher insektenfressender *Höhlenbrüter* wie Meisen, Fliegenschnäpper, Schwalben, Baumläufer, Kleiber und Rotschwänze läßt sich durch das Aufhängen von Nistkästen vermehren. Ein Überangebot von Nistkästen ist dabei durchaus sinnvoll, da damit zusätzliche Schlafplätze geschaffen werden. Eine genaue Beachtung der Fluglochgröße und der Form der Kästen für die jeweilige Vogelart ist wichtig. Im Herbst oder Winter sollten die Höhlen gereinigt werden, um die Parasitenherde im Nistmaterial zu entfernen. Die beste Zeit für das Anbringen von Nistkästen ist der Herbst, damit sich die Vögel daran gewöhnen können. Die Fluglöcher sind gegen Südosten auszurichten.
b) Auch für *freibrütende Vogelarten*, wie Rotkehlchen, Grasmücken, Finken, Laubsänger, Zaunkönig, können durch das Pflanzen von Hecken, den Quirlschnitt von Büschen und durch aufeinandergeschichtetes Reisig Nistgelegenheiten geschaffen werden. Die Ansiedlung von Boden-, Busch- und Baumbrütern ist ebenso wichtig für die Schädlingsabwehr wie die Förderung der Höhlenbrüter.
c) Die *Greifvögel* wie Mäusebussard, Turmfalke und Schleiereule gehören zu den gelegentlichen Gästen im Garten. Mit Hilfe von Pfosten und mindestens 3 m hohen Sitzkrücken können ihnen Landeplätze für die Jagd geboten werden.

Eine Winterfütterung der Vögel ist nur bei sehr harten Witterungsbedingungen (geschlossene Schneedecke, tiefe Temperaturen) notwendig und sollte sehr zurückhaltend betrieben werden.

Schäden: Insbesondere im Obst- und Weinbau stellt der Fraß der Vögel an den Früchten ein sehr großes Problem dar. Schäden durch Krähen in auflaufendem, keimendem Getreide und Körnerfraß durch Spatzen in reifem Getreide können sehr bedeutend werden.

Abwehr von Vogelschäden: Bei der Abwehr von Vogelschäden wird versucht, durch mechanische und andere Mittel Vögel vom Fraß an Kulturpflanzen abzuhalten und die Überbevölkerung einzelner Vogelarten zu vermindern.

Im folgenden wird auf die Lebensweise und Bedeutung einzelner, für den Gartenbau besonders wichtiger Vögel noch genauer eingegangen.

Amsel *(Turdus merula)*

Die Amsel wird 25,5 cm groß. Das Männchen ist ganz schwarz mit leuchtend-orangegelbem Schnabel und Augenringen. Das Weibchen ist oben einfarbig dunkelbraun und unten heller braun. Die Amsel brütet zwei- bis dreimal jährlich, ihr Gelege beträgt jeweils 4 bis 5 Eier.

Stimme: Schrilles Zetern wenn erschreckt, sonst melodischer Gesang ohne Wiederholung der Motive.

Nest: In Hecken, Holzstößen, Schuppen, in niedriger und mäßiger Höhe auf Bäumen und Spalieren.

Bedeutung und Abwehr: Die Amsel ernährt sich von Würmern, Insekten und deren Larven (Raupen), Spinnen und Tausendfüßlern; im Herbst und Winter von Beeren, Früchten und Sämereien sowie von verschiedenen Abfällen. Unangenehm wird die Amsel im Garten dadurch, daß sie den Boden bei der

So ein Hausrotschwanznest muß vor Katzen geschützt werden.

Nahrungssuche durchwühlt, Beeren frißt und Obst beschädigt. Da sie vor Plastikbändern und anderen Schreckmitteln wenig Respekt hat, bietet das Überdecken der Kulturen mit Folie, Drahtgeflecht oder mit Netzen den besten Schutz.

Hausrotschwanz *(Phoenicurus ochruros)*

Beim Männchen sind Kopf und Rumpf rußschwarz, beim Weibchen gräulichbraun gefärbt. Schwanz und Bürzel sind bei beiden Geschlechtern ziegelrot. Charakteristisch ist der ständig wippende Schwanz. Der Rotschwanz sitzt gerne auf Dächern oder andern freien Warten, von wo aus er Insekten jagt. Er zieht im Oktober weg und überwintert im Mittelmeerraum.

Stimme: hartes »Hid-teck-teck«. Gesang rauher, aber melodischer Triller mit gepreßtem Kratzen.

Nest: In Mauerlöchern, am Boden unter Steinen, in und an Gebäuden (Nischenbrüter).

Förderung: Der Hausrotschwanz benützt künstliche Nistgeräte wie Halbhöhlen und auch oben offene Kästchen im Format 14×12×10 cm oder Rauchschwalbennester, die man etwa 5 cm unterhalb von Dachvorsprüngen und Balken montiert.

Haussperling, Hausspatz
(Passer domesticus)

Das Männchen ist durch den grauen Scheitel, den braunen Nacken, die schwarze Kehle und die weißen Wangen gekennzeichnet. Die Weibchen und Jungvögel sind unauffällig gräulich und bräunlich gefärbt. Der Spatz brütet dreimal im Jahr und macht Gelege mit 4 bis 6 Eiern. Die Jungen werden in den ersten Tagen mit Insekten gefüttert, dann mit Körnern.

Stimme: Geschwätzig, verschiedene Rufe, Tschilpen.

Nest: In Nischen und Spalten von Gebäuden, im Efeu, selten in Bäumen.

Bedeutung und Abwehr: Wie bei der Amsel dürfen nicht nur die Schäden gesehen werden, die die Spatzen im Garten anrichten. Der Spatz ist sehr vielseitig in seiner Ernährung und räumt allerhand Unkrautsämereien und Abfälle ab. Maikäfer vertilgt er in großen Mengen. Von den Kulturen ist der Spatz nur durch Netze und Maschendraht mit höchstens 26 mm Maschenweite oder mit Hilfe von Folien wirksam abzuhalten. Nischen und Löcher, in denen die Spatzen nisten, sind zu stopfen.

Meisen

Im Hausgarten brüten vorwiegend Kohl- und Blaumeise. Sie spielen bei der Insektenregulierung eine wesentliche Rolle.

Die **Kohlmeise** *(Parus major)* ist mit 14 cm die größte der in Europa allgemein verbreiteten Meisen. Kopf und Hals sind glänzend-blauschwarz mit weißen Wangen. Die Unterseite ist gelb mit schwarzem Längsband in der Mitte. Der Rücken ist grünlich, die Flügel und der Schwanz sind blaugrau. Die Kohlmeise turnt bei der Nahrungssuche flink in den Zweigen von Bäumen und Sträuchern umher. Sie macht 2 Gelege mit bis zu 12 Eiern. Die Kohlmeise ist ein Insektenfresser. Man schätzt, daß ein Meisenpaar mit Jungen bis zu 30 kg Raupen zur Fütterung einträgt. Außerhalb der Brutzeit (Anfang April bis Mitte August) frißt sie auch Sämereien, Obst und Beeren.

Stimme: Im Frühling ertönt der typische Ruf »Zizibäh-zizibäh«, der Gesang kann auch wie »Pink-pink-pink« oder Schelten klingen. Meisen ahmen manchmal andere Vogelstimmen nach.

Nest: In Höhlen aller Art, besonders in künstlichen Nistkästen (Flugloch 30 mm Durchmesser).

Kohlmeise

Die **Blaumeise** *(Parus caeruleus)* wird 11 cm lang. Der Scheitel, die Flügel und der Schwanz sind glänzend-kobaltblau. Die Unterseite des Körpers ist gelb gefärbt, die Wangen sind weiß mit schwarzem Augenstrich und schwarzer Begrenzung gegen das blauschwarze Kinn. Der Scheitel ist weiß eingefaßt, der Rücken grünlich. Das Verhalten der Blaumeise entspricht demjenigen der Kohlmeise.

Stimme: Verschiedene Lockrufe »Tsi-tsi-tsi«, auch rauh schimpfend. Der Gesang beginnt mit »Tsi-tsi«, dann folgt ein langer, perlender Triller.

Nest: Wie bei der Kohlmeise. Das Flugloch kann bis auf 26 mm Durchmesser reduziert werden.

Förderung: Da die Nahrungsgrundlage in unserer Kulturlandschaft in ausreichender Menge vorhanden ist, lassen sich die Meisenbestände durch das Angebot von Nisthöhlen erhöhen. Spatzen, die gleich groß sind wie die Kohlmeisen, können deren Nisthöhlen erobern. Hängt man die Nistkästen tiefer als 2 m, so werden sie von den Spatzen weniger gern besetzt und können besser kontrolliert werden. Da die Blaumeise weniger häufig auftritt als die Kohlmeise, benötigt man 30-mm-

und 26-mm-Nisthöhlen im Verhältnis von etwa 3:1. Die Anzahl der Kästen pro Hektar beträgt etwa 20.

Rabenkrähe *(Corvus corone)*

Sie wird 47 cm groß, ihr Gefieder ist schwarzglänzend. Sie hat einen kräftigen schwarzen Schnabel und, im Gegensatz zum größeren Kolkraben der Berggebiete, einen gerade abgeschnittenen Schwanz. Der Flug ist geradlinig mit ruhigen, regelmäßigen Flügelschlägen.

Stimme: Meist ein drei- bis viermal wiederholtes, krächzendes »Krah«.

Nest: Gewöhnlich auf Bäumen, manchmal in Felsspalten.

Bedeutung und Abwehr: Krähen gehören zu den wenigen Schneckenfressern unter den Vögeln. Daneben werden auch Würmer, Insekten und deren Larven (zum Beispiel Engerlinge) gefressen. Als Allesfresser räumt die Krähe auch mit Abfällen aller Art auf. Sie frißt aber auch gerne zarte Setzlinge. Will man Krähen vom Gartenbeet fernhalten, so spannt man Plastikbänder im Zick-Zack über die Beete. Man verdreht diese als Spirale, so daß sie sich im Wind hin und her bewegen. Auf diese Weise kann man auch Bäume schützen.

Eine weitere Möglichkeit der Abschreckung ist das Aufhängen toter Krähen oder schwarzer Stofflappen, die ähnlich aussehen. Das Problem stellt auch hier die rasche Gewöhnung der Vögel an die Abschreckungsmittel dar. Die Krähe ist in der Schweiz jagdbar und darf von Jagdberechtigten geschossen werden. Die Jagd auf Rabenvögel ist jedoch in der Bundesrepublik Deutschland verboten.

Das Rotkehlchen singt noch spät im Herbst.

Rotkehlchen *(Erithacus rubecula)*

Es ist ein 14 cm großes, rundliches Vögelchen mit kurzem Hals. Brust und Stirne sind orangerot, die Oberseite braunoliv. Die Geschlechter unterscheiden sich nicht. Die Jungvögel haben keine rote Brust. Sie sind dunkelbraun und rahmfarben gefleckt. Rotkehlchen sind besonders im Winter sehr zutraulich. Die Wintervögel sind zum größten Teil Gäste aus dem hohen Norden (Teilzieher). Das Rotkehlchen badet gerne. Es lebt daher bevorzugt in der Nähe von Wasserflächen und ernährt sich von Insekten und Spinnen, im Winter auch von Sämereien und Beeren. Es brütet oft zweimal im Jahr.

Stimme: Ein oft wiederholtes »Tick-tick-tick« oder »Zip-zipsip« und ein ziehender Gesang, abwechselnd schwermütig und flötend.

Es singt noch spät abends und bis in den Spätherbst hinein.

Nest: Das Rotkehlchen nistet im allgemeinen am Boden in Mulden, gedeckt unter Stauden und Wurzeln, in Wohngebieten oft erhöht in Mauerlöchern und anderen Nischen oder im Efeu, gelegentlich auch in Nisthöhlen.

Förderung: Nisthöhlen mit großem Flugloch (50 mm) oder Halbhöhlen (etwa 16 × 14 × 14 cm, obere Hälfte der Vorderfront offen), die man an Häusern und Scheunen anbringt.

Spechte

Die verschiedenen Spechte, die in unseren Wäldern und Gärten vorkommen, sind die einzigen Vögel, die mit ihren spitzen Schnäbeln jene Insekten und Larven, die unter der Rinde leben, hervorholen können. Allerdings beschädigen sie die Rinde durch ihr Hämmern. Obschon sie stark befallene Bäume nicht mehr retten können, wirken sie der starken Vermehrung von Borkenkäfern sowie anderer Schädlinge entgegen. Neben Insekten fressen sie auch gerne Beeren und Samen. Die Haufen der Waldameisen sind vor dem Grünspecht zu schützen!

Der 23 cm große **Buntspecht** *(Dendrocopos major)* hat einen schwarzen Rücken und unterscheidet sich vom Kleinspecht durch große, weiße Schulterflecken und rote Unterschwanzdecken. Die Unterseite ist weiß. Die Männchen haben einen roten Genickfleck, die Jungvögel einen ganz roten Scheitel. Der Buntspecht hält sich fast nur an Stämmen und in Gezweig von Laub- und Nadelgehölzen auf.

Buntspechte bauen ihr Nest in Baumhöhlen.

Stimme: Lautes, häufiges »Kick«, trommelt sehr schnell.

Nest: In Baumhöhlen.

Der olivgrüne **Grünspecht** *(Picus viridis)* wird 32 cm groß. Seine Unterseite ist graugrün, der Scheitel rot und der Bürzel auffallend gelb. Er besiedelt bevorzugt Feldgehölze und Waldränder neben Wiesen.

Stimme: Sehr lautes »Lachen«, trommelt selten.

Nest: In Baumhöhlen.

Förderung: Die Ansiedlung von Spechten ist durch geeignete Nistkästen zu fördern. Brutbäume und alte Obstbäume sollten nicht gefällt werden.

Star *(Sturnus vulgaris)*

Der Star wird 22 cm groß und erscheint schwärzlich, bronzegrün und purpurfarben glänzend, im Winterkleid dicht weiß getüpfelt. Er hat einen kurzen Schwanz und spitze Flügel sowie einen langen, scharfen Schnabel. Der Zugvogel kehrt schon im Februar aus dem Süden zurück.

Stimme: Rauh, verwebt, aber ein Gemisch von klangreinen Pfiffen, Schmatzern und Knacklauten verbindet sich zu einem Gesang. Er ahmt oft und gut andere Vogelstimmen nach.

Nest: In Höhlen und Nistkästen mit mehr als 45 mm Lochdurchmesser und einer Innenfläche von 15 × 15 cm.

Bedeutung und Abwehr: Der Star ist ein lustiger und interessanter Vogel und wurde als großer Nützling bis vor einiger Zeit überall geschätzt und gefördert. Neben Insekten frißt er auch Schnecken. Mit seiner Vermehrung nahmen aber auch die Schäden, die er in der Landwirtschaft verursacht, stark zu. Heute verzichtet man allgemein auf das Aufhängen von Starenkästen. Die Abwehr wird mit Plastikbändern und Knallapparaten versucht. Wegen der Gewöhnung müssen die Methoden und Mittel häufig geändert werden. Netze stellen auch hier das sicherste Mittel dar. Die Maschenweite kann bis zu 7 cm betragen.

Der Star ist der Komiker unter den Vögeln und erweist sich je nach Jahreszeit als Nützling oder als Schädling.

Wacholderdrossel *(Turdus pilaris)*

Diese 25,5 cm große Drossel hat einen grauen Kopf und Bürzel, der Rücken ist kastanienbraun und der Schwanz schwarz. Beim Flug scheint die Unterseite hell. Der Schnabel ist gelb mit schwarzer Spitze.

Stimme: Ein rauhes »Schack-schack-schack«, sanftes »Zieh«, der Gesang ist schwätzend und zwitschernd.

Nest: In offenem, mit Baumgruppen bestandenem Gelände, an Waldrändern, beson-

Blindschleichen sind Echsen, deren Beine sich zurückgebildet haben.

ders gern auf Birken oder anderen lichten Bäumen.

Bedeutung und Abwehr: Die Wacholderdrossel hat sich in den letzten Jahren stark vermehrt und kann bedeutende Schäden an Kernobst verursachen.

Sie frißt auch Schnecken. Die Abwehrmaßnahmen sind die gleichen wie bei der Amsel.

Wacholderdrossel

3.3 Reptilien

In der Schweiz sind sämtliche Reptilien seit 1966 geschützt. In bezug auf die Schädlingsabwehr ist besonders auf die Blindschleiche und die Eidechse hinzuweisen.

Blindschleiche *(Anguis fragilis)*

Die bis zu 50 cm lang werdende Blindschleiche ist keine Schlange, sondern gehört zu den Echsen. Sie ist langgestreckt und hat keine Beine. Der Schwanz ist länger als der Körper und endet in einem Stumpf. Die Oberseite wirkt graubraun bis bronzefarben mit schwarzen Streifen. Die Unterseite ist dunkel.

Die Paarung findet von April bis Mai statt. Nach 3 Monaten werden 8 bis 12 (bis 20)

Die Zauneidechse liebt warme Mauern und Treppen.

Junge abgesetzt. Die Blindschleiche ist ein Dämmerungstier. Sie lebt versteckt in feuchten Wiesen, an Waldrändern und in Gärten.
Nutzen: Die Blindschleiche lebt von Insekten, Nacktschnecken und Würmern.
Förderung: Sie ist vor Hunden und Katzen zu schützen. Ihr Unterschlupf ist zu schonen.

Zauneidechse *(Lacerta agilis)*

Diese ziemlich plumpe Eidechse wird ungefähr 20 cm lang. Sie trägt auf der Rückenmitte ein braunes Band mit hellen Flecken. Die Unterseite ist beim Männchen grünlich, beim Weibchen weiß bis gelblich mit schwarzen Punkten. Im Frühling sind die Flanken der Männchen leuchtend grün. Vor der Paarung, im April bis Juni, kämpfen die Männchen miteinander. Die 5 bis 14 weißen, pergament-schaligen Eier werden in feuchte, lokkere Erde gelegt. Die Jungen schlüpfen nach 5 bis 9 Wochen. Eidechsen sind Tagtiere und leben in Trockenmauern, Schießwällen und an Bahndämmen.
Nutzen: Die Zauneidechsen ernähren sich von Insekten, Nacktschnecken, Raupen, Würmern und jungen Artgenossen.
Förderung: Katzen, Marder, Falken, Bussarde und Krähen sind ihre natürlichen Feinde. Es ist darauf zu achten, daß die Eier nicht zerstört und die Tiere geschont werden. Steinhaufen bieten Unterschlupf.

3.4 Amphibien

Amphibien (Lurche) sollten im Garten willkommen sein. Nachteiliges ist über sie nicht bekannt. Sie fressen ausschließlich lebende Kleintiere. Die Eier und Larven der Amphibien dienen Fischen und die erwachsenen Tiere gewissen Kriechtieren und Vögeln als Futter.

Gefährdet werden sie durch den Straßenverkehr, die chemischen Dünge- und Pflanzenschutzmittel der Landwirtschaft und durch die Zerstörung der Laichgewässer. Wer auf seinem Land Gifte verwendet, sollte keine Amphibien ansiedeln. Zu ihrem Schutz verbietet in der Schweiz das Bundesgesetz von 1966 das Einsammeln und Gefangenhalten von Lurchen oder deren Eiern und Larven ohne eine kantonale Bewilligung. Wer also Lurche in seinem Teich einsetzen will, ersuche die amtlichen Naturschutzstellen um eine Bewilligung. Sind die Bedingungen erfüllt, wird diese auch gewährt. Auf keinen Fall setze man ausgewachsene Tiere, sondern nur wenige Eier oder Larven ein. Vor dem zweiten oder dritten Jahr darf man keine Rückkehrer erwarten.

Der Molch lebt nur während der Paarungszeit im Wasser.

Die ganzjährig standorttreuen Arten wie Wasserfrosch, Unke, Geburtshelferkröte, Bergmolch und Fadenmolch lassen sich durch die Schaffung eines geeigneten Teiches ansiedeln. Die laichplatztreuen Arten wie Grasfrosch und Erdkröte kehren zum Laichen wohl immer wieder zurück, wandern aber in der Zwischenzeit in einem Umkreis von bis zu 3 km ab. Ein guter Amphibienteich kann deshalb eine ganze Gemeinde versorgen. Interessant ist es zu beobachten, wie ein Teich in kurzer Zeit von selbst besiedelt wird.

Bergmolch *(Triturus alpestris)*

Diese häufigste Molchart ist anspruchslos und kann in jedem Weiher, wo sich keine Fische befinden, angesiedelt werden. Das Männchen wird 8 cm, das Weibchen 11 cm groß. Der Körper ist gedrungen, der Schwanz seitlich zusammengedrückt. Die Unterseite ist orangefarben und die Oberseite sehr dunkel. Das Hochzeitskleid des Männchens ist sehr bunt. Der Molch lebt während der Fortpflanzung in Tümpeln, ansonsten am Land. Er geht nachts auf Nahrungssuche.

Nutzen: Der Bergmolch lebt von Würmern, Nacktschnecken, Larven und Froschlaich.

Kröten finden sich in jedem naturnah gestalteten Garten ein.

Erdkröte *(Bufo bufo)*

Das Männchen wird bis 8 cm, das Weibchen bis 13 cm groß. Der Körper ist gedrungen. Der breite Kopf hat eine gerundete Schnauze. Die Pupillen sind waagrecht, die Iris ist gold- bis kupferrot. Die Oberseite ist braun, manchmal oliv und mit Warzen bedeckt. Die Erdkröte überwintert in Erdhöhlen und erscheint im März. Eine künstliche Ansiedlung ist nicht einfach, anderseits stellen sich Erdkröten oft von selbst ein.

Nutzen: Die Erdkröte lebt vorwiegend von Würmern und Nacktschnecken.

Gelbbauchunke *(Bombina variegata)*

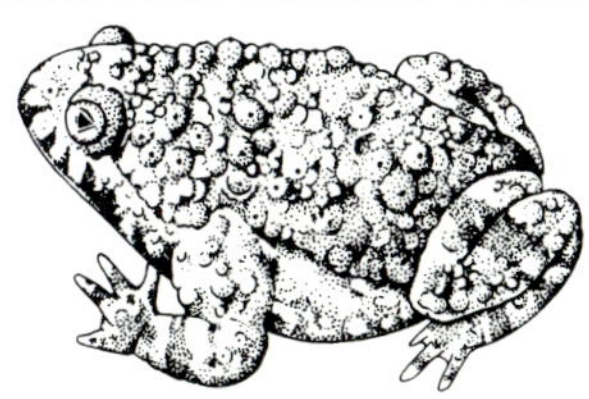

Unke

Sie wird bis 5 cm groß. Die graubraune Oberseite ist voll von Warzen mit spitzen Hornhöckern. Die Unterseite ist gelb mit grau- bis

schwarz-blauen Flecken. Finger- und Zehenspitzen sind gelb. Typisch ist das melodische Rufen der Unke. Sie überwintert im Boden, lebt aber im Wasser. Berührt man eine Unke oder Kröte, müssen die Hände gewaschen werden, da ihr giftiges Hautsekret besonders an Lippen und Augen unangenehme Entzündungen verursacht.
Nutzen: Sie lebt hauptsächlich von fliegenden Insekten.

Grasfrosch *(Rana temporaria)*

Dies ist unser häufigster Froschlurch. Er wird bis 10 cm groß und ist braun mit dunklen Flecken. Die Unterseite ist hell, meist gefleckt. Der Grasfrosch laicht schon ab Anfang März. Die großen Laichballen liegen in seichtem Wasser an der Oberfläche. Die kleinen Frösche verlassen die Tümpel in großen Scharen. Früher glaubte man, es hätte Frösche geregnet!
Nutzen: Der Grasfrosch frißt Nacktschnekken, Insekten und ihre Larven, Würmer usw.

3.5 Insekten

Verschiedenen Insektenarten kommt in der Schädlingsabwehr große Bedeutung zu. Man unterscheidet zwischen jenen Arten, die andere Insekten als Räuber jagen, und denen, die als Schmarotzer (Parasiten) wirken.

Was können wir zur Förderung der uns nützlichen Insekten tun? Die erste Voraussetzung ist, daß wir sie sowie ihre Puppen und Larven erkennen. Stellen wir einen Schädlingsbefall fest, so müssen wir beobachten, ob Nützlinge nicht schon am Werk sind.

Durch den Einsatz von Insektiziden, Fungiziden und Herbiziden werden viele dieser Insekten vernichtet. Man setze auch die pflanzlichen Bekämpfungsmittel wie Pyrethrum und Derris nur gezielt und erst dann ein, wenn andere Maßnahmen versagt haben und die Schadensschwelle den Einsatz rechtfertigt (siehe Kapitel 5.8). Durch unüberlegtes Eingreifen zerstören wir oft, was sich an natürlicher Abwehr entwickelt hat.

Zur Förderung dieser nützlichen Insekten sind Überwinterungsorte und »Inseln«, die nicht mit Pestiziden behandelt wurden, wichtig. Windschutzhecken und allerlei Gebüsch, besonders Holunder und Efeu, müssen in der Nähe von Obstanlagen und in der Landschaft erhalten bleiben. Zu vermeiden sind diejenigen Büsche, die gewissen Blattlausarten als Winterwirt dienen. Wichtig sind auch Magerwiesen mit ihren vielen Blütenarten. Doldenblütler wie Wiesenkerbel, Schafgarbe, Wilde Möhre. Auch Phacelia und Ringelblume ziehen viele uns nützliche Insekten an.

Versuche, nützliche Insekten, zum Beispiel Marienkäfer, Florfliegen, Schlupfwespen *(Trichogramma)* zu züchten und in Kulturen freizulassen, haben vor allem in Gewächshäusern, wo kontrollierbare Klimabedingungen vorliegen, und im Maisanbau interessante Ergebnisse gezeitigt (siehe Kapitel 5.5).

Florfliege *(Chrysopa carnea)*

Florfliegen der Gattung *Chrysopa* sind grüne, längliche Insekten mit großen, dachförmig über dem Hinterleib gehaltenen Flügeln. Sie haben goldglänzende Augen und lange Fühler. Sie ernähren sich von Honigtau, Wasser und kleinen Insekten. Sie leben ungefähr

Die zarte Florfliege oder das Goldauge (oben) lebt hauptsächlich von Blütennektar. Sie heftet die Eier mit Stielchen an Blättern oder Holz an. Hier schlüpft die Larve (Mitte) und fängt gleich mit der Nahrungssuche an (unten).

2 Monate. Die Weibchen legen bis 20 weiße Eier. Sie werden einzeln oder in Gruppen an 1 cm langen, biegsamen Stielen auf der Blattunterseite oder an kleinen Ästen, Telefonstangen, Fenstern usw. abgelegt.

Die 7 bis 8 mm langen, gelblich-grauen Larven sind sehr lebhaft. Sie haben 3 Paar Brustfüße und auf den Seiten kleine behaarte Warzen. Sie fressen alles, was ihnen zwischen die zangenförmigen Kiefer gerät.

Die Entwicklung der Larven dauert bis 18 Tage. Dann verspinnen sie sich an geschützter Stelle zwischen Pflanzenteilen in weißen, kugeligen Kokons. Die ganze Entwicklung vom Ei zum erwachsenen Insekt dauert 22 bis 60 Tage, je nach Wetter. Florfliegen entwikkeln sich vom Frühling bis zum Herbst. Die ausgewachsenen Tiere überwintern gerne an geschützten Orten in Häusern und Scheunen.

Nutzen: Die Eier der Florfliege werden schon früh im Frühling, bevor sich Blattläuse festgesetzt haben, in einjährige Feldkulturen abgelegt. Die Larven können die Bildung von Blattlaus-Kolonien verzögern, indem sie die zufliegenden Blattläuse fressen. Eine Larve saugt während ihrer Entwicklung 200 bis 500 Blattläuse, aber auch andere Insekten aus.

Förderung: Die Eier der Florfliegen sind gegenüber Öl sehr empfindlich. Zahlreiche Versuche bestehen, Florfliegen-Larven gezielt gegen Blattläuse einzusetzen. Dieses Verfahren ist noch nicht praxisreif.

Räuberische Gallmücken

Die Larven der **räuberischen Gallmückenarten** (*Aphidoletes aphidimyza* u.a.) ernähren sich vorzugsweise von Blattläusen. Die

Gallmückenweibchen legen bis zu 60 Eier in die Blattlauskolonien ab. Nach 2 bis 3 Wochen schlüpfen kleine, rötliche Larven. Diese saugen bevorzugt junge Blattläuse aus. Danach verpuppen sich die Larven im Boden. Davon geht noch eine zweite Generation aus. Die Überwinterung erfolgt im Boden.

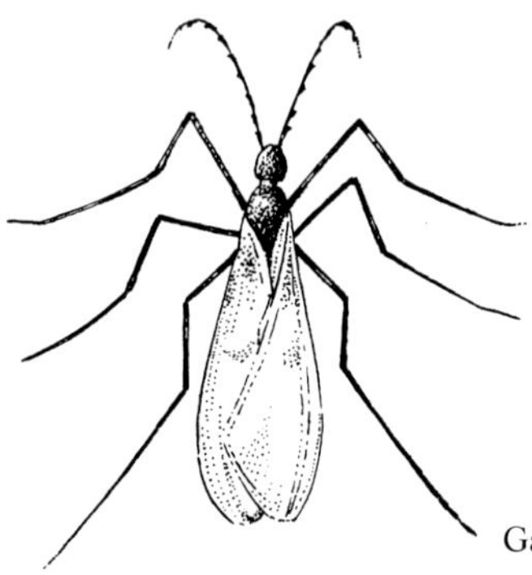

Gallmücke

Nutzen: Die räuberischen Gallmücken treten in Obstblattlaus- und anderen Blattlauskolonien auf.
Förderung: Bodenbedeckung und Dauerbegrünung unter Obstbäumen schützt die Überwinterungsplätze. Gallmücken können auch in Gewächshäusern ausgesetzt werden.

Kamelhalsfliegen
(Ordnung Raphidioptera)

Die verschiedenen Arten der in Mitteleuropa vorkommenden Kamelhalsfliegen werden zwischen 14 und 31 mm groß. Kaum sichtbar, sitzen sie auf der Rinde von Laub- und Nadelbäumen in Obstgärten und Wäldern.

Die durchsichtigen Flügel werden dachförmig über den Hinterleib gefaltet. Die Weibchen legen mit ihrem langen Legestachel die Eier tief in Rindenrisse. Die Larven leben in den Gängen der Borkenkäfer und fressen diese sowie andere Insekten und deren Larven und Eier. Die flinken Larven in einer selbstgegrabenen Mulde in der Rinde. Bei einigen Arten dauert die Entwicklung 2 bis 3 Jahre (siehe Titelbild).
Nutzen: Die Kamelhalsfliege und ihre Larve ernähren sich von verschiedenen Insekten und von Insekteneiern und -larven.

Laufkäfer (Familie Carabidae)

Viele Laufkäfer und ihre Larven sind sehr nützliche Räuber.

Die größten **Großlaufkäfer** (*Carabus* spec.) werden bis 40 mm groß. Viele Arten sind schillernd gefärbt (wie der »Goldschmied«). Ihre länglichen, deutlich segmentierten Larven sind meist dunkel. Die Laufkäfer überwintern als Käfer und versuchen im Herbst oft, in den Häusern Zuflucht zu nehmen, wo wir sie dann in den Kellern finden. Im Frühsommer legen die Weibchen im Laufe mehrerer Wochen 20 bis 60 Eier, meist einzeln in kleine Erdhöhlen. Nach wenigen Tagen schlüpfen die gefräßigen Larven, die sich nach 8 bis 10 Wochen in Erdhöhlen verpuppen. Laufkäfer sind meistens in der Nacht aktiv, am Tag verstecken sie sich unter Steinen, Rinden und Pflanzen.
Nutzen: Sie fressen große Mengen von Puppen, Raupen und sogar Schnecken in Feld, Wald und Garten.
Förderung: Feucht-schattige Unterschlupfmöglichkeiten schaffen.

Oben: Ein Laufkäfer frißt eine Erdschnakenlarve.
Unten: Die Eier der Marienkäfer stehen aufrecht in Grüppchen.

Die Larve des roten Siebengepunkteten Marienkäfers saugt gerade eine Blattlaus aus.

Marienkäfer, Kugelkäfer
(Familie Coccinellidae)

Von diesen bekanntesten Nützlingen gibt es viele Arten. Die halbkugeligen Käfer haben glänzende Flügeldecken.

Je nach der Art sind Farbe und Zeichnung verschieden. Neben dem roten Käfer mit schwarzen Punkten gibt es zum Beispiel gelbe Käfer mit dunklen Punkten, dunkle mit hellen Flecken oder ganz dunkle ohne Flecken. Sie werden 3 bis 8 mm groß. Die gelben Eier werden in Gruppen von 10 bis 20 Stück senkecht stehend auf Blattunterseiten und Zweigen abgelegt.

Die länglichen Larven der großen Marienkäferarten sind dunkelgraublau mit gelben Punkten und borstigen Warzen. Sie wachsen während ihrer Entwicklung von 1,5 mm bis zu 8 mm. Die Larven der kleineren Arten werden bis 2,5 mm groß und sind mit weißer Wachsausscheidung bedeckt.

Kugelig zusammengezogen, aber ohne sich zu verspinnen, entwickeln sich die Puppen mit einem Scheinfuß befestigt an den der Sonne zugewandten Pflanzenteilen. Berührt man sie, so bewegen sie sich ruckartig.

Marienkäfer überwintern und suchen im Frühling vorerst auf Wiesen und Brachland nach Blattläusen. Hier werden sie geschlechtsreif und vermehren sich entsprechend dem Nahrungsangebot.

Die Eier werden in der Nähe von Blattlauskolonien abgelegt (Farbbild Seite 164).

Nutzen: Die Käfer sowie ihre Larven ernähren sich zur Hauptsache von Blattläusen. Eine Larve frißt bis zu ihrer Verpuppung 200 bis 600 Blattläuse.

Förderung: Es kommt in Mitteleuropa meistens nur zu einer Generation auf einjährigen Kulturen, so daß Marienkäfer durch Insektizide, besonders im Frühling, stark dezimiert werden können.

Ohrwurm *(Forficula auricularia)*

Das kurzflügelige Insekt hat auffallend große Hinterleibszangen und lange Fühler. Es ist bräunlich glänzend und sehr beweglich. Der ausgewachsene Ohrwurm überwintert, das Weibchen legt im Herbst oder Frühling die Eier in von ihm gebaute Erdröhren. Dort werden sie von ihm gepflegt und verteidigt. Die geschlüpften Larven bleiben bis zu 6 Monate lang im Nest.

Nutzen und Schaden: Der Ohrwurm frißt, vorwiegend nachts, verwesende tierische und pflanzliche Stoffe. Da er aber ebenfalls Blattläuse und andere kleine Insekten verzehrt, ist er im Obstbau als Nützling zu fördern. Wo er an Blüten frißt, zum Beispiel an Dahlien, muß er abgewehrt werden.

Förderung und Abwehr: Mehrere kleine Blumentöpfchen mit Holzwolle oder Moos vollstopfen und umgekehrt an Bäume hängen oder am Boden aufstellen. Sie werden ab Juni zunehmend besiedelt. Die Holzwolle muß jährlich ausgewechselt werden. Im Handel sind sogenannte Ohrwurmschlafsäcke erhältlich.

Auch der Ohrwurm frißt Blattläuse und andere kleine Insekten.

Wo der Ohrwurm schadet, sind ebenfalls Töpfe aufzustellen. Diese Töpfe werden dann tagsüber, wenn die Ohrwürmer sich darin verkrochen haben, dorthin gebracht, wo sie nützlich sind. Mit Rainfarntee oder Schmierseifewasser verdirbt man ihm den Geschmack an bevorzugten Pflanzen.

Schlupfwespen
(Familien Ichneumonidae und Braconidae)

Von den vielen Schlupfwespenarten sind alle Parasiten. Jede Art ist auf bestimmte Wirte, zum Beispiel Blattläuse, Blutläuse, Schmetterlingseier, Raupen und Puppen, spezialisiert.

Schlupfwespen sind wespenähnliche, meist dunkle Insekten. Einige Arten sind kleiner als 1 mm. Die meisten Weibchen haben einen langen Legestachel. Bei der Eiablage wird der Hinterleib blitzschnell unter dem Kopf durchgebogen. Der Legestachel sticht die Blattlaus an und legt ein Ei in ihr ab. Unsichtbar schlüpft nach wenigen Stunden in der Laus die Larve aus und entwickelt sich dort. Die parasitierte Blattlaus wird rundlicher und

Oben: Eine Schlupfwespe legt ihre Eier in eine Blattlaus ab.
Unten: Nach kurzer Zeit schlüpft die junge Schlupfwespe aus der abgetöteten Blattlaus aus.

dunkel. Die Schlupfwespenlarve verpuppt sich in der ausgefressenen Blattlaus in einem Gespinst. Sie hat eine kurze Entwicklungsdauer, so daß sich wie bei den Blattläusen Generation nach Generation bildet. Die Schlupfwespe überwintert als Larve in der ausgefressenen Blattlaus. Im Frühling schlüpft sie zur selben Zeit wie die Blattläuse. Die Weibchen sind bald geschlechtsreif und beginnen mit der Eiablage.

Schlupfwespenarten, die Raupen usw. parasitieren, verhalten sich meist ähnlich.

Nutzen: Da sich die Schlupfwespen im Frühling zur selben Zeit wie die Blattläuse entwickeln, verzögern sie deren Vermehrung. Ein Weibchen belegt 200 bis 1000 Blattläuse mit Eiern. Die größeren Schlupfwespen stechen zur Eiablage mit ihrem Stachel selbst die in dichten Gespinsten lebenden Raupen der Gespinstmotten an.

Förderung: Um die in den Blattlausmumien überwinternden Schlupfwespen zu schonen, kann man nach dem Winterschnitt die Äste einsammeln und an geschütztem Ort lagern, um sie im Frühling nach der Winterspritzung wieder in den Obstgarten zu legen. Dasselbe empfiehlt sich bei Johannisbeerstauden. Im weichen Mark von Holunderästen nisten sie gerne ein. Nektarpflanzen, wie Doldenblütler und Phacelia, sind Nahrungsquellen für Schlupfwespen.

Seit längerer Zeit wird daran gearbeitet, Schlupfwespen zu züchten und gezielt gegen Schädlinge einzusetzen (siehe Kapitel 5.5).

Schwebfliegen (Familie Syrphidae)

Je nach Art werden die wespenähnlichen Schwebfliegen 7 bis 15 mm groß. Ihr flinker Flug ist geräuschlos. Der Name weist auf die Fähigkeit hin, längere Zeit an einem Ort schweben zu können. Die Eier sehr vieler Arten werden in Blattlauskolonien einzeln abgelegt. Sie sind 1 bis 2 mm groß, länglich und weiß. Die Larven sind weiße oder gelbliche Fliegenmaden ohne deutlichen Kopf oder Beine. Die Puppen sind bis 10 mm groß. Sie hängen wie Tropfen an Pflanzenteilen oder liegen im Boden.

Die meisten Schwebfliegen bilden mehrere Generationen im Jahr. Einige Arten ziehen wie Zugvögel nach Süden, andere sind seßhaft. Je nach Art überwintern die Larven oder die begatteten Weibchen. Kontrolliert man im Frühling Blattlausherde, so findet man oft Schwebfliegeneier. Sind mehrere Eier vorhanden, so können die ausschlüpfenden Larven die Blattlausvermehrung stark verzögern.

Die Schwebfliege *Episyrphus balteatus* überwintert als Weibchen. Dieses legt sehr früh im Jahr ihre Eier in Blattlauskolonien ab.

Nutzen: Die harmlosen Schwebfliegen ernähren sich von Blütenstaub und dem von den Blattläusen ausgeschiedenen Honigtau.

Nützlinge sind die Larven. Sie verzehren bis zu ihrer Verpuppung 150 bis 900 Blattläuse. Sie kriechen tagsüber, außer in heißen Mittagsstunden, in den Blattlauskolonien umher. Erwischen sie eine Laus, so wird diese vom Blatt abgehoben und ausgesaugt (siehe Titelbild, Farbbilder Seiten 95, 144, 149).

Förderung: Doldenblütler wie Petersilie, Dill, Wiesenkerbel säen. Die früh auftretenden Blattläuse sind für die Entwicklung wichtig.

Waldameisen (*Formica* spec.)

In der Schweiz kommen sechs, für den Laien schwer unterscheidbare Waldameisenarten vor. Allen gemeinsam ist der aus Nadeln, Zweigstückchen und anderem Material zusammengetragene Nesthaufen, der mit Vorliebe an Waldrändern steht. Die Arbeiterinnen sind 5 bis 10 mm lang und mit Ausnahme des mehrheitlich braunroten Brustabschnittes und Kopfes schwarzbraun gefärbt. Wie alle

Ameisen bilden auch diese Arten Staaten, die aus den ungeschlechtlichen, flügellosen Arbeiterinnen und den Königinnen (Weibchen) bestehen, zu denen sich zu bestimmten Jahreszeiten die geflügelten Männchen gesellen. Es gibt Arten mit nur einer Königin pro Volk, in anderen Fällen können bis zu 5000 Königinnen neben mehreren hunderttausend Arbeiterinnen vorkommen. Die Arbeiterinnen sind für den Bau, die Nahrungsbeschaffung und die Brut verantwortlich. Die nur auf dem Hochzeitsflug geflügelten Königinnen (= befruchtete Weibchen) legen während ihres ganzen Lebens, das mehr als 10 Jahre dauern kann, befruchtete Eier. Die Männchen geben während des Hochzeitsfluges den Königinnen den Samenvorrat für deren ganzes Leben mit, nach der Begattung sterben sie ab. Ameisen legen keine Vorräte an. Die Arbeiterinnen sammeln im Körper Reserven, die sie im Frühling bei Nahrungsknappheit als »Ameisenmilch« zur Ernährung der Brut abgeben.

Nutzen: Ameisen vertilgen Schädlinge aller Art sowie deren Eier und Larven. Es wurde errechnet, daß ein starkes Volk bis zu 100000 Insekten an einem Tag sammeln kann. Ameisen sind für viele andere Tiere, vom »Ameisenlöwen« (einer Insektenlarve) bis zu Spechtarten, eine wichtige Nahrungsgrundlage. Durch Hegen und »Betrillern« der harmlosen Rindenblattläuse regen sie diese zur vermehrten Abgabe von Honigtau an. Da dieser von den Bienen gesammelt wird, steigert sich dadurch der Waldhonigertrag wesentlich. Waldameisen sind ein wichtiger Faktor in der Lebensgemeinschaft des Waldes.

Förderung: Waldameisen sind in vielen Ländern, so auch in der Schweiz, geschützt. Der Mensch hat durch das (strafbare) Sammeln der Ameisenpuppen, das Herumstochern in den Haufen und Zerstören derselben sowie vermutlich durch Pestizide an vielen Orten die Waldameisen beinahe ausgerottet. Die Nesthaufen brauchen absolute Ruhe. Wo sie regelmäßig gestört werden, sind sie durch Drahtgeflecht zu schützen. Bei Waldarbeiten sind sie zu schonen. Sie werden durch das Liegenlassen von Reisig und Auslichten der Bäume gefördert. Werden auf Feldern Pflanzenschutzmittel gespritzt, so dürfen Waldränder nicht mitgespritzt werden.

Von den vielen natürlichen Feinden der Ameisen seien nur die Spechte erwähnt.

Die bunten Raubwanzen findet man oft auf Doldenblütlern. Sie leben von Spinnmilben und anderen Insekten.

Wanzen (Ordnung Heteroptera)

Wichtig als Nützlinge sind von den verschiedenen Raubwanzenarten vor allem die beiden folgenden Arten:

Die dunklen **Blumenwanzen** (Familie Anthocoridae) sind 3 bis 4 mm groß. Die Beine sind gelb und die gut entwickelten Fühler rötlich.

Im Spinnennetz findet man die verschiedensten Insekten, unter anderem auch Blattläuse.

Die Weibchen legen ihre Eier häufig in Gruppen von 2 bis 8 Stück am Blattrand ins Blattgewebe ab.
Nutzen: Diese Wanzen fressen vorwiegend Spinnmilben, fallen aber auch Blattläuse, Blattsauger und kleine Raupen an.

Die verschiedenen **Blindwanzen** (Familie Miridae) sind farbig glänzend (rot oder gelb) und deutlich punktiert. Je nach Art sind sie 4 bis 7 mm groß. Sie legen ihre Eier tief unter die Rinde.
Nutzen: Viele Blindwanzen sind Räuber, welche vor allem von Blattläusen sowie auch von Milben und kleinen Raupen leben.

3.6 Spinnentiere

Spinnen (Familie Araneae)

Auch die oft gefürchteten Spinnen spielen bei der Regulierung der Schadinsekten eine wichtige Rolle. Untersuchungen über das Beutespektrum von Netzspinnen haben gezeigt, daß je nach Standort neben Fliegen und Mükken die Beute einen sehr großen Anteil von Blattläusen (40 bis 70 %) sowie von Thripsen, Milben und anderen saugenden Insekten enthält. Der Weberknecht vertilgt kleine Schnecken, und bestimmte Milben parasitieren Nacktschnecken. Spinnen fressen nur von ihnen selbst getötete Beute. Die zahlreichen Spinnenarten sind oft nur schwer zu unterscheiden.

Die **Gartenkreuzspinne** *(Araneus diadematus)* trägt das charakteristische Kreuzzeichen auf dem Hinterleib. Ihre Grundfärbung aber ist sehr variabel. Ihr rundes Netz hat einen Durchmesser von ungefähr 30 cm.

Untersuchungen zufolge können Kreuzspinnen im Jahr 2 kg Insekten (vor allem Fliegen) pro Hektar Gartenland vertilgen.

Raubmilben (*Typhlodromus pyri* und *Amblyseius* spec.)

Die Raubmilben sehen den schädlichen Spinnmilben (Rote Spinne) ähnlich. Sie entwickeln aber kein Gespinst wie diese. Sie sind ungefähr 0,5 mm groß, rötlich, birnenförmig und ohne sichtbare Haare. Sie haben keine roten Flecken. Man findet die lebhaften Tiere oft blattunterseits in den Winkeln der Blattadern.
Nutzen: Raubmilben sind vor allem im Weinbau und im Gemüsebau sowie in Gewächshäusern von Bedeutung, um den Befall durch die Rote Spinne einzudämmen.

Raubmilben spielen bei der Bekämpfung von schädlichen Spinnmilben eine wichtige Rolle.

Förderung: Raubmilben werden gezüchtet und zur Bekämpfung von Spinnmilben in Gewächshäusern ausgesetzt.

3.7 Mikroorganismen

Zu den natürlichen Feinden von Schaderregern gehören auch verschiedene Mikroorganismen. Eine wichtige Rolle spielen zum Beispiel Pilzkrankheiten bei den Blattläusen. So kann das Auftreten verschiedenster *Entomophthora*-Pilzarten, bei genügend Wärme und Feuchtigkeit, Blattlauskolonien in wenigen Tagen vernichten. Bakterien (zum Beispiel *Bacillus thuringiensis*) und Viren können zur Bekämpfung von Raupen eingesetzt werden.

Es wird derzeit intensiv nach weiteren Möglichkeiten geforscht, Mikroorganismen zur Schädlingsabwehr einzusetzen (siehe Kapitel 5.5).

3.8 Bodenorganismen

Zu den wichtigsten nützlichen Lebewesen im Land- und Gartenbau gehören die Bodenorganismen. Ihre enorme Tätigkeit wird gerne vergessen, da die meisten von ihnen mit bloßem Auge nicht zu erkennen sind. Je besser ihre Tätigkeit gefördert werden kann, um so besser gedeihen die Kulturpflanzen, und um so geringer ist dann auch der Schädlingsbefall.

Ungeheuer große Mengen an Bodenlebewesen besiedeln unsere Kulturböden. Ein Wiesenboden besitzt normalerweise 7 % organische Substanz. Diese besteht zu 85 % aus Humus, zu 10 % aus Pflanzenwurzeln und zu 5 % aus Bodenleben. Das Bodenleben setzt sich normalerweise aus 40 % Pilzen und Algen, 40 % Bakterien und Actinomyceten, 12 % Regenwürmern und 8 % anderen Lebewesen zusammen.

Die nachstehende Tabelle gibt eine Übersicht über die fast unvorstellbar große Zahl von Lebewesen im Boden.

Aufgrund dieser Zahlen kommen in einem Hektar Kulturland 1 t Bakterien und Actinomyceten (pilzartige Bakterien), 1 t Pilze und 400 kg Regenwürmer vor.

Nutzen: Bereits im vorangegangenen Kapitel wurde der Nutzen einzelner Bodenorganismen für den Land- und Gartenbau erläutert. Sie sind verantwortlich für den Abbau und Aufbau organischer Substanz zugunsten der Pflanzen. Sie sorgen für die Lockerung und Durchlüftung des Bodens. Von diesen verschiedenen Organismen können Asseln und Tausenfüßler, die als Humusbildner sehr wichtig sind, bei zu starkem Auftreten Schaden verursachen. Asseln schaden gelegentlich an Pflanzen, besonders an Keimlingen in Treibhäusern und Treibbeet. Man sollte deshalb Säcke und Bretter, unter welchen sie sich gerne vermehren, nicht liegenlassen. Tausendfüßler entwickeln sich stark bei anhaltend feuchter Witterung. Sie fressen an Erdbeeren, Gurken und schlecht entwickelten Keimlingen.

Förderung: Das Bodenleben braucht eine möglichst lückenlose Versorgung mit einer ihm bekömmlichen Nahrung. Es benötigt ferner einen ungehinderten Luftaustausch, günstige Temperaturen und Feuchtigkeit. Vor zu starken Witterungseinflüssen (Licht, Wärme, Kälte, Wind, Platzregen) ist der Boden zu schützen.

Als wichtiger und bekanntester Vertreter der Bodenlebewesen wird der Regenwurm genauer beschrieben.

Der Regenwurm ist ein wichtiger Bodenverbesserer. Wenn er seine Gänge gräbt, lockert er den Boden, und sein Kot enthält Nährstoffe.

Durchschnittswerte für die wichtigsten Bodenorganismen pro m² Fläche und 30 cm Tiefe (nach Dunger 1964)

Gruppe	Anzahl	Gewicht in g
Mikroorganismen		
Bakterien	1 Billion (10^{12})	50
Actinomyceten (Strahlenpilze)	10000 Mio.	50
Pilze	1000 Mio.	100
Algen	1 Mio.	1
Einzeller	0,6 Billionen	10
Bodentiere		
Rädertierchen	25000	0,01
Fadenwürmer	1 Mio.	1
Milben	100000	1
Springschwänze	50000	0,6
Borstenwürmer	10000	2
Schnecken, Spinnen, Asseln, Vielfüßer, Insekten	800	10
Regenwürmer	80	40
Wirbeltiere (Mäuse u. a.)	0,001	0,1
Summe aus Mikroorganismen und Bodentieren		266

Regenwürmer

Es gibt zwei für den Landbau wichtige Arten:

Der hellrote **Mistwurm oder Kompostwurm** *(Eisenia foetida)* hat gelbe Ringe und ist 6 bis 8 cm lang. Er kann sich vor allem in frischem Mist und Kompost sehr rasch vermehren. Er ist sehr lichtempfindlich.

Der **Gewöhnliche Regenwurm** *(Lumbricus terrestris)* ist braun, dicker und länger als der Mistwurm und befindet sich vor allem in reiferem Kompost und in der Acker- und Garteneerde. Auch er ist lichtempfindlich. Beide Arten sind zweigeschlechtig (Zwitter). Die Paarung erfolgt nachts bei warmfeuchtem Wetter. Die Vermehrung geschieht durch die Ablage von durchschnittlich 1 mm großen Eiern. Nach etwa 21 Tagen schlüpfen 2 bis 20 Jungwürmer, welche nach 3 bis 4 Monaten geschlechtsreif sind.

Regenwürmer haben eine große Widerstandskraft gegen Verletzungen. Die Ernährung erfolgt durch Verdauung von mineralischer Erde und von pflanzlichen sowie tierischen Abfällen. Die Materialien werden mit Verdauungssekreten (Ausscheidungen) vermischt und als typische Regenwurm-Kothäufchen wieder ausgeschieden.

Nutzen: Regenwürmer bauen organisches Material zu wertvollem Dünger um. Die Nährstoffe aus Abfällen und Bodenvorräten werden für die Pflanze verfügbar gemacht. Regenwurmkot weist chemischen Untersuchungen zufolge drei- bis viermal mehr für Pflanzen aufnehmbare Nährstoffe auf als Gartenerde. Pro Jahr können Regenwürmer auf einem Hektar Land 10 bis 90 t Kot produzieren.

Die Regenwürmer lockern mit ihren bis 2 m tiefen Gängen den Boden und stabilisieren mit ihren Körperausscheidungen die Gänge. Sie erleichtern den Pflanzenwurzeln das Ausbreitungswachstum. Bekanntlich ziehen Regenwürmer in Obstanlagen die mit Schorf infizierten Blätter nach dem Laubfall in den Boden hinein und fressen und verdauen sie. Sie tragen damit zu einer Verminderung neuer Schorf-Infektionsherde im Frühjahr bei.

Förderung: Vor allem organische Düngung und eine Bodenbedeckung fördern die Regenwurmtätigkeit stark. Regenwürmer können gezüchtet werden; man setzt sie dann zur Kompostierung ein. Komposthaufen müssen vor Geflügel geschützt werden.

4 Schädlinge und Krankheiten

Dieses Kapitel ist in folgende Abschnitte untergegliedert:

4.1 Mangelerscheinungen
4.2 Pflanzenschäden durch Chemikalien
4.3 Klimaeinflüsse
4.4 Allgemeine Schädlinge und Krankheiten
4.5 Schädlinge und Krankheiten an Gemüse
4.6 Schädlinge und Krankheiten an Tee- und Gewürzkräutern
4.7 Schädlinge und Krankheiten an Obst
4.8 Schädlinge und Krankheiten an Beeren
4.9 Schädlinge und Krankheiten an der Weinrebe
4.10 Schädlinge und Krankheiten im Ziergarten

Innerhalb der einzelnen Gruppierungen wurde eine alphabetische Reihenfolge eingehalten. Die den einzelnen Pflanzen zugeordneten Übersichtstabellen sollen das Bestimmen der Schadursache erleichtern.

Nach der Beschreibung der Schädlinge und Krankheiten sind die zutreffenden vorbeugenden und direkten Abwehrmaßnahmen aufgezählt.

4.1 Mangelerscheinungen

Verfärbungen an den Blättern der Pflanzen können unter Umständen auf eine ungenügende Versorgung mit bestimmten Nährstoffen und Spurenelementen hindeuten. Es ist vorerst genau zu beobachten, ob nicht eine andere Schadursache vorliegt, da im Gartenbau, wo reichlich mit Kompost gearbeitet wird, ausgeprägte Mangelerscheinungen eher selten sind.

Stickstoffmangel
Gelblich verfärbte Blätter, Verkleinerung der Blätter, Zwergwachstum.

Phosphormangel
Dunkelgrüne bis purpurrote Verfärbung der Blätter, gehemmtes Wachstum.

Kaliummangel
Braunrote Verfärbung der Blätter (vor allem von der Blattspitze aus zwischen den Blattrippen), geringer Wuchs. Bei Obstbäumen rollen sich die Blätter nach oben und bilden braune vertrocknende Blattränder.

Magnesiummangel
Die ältesten Blätter werden zwischen den Blattrippen gelb und später braun. Frühzeitiger Blattfall, schlechte Trieb- und Fruchtausbildung.

Bormangel
Verkümmern der Triebspitzen, bei Kernobst verkorkte Stellen im ganzen Fruchtfleisch (bei Stippe nur unter der Oberfläche). In stark überkalkten Gartenböden können sich Mangelerscheinungen zeigen, weil das zwar vorhandene Bor für die Pflanzen nicht mehr verfügbar ist. In Aprikosenbäumen, die an gekalkten Hauswänden stehen, zeigt sich manchmal Bormangel, weil durch die Bewässerung zuviel Kalk in den Boden eingewaschen wird. Bormangel tritt vor allem bei roten Rüben (Randen), Sellerie, Blumenkohl und Kohlrabi auf.

Bormangel kann mit Borax (Borgehalt 14 %), das in Drogerien erhältlich ist, korrigiert werden. 20 bis 100 g Borax/Ar im Frühling streuen. Für einzelne Bäume werden 5 bis

Oben links: Der Stickstoffmangel bei dieser Kartoffelpflanze zeigt sich an den gelben Blättern. Mitte links: Phosphormangel bei einer Bohnenpflanze. Die Blätter sind kleiner und dunkelgrün. Unten links: Braune, vertrocknete Blattränder deuten auch bei Bohnen auf Kaliummangel hin. Rechts oben: Magnesiummangel an Sellerie. Bei den älteren Blättern verfärbt sich die Zone zwischen den Blattrippen gelb. Rechts unten: Bormangel führt bei Roten Rüben (Randen) zu Gewebeveränderungen.

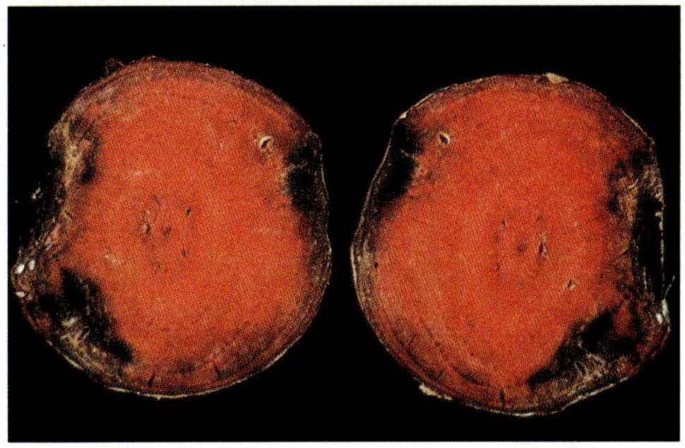

10 g/10 l Wasser aufgelöst und über den Wurzelbereich gegossen.

Chlorose

Die Blätter verlieren das Blattgrün und werden gelblich-weiß. Diese Stoffwechselstörung kann mit Eisen- und Manganmangel, zu hohem Kalkgehalt, großer Bodenfeuchtigkeit u. a. zusammenhängen.

Eine chemische **Bodenanalyse** kann Hinweise geben, ob die Mangelerscheinungen der Pflanze auch im Boden festzustellen und durch entsprechende Düngungs- und Bodenaktivierungs-Maßnahmen zu beheben sind. Bodenproben können an die landwirtschaftlichen

Untersuchungs- und Forschungsanstalten gesandt werden. Noch genauere Hinweise über den Gehalt des Bodens an Nährstoffen, Humus und wichtigen Spurenelementen sowie über seine biologische Aktivität geben chemische Analysen nach Rispens oder Balzer.

Mangelerscheinungen an Pflanzen hängen aber keineswegs immer mit dem Mangel des betreffenden Stoffes im Boden zusammen. Wenn sich die zahlreichen Stoffe im Boden nicht in einem bestimmten **Nährstoffverhältnis** zueinander befinden oder wenn eine geringe Bodenaktivität vorliegt, kann das zu Blockierungen oder ungenügender Verfügbarmachung von Stoffen für die Pflanze führen. So handelt es sich bei der *Stippigkeit* beim Apfel, welche durch braune, bitter schmeckende Zellpartien unter der Fruchthaut gekennzeichnet ist, um einen Kalziummangel in den Früchten. Dieser wird vor allem durch einseitig hohe Kalium- und Stickstoffgaben verursacht, welche die Kalzium-Versorgung der Früchte beeinträchtigen. Bei all diesen Vorgängen handelt es sich um sehr komplizierte Wechselwirkungen.

Für den Kleingärtner ist es wichtig zu wissen, daß mit einem vielseitig zusammengesetzten Kompost und einer ausreichenden, vorwiegend organischen Düngung keine Mangelerscheinungen auftreten sollten.

4.2 Pflanzenschäden durch Chemikalien

Pflanzenschäden können auch durch die in der Luft und im Wasser vorkommenden Chemikalien sowie durch Pflanzenschutzmittel verursacht werden.

Herbizidschäden
Werden Unkrautbekämpfungsmittel durch den Wind abgeweht, können sie bei Kulturpflanzen Chlorosen und Blattverdrehungen verursachen. Besonders empfindlich sind Kreuzblütler (Kohlgewächse); es entwickeln sich nur noch lose Blätter, und es bilden sich keine festen Köpfe mehr.

Fungizid-Schäden
Fungizide können bei Überdosis und falscher Handhabung ebenfalls schädigend wirken. Kupfer- und Schwefelmittel können bei anfälligen Obstsorten und bestimmten Zierpflanzen wie zum Beispiel Rosen Berostung und Verbrennungen verursachen, besonders bei starker Sonnenbestrahlung. Man sollte deshalb bei bedecktem Himmel oder abends spritzen.

Gießwasser
Fluoriertes und chloriertes Wasser sollte nicht über Pflanzen gegossen werden. Regenwasser kann heute nicht ohne Bedenken empfohlen werden. Es ist besser, abgestandenes Wasser zu verwenden. Beim Wässern soll der Boden durchfeuchtet, nicht die Pflanze überbraust werden. Zu kalkreiches Wasser läßt sich mit Torf ansäuern. Man legt Torf in einem porösen Sack 12 Stunden lang in das Wasser (auf 100 l Wasser 2 bis 3 kg Torf).

Luftschadstoffe
Die Auswirkung der Luftverschmutzung ist sehr ernst zu nehmen, wobei oft komplexe Zusammenhänge vorliegen. Schadstoffe können über weite Distanzen transportiert werden, und dabei wandeln sich schädliche Ver-

bindungen oft in andere giftige Substanzen um. Diese führen zu Funktionsstörungen der Blätter, Nadeln und Wurzeln und beeinträchtigen dadurch die Nährstoff- und Wasseraufnahme. Die geschädigten Pflanzen werden für Schädlinge und ungünstige Witterung anfällig. Im Nahbereich von Autostraßen (50 m), Flugplätzen und bestimmten Industrien hinterläßt Blei auf dem Erntegut Rückstände, welche Werte erreichen, die längerfristig für Mensch und Tier schädigend wirken. Blei reichert sich laufend im Boden an und wird dort festgelegt. Es wirkt mit der Zeit hemmend auf das Pflanzenwachstum. Dichte Hecken entlang der Straßen vermindern die Belastung.

Fluorgase können zu Verbrennungen führen. Diese Schäden treten besonders im Herbst auf, wenn nach Trockenperioden leichter Regen fällt. Empfindlich sind Föhre, Kiefer, Weinrebe, Aprikose, Walnuß, Iris, Lilie und Gladiole. Schwefeldioxid verursacht Verfärbungen des Blattgewebes bei Salat, Endivie, Spinat und Rhabarber. Auch andere Schadstoffe wie Schwermetalle, Stickoxide, Kohlenwasserstoff, Chlorwasserstoff, Rückstände mineralischer Öle und Streusalz wirken schädigend auf Pflanzen, Tier und Mensch.

Werden Schäden durch Schadstoffe vermutet, so ist eine Abklärung durch Fachleute nötig. Dazu gehören auch Bodenanalysen im Labor sowie die Überprüfung der Nährstoffverhältnisse im Boden. Wachstumsstörungen werden oft auch durch Bearbeitungs- und Düngungsfehler verursacht.

Um den Schadstoffeintrag in den Garten zu vermindern, sind folgende Punkte zu beachten:

- Kompost- und Mulchmaterial von stark befahrenen Straßenrändern sind zu meiden.
- Nur Handelsdünger verwenden, welche durch Fachleute des biologischen Landbaus geprüft und zugelassen sind.
- Werden Stroh oder Mist aus konventionellem Anbau zugekauft, so sind diese zu kompostieren. Dadurch werden bestimmte Pflanzenschutzmittel rascher abgebaut. Hafer- und Roggenstroh ist weniger belastet als das von Weizen und Gerste.

Der eigene Kompost und insbesondere zugekaufter sollte von Zeit zu Zeit auf Nährstoffgehalt und Schwermetalle untersucht werden (siehe Seite 250f.).

4.3 Klimaeinflüsse

Verschiedene Schäden an Kulturpflanzen werden durch Klimaeinflüsse verursacht.

Kälte

Wärmemangel verzögert das Wachstum der Jungpflanzen (vor allem bei Bohnen, Kartoffeln, Tomaten, Gurken) und macht diese anfällig für Pilzkrankheiten. Ein zu frühes Setzen oder Säen ist deshalb zu vermeiden, sofern nicht mit Hilfe von Plastikfolien ein gewisser Wärmeausgleich geschaffen werden kann.

Frost

Überwinternde Gemüsearten sind besonders in Wintern ohne Schneebedeckung gefährdet. Eine starke Sonneneinstrahlung bei gefrorenem Boden führt zum Auftauen der Pflanze, deren Zellen nachts wieder gefrieren und dadurch absterben können. Frühjahrsfröste

Hitzeschaden an Setzlingen läßt sich durch Beschattung vermeiden.

schaden Neupflanzungen oder Saaten und führen zu Frostblasen, Blattkräuselungen, leicht verkorkten Frostringen an Früchten und Wachstumsstockungen.

Vorbeugende Maßnahmen:

- Schutz mittels Flachfolie oder Folientunnel.
- Abdecken der Pflanzen vor zu intensiver Sonneneinstrahlung (mittels Reisig, Strohmatten u. a.). Bei drohender Frostgefahr Boden nicht bearbeiten.
- Beregnung der Gemüsepflanzen abends und unter Umständen auch noch am frühen Morgen vor beziehungsweise nach der Frosteinwirkung. Die Eisbildung setzt Umwandlungswärme frei, welche an die Pflanzen abgegeben wird.
- Im biologisch-dynamischen Anbau werden am Nachmittag vor einer erwarteten Frostnacht 3 Teelöffel Baldrianextrakt in 10 l lauwarmem Wasser kräftig verrührt und fein über die Pflanzen versprüht. Diese dürfen nicht naß werden (etwa 1 l für 5 Bäumchen).

Hitze

Eine übermäßige Hitzeeinstrahlung kann vor allem bei Kulturen unter Glas oder Kunststoffeindeckung Sonnenbrand-Schäden verursachen, besonders wenn nicht genügend gelüftet oder schattiert wird. Temperaturen über 35 °C können bereits zu Welkeerscheinungen oder gehemmtem Fruchtansatz führen. Auch bei Kernobst werden an Früchten – bei mangelnder Beschattung infolge zu starker Auslichtung – große dunkle Sonnenflecken sichtbar. Besonders bei jungen Obstbäumen zeigen sich nach Hitzeeinwirkung Rindenrisse.

Trockenheit

Ein zu trockener Boden bringt bekanntlich keine voll entwickelten Produkte hervor. Wassermangel führt unter anderem zu Welkeschäden und mangelnder Nährstoffnachlieferung aus dem Boden. Setzlinge oder aufkeimende Sämereien sind sehr anspruchsvoll. Bodenbedeckung mit organischem Material und regelmäßiges Hacken (vor allem abends, damit die Abendfeuchte besser in den Boden eindringen kann) schont den Wasservorrat des Bodens. Schwankungen in der Wasserversorgung vertragen die Nutzpflanzen meist schlecht. Karotten und Kohlköpfe platzen, Gurken werden bitter, Rettich und Radies werden pelzig.

Nässe

Stauende Nässe im Boden schädigt als Folge des mangelnden Luftzutrittes die Wurzeln und bringt Knollen zum Faulen. Standortwechsel, Untergrundlockerung oder Dränage sind zu empfehlen, um die Durchlüftung zu fördern.

Niederschläge
Starke Niederschläge nach längerer Trockenheit führen vor allem bei Karotten, Kartoffeln und Sellerie zu spaltenförmigen Wachstumsrissen. Eine Bodenbedeckung mit organischem Material wirkt ausgleichend.

Lichtmangel
Ungenügende Belichtung führt zu unentwickelten Früchten und atypischer Farbentwicklung. Mangelndes Aroma und schlechte Haltbarkeit sind die Folge. Besonders bei Obstbäumen ist für eine genügende Auslichtung zu sorgen, um Schattenfrüchte zu vermeiden.

Hagel
Beschädigungen an Früchten und Blättern fördern das Auftreten von Pilzkrankheiten. Die Früchte zeigen Verformungen und Verkorkungen.

4.4 Allgemeine Schädlinge und Krankheiten

Ameisen

Die gelbliche **Wiesenameise** *(Lasius flavus)* wird 2 bis 5 mm lang. Sie baut Lehmnester mit Kuppeln, die oft mit Gras durchwachsen sind. Sie lebt von Honigtau, besonders dem der Wurzelläuse.
Vorkommen: Bevorzugt feuchte Böden und Wiesen, gelegentlich auch unter Steinen.

Die **Wegameise** *(Lasius niger)* ist 4 mm lang. Sie ist mattschwarz und baut ihre Nester in der Erde (häufig um Pflanzenstengel herum).
Vorkommen: Sonnige, trockene Orte.

Schadbild: Weg- und Wiesenameisen können im Gegensatz zu den sehr nützlichen Waldameisen zu Schädlingen werden. Sie benagen Pflanzen an Wurzelhals und Rinde und fressen an Früchten, die von anderen Schädlingen schon angegriffen wurden (zum Beispiel Erdbeeren nach Schneckenfraß). Sie betrillern Blattläuse, damit diese schneller saugen und entsprechend mehr süßen, flüssigen Honigtau abgeben. Die Ameisen schützen die Blattläuse vor ihren natürlichen Feinden, so daß sich schnell große Läusekolonien bilden und Saugschäden entstehen. Auch Pflanzenkrankheiten werden von ihnen übertragen.
Abwehr
Vorbeugend:
- Ameisen vertreibt man wirksam durch stark riechende Kräuterjauchen (besonders Wermut- und Rainfarnjauchen).
- Tomatenblätter, Lavendel, Majoran, Holunderblätter, schimmelnde Zitronenschalen oder Farnkraut auslegen.
- Feldsalat (Nüßlisalat) als Zwischenkultur säen.
- Algenkalk stäuben.

Direkt:
- Nester mit kochendem Wasser ausgießen.
- Leimringe an Bäumen anbringen.
- Mit Honig gemischte Frischhefe oder Borax in Behältern aufstellen.
- Bei starkem Auftreten Nester mit Pyrethrum-Mitteln zwei- bis dreimal stäuben oder ausgießen (schädigt aber das Bodenleben).

Blattläuse (Unterordnung Aphidina)

In Europa treten bis zu 800 verschiedene Blattlausarten auf, die sich in Größe und Farbe unterscheiden. Einige Arten sehen durch ihre schützenden, weißlichen Wachsausscheidungen wie gepudert aus. In Blattlauskolonien finden sich Läuse in verschiedenen Entwicklungsstadien.

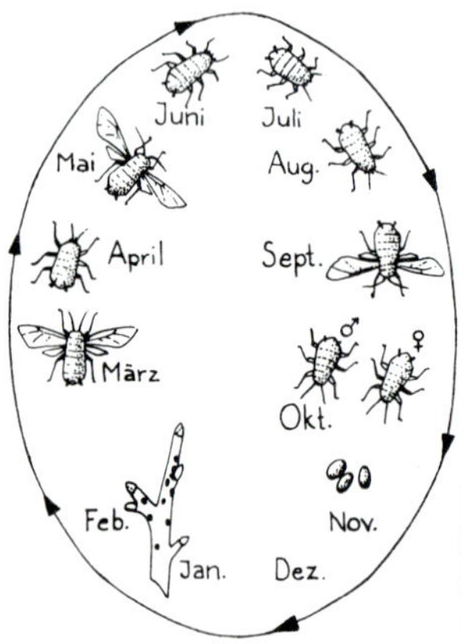

Die Entwicklung der Blattläuse im Laufe des Jahres

Der Entwicklungszyklus der Blattläuse ist recht eigenartig. Viele Arten überwintern als Eier in Knospenwinkeln oder Rindenritzen von Büschen und Bäumen oder in Bodennähe an mehrjährigen Kräutern. Aus dem Winterei schlüpft im Frühjahr die Stammutter oder Fundatrix. Bis zum Herbst werden nun keine Eier mehr gelegt, sondern lebende Junge geboren (Viviparie). Bei Blattläusen sind dies alles Weibchen, die sich ohne befruchtet zu werden (parthenogenetisch) weitervermehren. Viviparie und Parthenogenese, aber auch die kurze Entwicklungsdauer der frisch geborenen Blattlauslarve bis zum ausgewachsenen Tier (etwa 8 Tage bei 20 °C) sind Gründe, weshalb sich die Blattläuse enorm stark vermehren können. Von Frühjahr bis Herbst bilden die Tiere 13 bis 16 Generationen. Im Herbst werden Männchen und Weibchen ausgebildet. Nach der Befruchtung gebären diese Weibchen keine lebenden Jungen mehr, sondern legen die widerstandsfähigen, schwarzglänzenden Wintereier ab.

Eine Blattlauskolonie legt gerade ihre Wintereier ab.

Ganz allgemein reagieren Blattläuse auf ungünstige Umweltbedingungen (Lichtmangel, schlechter Zustand der Wirtspflanzen, zu große Dichte der Läuse) mit der Ausbildung geflügelter Tiere. Diese geflügelten Läuse sind ab Mai in allen Blattlauskolonien zu beobachten. Bei schönem Wetter fliegen sie aus den Kolonien weg und werden mit dem Wind zum Teil über große Distanzen verfrachtet und gründen neue Kolonien auf den von ihnen bevorzugten Wirtspflanzen.

Vorkommen: Blattläuse treten an den meisten Pflanzen auf. Wie eingangs erwähnt, erfolgt die Überwinterung an mehrjährigen Pflanzen (Winterwirt) und an Pflanzen in Gewächshäusern. Während einige auf ihren Wirten seßhaft bleiben, wechseln andere Arten im Frühsommer auf einjährige Kultur- und Wildpflanzen (Sommerwirt). Die für die verschiedenen Blattlausarten wichtigen Wirtspflanzen sind bei der jeweiligen Beschreibung aufgeführt. Es ist aber zu bedenken, daß ein konsequentes Spritzen dieser Pflanzen die Vermehrung der Nützlinge verhindert.

Schadbild: Schon bei geringer Dichte können Blattläuse Schäden durch Übertragung von Viruskrankheiten auf Kulturpflanzen verursachen. Dichte Kolonien entstehen, wenn die natürlichen Blattlausfeinde selten sind. Die zahlreichen Blattläuse entziehen mit ihren stechend-saugenden Mundwerkzeugen den Pflanzen Nährstoffe und verursachen Blattverformungen und Wachstumshemmungen. Unansehnlich werden die Pflanzen außerdem durch den Rußtau, einen schwarzen Belag auf den Blättern und Früchten. Dieser Belag wird von Pilzen verursacht, die sich auf den zukkerhaltigen Ausscheidungen der Blattläuse (Honigtau) ausbreiten. Vom Honigtau ernähren sich neben Ameisen auch viele nützliche Insekten, zum Beispiel die Bienen (Waldimkerei!). Um die Entwicklung von Rußtau zu verhindern, muß eine Blattlausbekämpfung durchgeführt werden. Bei Bäumen, Büschen und Zierpflanzen ist ein Blattlausbefall eher zu tolerieren als an Gemüse. Dort kann frühzeitiges Eingreifen nötig werden, da Pflanzenschutzmittel in den meisten Fällen kurz vor der Ernte nicht mehr eingesetzt werden können, oder aber die Blattläuse werden wie zum Beispiel beim Salat in den geschlossenen Köpfen nicht mehr getroffen.

Abwehr

Vorbeugend:

- Ausgewogen ernährte Pflanzen ertragen, ohne geschädigt zu werden, einen weit stärkeren Blattlausbefall als schwächliche Pflanzen. Also keine Stickstoff-Überdüngung, aber auch keinen Nährstoffmangel hervorrufen, einen guten Standort wählen und gute Bodenpflege betreiben.
- Die natürlichen Feinde schonen und fördern: Marienkäfer, Florfliege, Schwebfliege, Schlupfwespe, Raubwanze, Ohrwurm (nicht alle Nützlinge treten zu gleicher Zeit und genügend rasch auf). Doldenblütler und andere Nektarpflanzen bieten vielen nützlichen Insekten Nahrung.
- Bei schwachem Auftreten genügen oft folgende Maßnahmen: Bodenlockerung, gute Bodenbedeckung, kräftiges Bewässern, Brennesseljauche-Düngung, Blattdüngung mit Algenflüssigdünger.

Direkt:

- Entfernen oder Abstreifen der befallenen Triebe.
- Stäuben mit Algenkalkstaub, Asche oder Gesteinsmehl.
- Pflanzen mit starkem Wasserstrahl mehrmals gründlich abspritzen.
- Befallene Setzlinge beim Versetzen in Schmierseifewasser tauchen.
- Mehrfaches Spritzen mit Zwiebelschalentee, Kartoffelschalenbrühe, Rhabarberblätterbrühe oder Knoblauchauszug.
- An 3 aufeinanderfolgenden Tagen Brenn-

nesselwasser spritzen, das 10 bis 12 Stunden lang gestanden hat.
- Rainfarn- oder Wermuttee spritzen.
- Quassiaholz- oder/und Schmierseifenbrühe (einzeln oder gemischt) spritzen.
- Bei starkem Befall ein Pyrethrum- oder Pyrethrum-Rotenon-Mittel (in der Schweiz Derris) einsetzen (Rotenon ist in der BRD nicht zugelassen).

Blattwanzen (Ordnung Heteroptera)

Neben den nützlichen Wanzenarten können die 5 bis 10 mm großen, gelbgrünen oder gelbrötlichen Blattwanzen besonders an Blumen schädlich werden. Vermehrung und Entwicklung verlaufen über Eier und verschiedene Larvenstadien mit mehrmaligen Häutungen. Blattwanzen überwintern meistens als Vollinsekt und erscheinen schon im zeitigen Frühjahr besonders in geschützten Lagen. Larve und Vollinsekt stechen die Pflanzengewebe an und schaden durch Saugen und das Ausscheiden von giftigem Speichel. Blattwanzen sind besonders an sonnigen Tagen aktiv. Droht ihnen Gefahr, so lassen sie sich fallen.
Vorkommen: An Aster, Chrysantheme, Dahlie, Kohl, Blumenkohl, Bohne, Sellerie, diversen Kräutern, Obst.
Schadbild: Zuerst zeigen sich kleine gelbliche Saugstellen. Das Pflanzengewebe verfärbt sich und stirbt ab. Es kommt zu Verkrüppelungen und mißgebildeten Blüten. Triebspitzen verkümmern, es bilden sich verformte Früchte aus.
Abwehr
Vorbeugend:
- Dahliensorten mit dunklem Laub werden weniger befallen.
- Für genügend Feuchtigkeit sorgen.

Direkt:
- Bekämpfung am frühen Morgen durchführen, wenn die Tiere noch wenig aktiv sind.
- Wanzen ablesen.
- Bei starkem Befall Derris (nur in der Schweiz) oder ein Pyrethrum-Mittel einsetzen.

Dickmaulrüßler

Der ungefähr 10 mm lang werdende **Gefurchte Dickmaulrüßler** *(Otiorrhynchus sulcatus)* gehört zu der großen Familie der Rüsselkäfer. Er ist schwarz und hat die typische rüsselförmig verlängerte Kopfform. Er kann nicht fliegen und lebt tagsüber versteckt am Fuße der Pflanzen. Die Käfer schlüpfen ab Ende Mai. Nach dem Reifungsfraß von 4 bis 5 Wochen Dauer erfolgt die Eiablage in den Boden, wobei jedes Insekt mehrere hundert Eier legt. Die Vermehrung erfolgt, wie bei den Blattläusen, parthenogenetisch.

Nach 3 Wochen schlüpfen die engerlingartigen Larven. Sie werden ungefähr 10 mm lang und sind gelblichweiß mit braunem Kopf. Es bildet sich nur eine Generation im Jahr. Die Larven überwintern.

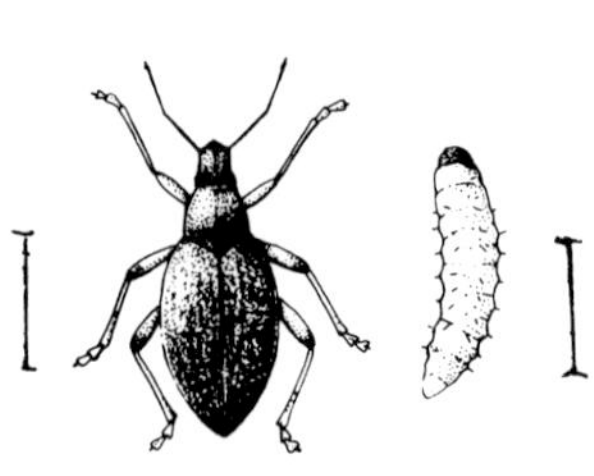

Dickmaulrüßler und seine Larve

Der Dickmaulrüßler schlüpft Ende Mai. Jedes Käferweibchen legt mehrere hundert Eier ab.

Vorkommen: Hauptsächlich an Zierpflanzen (Rhododendron, Rose, Erika), auch an Erdbeere und Rebe. Vor allem in torfreichen Böden.

Schadbild: Die Käfer fressen nachts an den Blättern, wobei die Fraßstellen tief eingebuchtet sind. Die Larven fressen an Wurzeln und am Wurzelhals. Die Fraßlöcher sind mit Kot gefüllt. Es können große Schäden entstehen.

Abwehr

Vorbeugend:

- Boden unter den Pflanzen abdecken mit einer dicken Schicht Sägespänekompost, der mit organischen Hilfsdüngern, Grünalgen und Walderde aufgewertet wurde und ein stark entwickeltes Pilzleben enthält.
- Die natürlichen Feinde wie Spitzmäuse und Igel fördern.
- Häufige Bodenbearbeitung.

Direkt:

- Die Käfer nachts ablesen (Mai–Juni).
- Zur Bekämpfung der Larven den Wurzelbereich freilegen und wiederholt mit starkem Rainfarntee ausgießen.
- Während des Reifungsfraßes der Käfer die Blätter mit Rainfarntee, Quassia-Schmierseifenwasser oder einem Pyrethrum-Rotenon-Mittel spritzen.
- Eine großflächige Bekämpfung ist wichtig.
- Eine Nematoden-Suspension wurde für den Einsatz gegen die Larven entwickelt. Der Wurzelbereich wird damit begossen (siehe Nematoden Kapitel 5.5).

Drahtwürmer

Larven der Schnellkäfer (*Agriotes* spec.)
Der Drahtwurm ist dünn, walzenförmig, glänzendgelb mit dunkelbraunem Kopf. Er hat 3 Beinpaare, sein Hinterende läuft in einen kurzen braunen Stachel aus. Er lebt bis zu 5 Jahren und wird 25 mm lang. Alle Larven der Schnellkäfer werden als Drahtwürmer bezeichnet. Die Larven schlüpfen von Juli bis Anfang August aus. Die 0,5 mm langen, weißen Eier liegen 1 bis 2 cm tief im Boden. Drahtwürmer sind sehr feuchtigkeitsliebend und gegen Trockenheit empfindlich.

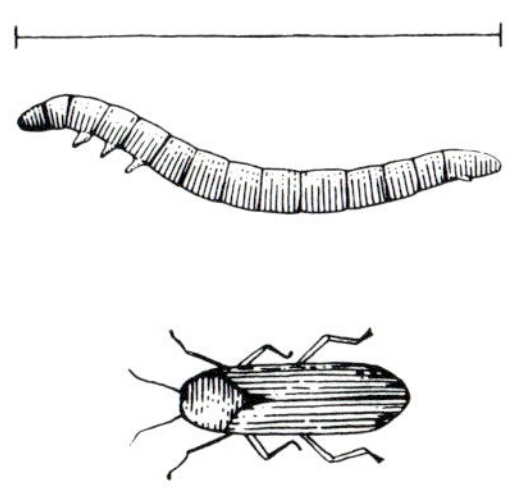

Schnellkäfer und seine Larve (Drahtwurm)

Vorkommen: Sie treten besonders im zweiten und dritten Jahr nach dem Umbruch von Wiesenböden auf und fressen an Kartoffeln, Salat, Mais, Möhre, Leguminosen, Erdbeere, Spargel.

Der Drahtwurm tritt meist in den ersten Jahren nach einem Wiesenumbruch am stärksten auf.

Schadbild: Die Larven einiger Schnellkäferarten fressen an Wurzeln von Salat und Getreide, beißen junge Pflanzen unterirdisch durch und fressen sich in Rüben und Kartoffeln ein. Die Fraßlöcher sind viel kleiner als diejenigen der Engerlinge.

Abwehr

Vorbeugend:
- Die natürlichen Feinde sind Maulwurf, Spitzmäuse, Laufkäfer und Vögel.
- Bei Wiesenumbruch vor Saatbestellung Hühner eintreiben.
- In den ersten Jahren vorwiegend Kreuzblütler, Tomaten und andere Pflanzen anpflanzen, die weniger gefährdet sind.
- Boden wiederholt bearbeiten und gut lokkern, im Herbst Stallmist oder Kompost einarbeiten.
- Auf saure Böden Kalk streuen.
- Kartoffeln früh ernten.

Direkt:
- Köder auslegen: Halbkartoffeln mit Schnittfläche 4 bis 5 cm tief in den Boden drücken (auch Möhren und Rüben eignen sich). Immer kontrollieren und einsammeln.
- Im Garten Salat als Fangpflanzen setzen.

Erdraupen

Larven verschiedener Eulenfalter (Familie Noctuidae)

Eulenfalter sind mittelgroße, meist graubraune Nachtfalter, die durch Licht oft in die Häuser gelockt werden. Die Vorderflügel werden in der Ruhestellung dachförmig über die helleren Hinterflügel gelegt, so daß ein Dreieck entsteht. Von den Eulenfaltern werden besonders die **Kohl-, Gemüse-** und die **Wintersaateule** schädlich. Am meisten Schaden verursacht die Wintersaateule *(Agrotis segetum)*, deren erste Generation Ende Mai bis Ende Juli und deren zweite Generation von Mitte August bis Ende September fliegt.

Andere schädliche Arten entwickeln nur eine Generation im Jahr aus und fliegen im Sommer. Alle Raupen sind lichtscheu und fressen meist nachts. Tagsüber halten sie sich in der Erde versteckt. Die dicken Raupen werden bis zu 6 cm groß. Sie sind schmutziggrau oder braun mit seitlichen Längsstreifen. Typisch ist das spiralförmige Einrollen, wenn sie gestört werden. Große Nässe vermindert ihre Entwicklung. Die Raupen überwintern im Boden. In trockenen Jahren entwickeln sie sich stark. Die Falter können weite Wanderflüge, zum Beispiel über die Alpen, durchführen.

Vorkommen: Im Boden, vor allem an Setzlingen (an Salat, Kohlgewächsen) und an Erdbeere, seltener an Radies, Spinat, Karotten, Sellerie, Kartoffeln u. a.

Schadbild: Eulenraupen fressen nachts, bereits zeitig im Frühjahr und besonders im Juli–August. Die jungen Raupen fressen an oberirdischen Pflanzenteilen, die größeren Raupen am Wurzelhals.

Oben: Eier der Kohleule.
Unten: Die Raupe der Kohleule schadet im Frühjahr und im Juli, August am meisten.

Abwehr

Vorbeugend:

- Vor allem Amseln fressen Erdraupen, aber auch Maulwurf, Kröte und Laufkäfer. Die Falter werden von Fledermäusen gejagt. Hühnereintrieb im Frühjahr vor der Bestellung der Beete.
- Durch Wässern und Mulchen für ausgeglichene Bodenfeuchtigkeit sorgen.
- Unkräuter entfernen, da diese die Wintersaateule zur Eiablage anlocken.
- Farnkraut zwischen Pflanzen auslegen.
- Wiederholt 1 bis 2 cm tief um die gefährdeten Pflanzen hacken.

Direkt:

- Frühzeitiges Ablesen der Raupen tagsüber und nachts von den Pflanzen und im Boden. Der Boden sollte in einem Umkreis von 20 cm um die Pflanze in einer Tiefe von 1 bis 2 cm durchsucht werden.
- Der Falterflug läßt sich mit Lichtfallen feststellen.
- Am späten Abend mit *Bacillus thuringiensis* gegen Erdraupen spritzen (nur bei jungen Raupen wirksam).
- Setzlinge, besonders am Wurzelhals, mit Rainfarn- oder Wermutbrühe angießen.
- Bei starkem Befall ködern und vernichten mit einer Mischung von 200 g Kleie, 20 g Zucker und 20 cm^3 Pyrethrum, die mit 4 dl Wasser angefeuchtet wird (Quantum für 100 m^2 Pflanzfläche).

Maikäfer *(Melolontha melolontha)*

Der Maikäfer wird 20 bis 23 mm groß. Er ist schwarz. Die Beine, Fühler und Flügeldecken sind rotbraun. Seine Larve, der Engerling, wird bis 65 mm lang. Sie ist gelblich, hat vorne Querfalten und behaarte Beine. Die runden Eier sind gelblich und werden in Häufchen in 15 bis 25 cm Tiefe in die Erde gelegt. Die Käfer fliegen Ende April bis Mai. Nach der Begattung kehren die Weibchen an ihren Schlüpfungsort zurück, um die Eier abzulegen. Die Engerlinge schlüpfen im Juni bis Juli.

Der Maikäfer frißt Blüten und Blätter vieler Busch- und Baumarten.

Sie überwintern 30 bis 40 cm tief im Boden, um im Frühling wieder unter der Erdoberfläche an Wurzeln zu nagen.

Der Schaden ist in diesem zweiten Jahr am größten. Sie überwintern noch einmal, um sich dann zu verpuppen und im dritten Jahr als Käfer zu fliegen.

Die ähnlichen, aber kleineren **Juni-** und **Gartenlaubkäfer** *(Amphimallon solstitialis* und *Phyllopertha horticola)* haben einen anderen Entwicklungszyklus. Ihre ebenfalls kleineren Engerlinge verursachen geringeren Schaden als die der Maikäfer.

Vorkommen: Wald, Feld und Garten.

Schadbild: Die Käfer fressen das Laub von Bäumen und Büschen. Die Engerlinge fressen an Wurzeln.

Abwehr

Vorbeugend:

- Natürliche Feinde der Maikäfer sind vor allem Spatzen, Krähen und Fledermäuse. Engerlinge werden auch vom Igel, Maulwurf und Grünspecht gefressen.
- Häufige Bodenbearbeitung vermindert die gegen mechanische Verletzungen empfindlichen Engerlinge stark.
- Beete während der Flugzeit mit (perforierter) Plastikfolie oder Insektennetz abdecken.

Direkt:

- Engerlinge ausgraben.
- Käfer von den Bäumen schütteln und einsammeln.
- Gegen Engerlinge in den Boden eingebrachte Bekämpfungsmittel (Insektizide) sind auch für die Regenwürmer schädlich.

  Großflächig werden derzeit Versuche zur Bekämpfung mit einem Pilzpräparat *(Beauveria bassiana)* durchgeführt.

Maulwurfsgrille *(Gryllotalpa gryllotalpa)*

Erdkrebs, Werre

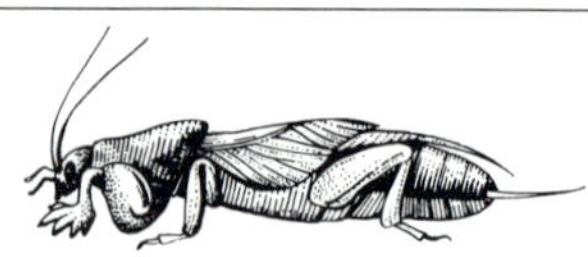

Maulwurfsgrille

Sie ist eine 35 bis 50 mm große, dunkelbraune, feinbehaarte Grille mit starken Vorderbeinen und Grabschaufeln. Die ockergelben Eier sind 2 mm lang und oval. Das Weibchen legt schubweise mehrere hundert Eier von Mai bis Juli in unterirdische Nester, die es bewacht und pflegt. Die Nester sind feste, faustgroße Klumpen. Im Juni hört man das Zirpen der Männchen. Die Maulwurfsgrille überwintert als Larve. Die Gesamtentwicklung dauert 18 bis 30 Monate. Es kommt selten zur Massenvermehrung. Die Werre gräbt unregelmäßige, fingerdicke Gänge, die sie in der Dämmerung verläßt. Sie läuft gut.

Vorkommen: Garten und Weinberg.

Schadbild: Fraß vor allem im Frühjahr an Wurzeln und Knollen. Maulwurfsgrillen fressen aber auch Insekten und Würmer (Nutzen).

Abwehr

Vorbeugend:

- Die natürlichen Feinde sind Spitzmaus, Maulwurf, Krähe, Star, Amsel, Dachs.

Direkt:

- Glattwandige, 10 cm tiefe Gefäße ebenerdig eingraben, vor allem von April bis Mai.
- Nester im Juni bis Anfang Juli ausgraben.
- Gänge mit stark (zum Beispiel nach Petrol) riechenden Lappen verstopfen.
- Mit dem Zeigefinger den waagrechten Gängen folgen bis zum senkrechten Haupteingang zum Nest. Diese Öffnung vorsichtig trichterförmig erweitern. Etwas altes Speiseöl hineingießen und dann ganz langsam Wasser einlaufen lassen. Die Werren kommen an die Oberfläche, Eier und Jungtiere ersticken im Nest.
- Werren veraschen und Asche ausstreuen (siehe Kapitel 5.3).
- Bei sehr starkem Auftreten Gänge und Nester mit einem Pyrethrum-Mittel ausgießen (schädigt Bodenleben).

Milben

Milben sind Spinnentiere und daran zu erkennen, daß Kopf und Körper miteinander verschmolzen sind und daß sie 4 Beinpaare haben. Die Larven haben nur 3 Beinpaare. Milben sind 0,5 bis 0,75 mm groß, farblos, grün, gelb oder rot.

Die Spinnmilben können an Rosen in geschützten Lagen sehr schädlich werden.

Im Laufe der Entwicklung durchlaufen die Tiere verschiedene Stadien. Eine sehr starke Vermehrung ist möglich.

Die im Gemüsebau schädlichste Art ist die **Gemeine Spinnmilbe** *(Tetranychus urticae)*. Diese gelblichen Milben überwintern als erwachsene Tiere in verschiedenen Verstecken wie lockerem Boden, Blattresten, in Ritzen von (Bohnen-)Stangen und Pfählen und an Obstbäumen, meist unter der Rinde am Wurzelhals. Sie sind sehr kältefest.

Im Obst- und Weinbau ist die eigentliche Rote Spinne, die **Obstbaumspinnmilbe** *(Panonychus ulmi)* von Bedeutung. Diese leuchtendrote Spinnmilbenart überwintert im Eistadium und bleibt auf den Bäumen. Die Eier sind ebenfalls rot.

Faktoren, die die Entwicklung begünstigen, sind Wärme, Trockenheit, Überdüngung und Humusmangel.

Vorkommen: Spinnmilben befallen Gemüse, Obstbäume, Weinreben und Zierpflanzen (Hortensie, Cyclamen u. a.). Besonders in Treibhäusern können sie bedeutende Schäden an Gurken verursachen.

Schadbild: Die Tiere leben vorwiegend auf der Blattunterseite. Durch ihre Saugtätigkeit zerfallen die Blattgewebe. Sie saugen die äußersten Blattzellen aus, diese füllen sich mit Luft. Die Blätter bekommen einen Bleiglanz und fallen vorzeitig ab. Die Gemeine Spinnmilbe überzieht ihre Wohnplätze mit einem feinen, dichten Netz, das die Entwicklung der Knospen und Triebe behindert.

Abwehr

Einige chemische Pflanzenschutzmittel können die Vermehrung der Spinnmilben fördern.

- Von großer Bedeutung ist die Schonung und Förderung der natürlichen Feinde, der Raubmilben und Raubwanzen.
- Mit der Stickstoffdüngung zurückhaltend sein.
- Bei Düngung mit gehaltreichem Kompost (Algen- und Steinmehl-Zugabe) und Blattdüngung mit Brennessel-Schachtelhalm-Brühe kommt es kaum zu einem Befall durch Spinnmilben.
- Durch Bewässerung und Bodenbedeckung für eine günstige Bodenfeuchtigkeit sorgen.
- Treibhäuser und Frühbeetkästen gut lüften.

Direkt:

- Gezielter Einsatz von Raubmilben in Gewächshäusern.
- Befallene Pflanzenteile verbrennen oder sorgfältig kompostieren.
- Abspritzen mit kaltem Wasserstrahl, wobei die Blattunterseiten getroffen werden müssen.
- Gärende Brennesseljauche, eventuell mit Bentonit (3 bis 5%), zwei- bis dreimal innerhalb von 10 Tagen spritzen.
- Bei starkem Befall ein Pyrethrum- oder Pyrethrum-Rotenon-Mittel (Derris) spritzen.
- Die Winterspritzung mit Mineralöl-Emulsion und Stammanstrich bei Obstbäumen vernichtet die Wintereier.
- Der Einsatz von Schwefelmitteln wirkt hemmend auf die Entwicklung von Milben.

Die 0,75 mm lange, birnenförmige, weißliche **Wurzelmilbe** (*Rhizoglyphus* spec.) tritt an unterirdischen Pflanzenteilen, besonders an Knollen und Zwiebeln von Zierpflanzen auf. Gelegentlich findet man sie auch an Wurzelgemüse im Lager. Wurzelmilben vermehren sich besonders schnell während der Winterlagerung bei hoher Luftfeuchtigkeit.

Vorkommen: An Dahlie, Lilie, Amaryllis, Narzisse, Hyazinthe u. a.

Schadbild: Die Milben fressen sich vom Zwiebel- oder Knollenboden her in das Gewebe ein. Diese Gänge sind mit braunem Fraßmehl gefüllt. Bei Dahlien weisen rissige Stellen in der Oberhaut auf den darunterliegenden Schaden hin. Die Milben sind mit bloßem Auge oder mit einem Vergrößerungsglas gut zu erkennen. Sie fressen neben angefaultem auch gesundes Gewebe.

Abwehr

Vorbeugend:

- Knollen und Zwiebeln sowie Lagerort auf Fraßmehl kontrollieren.
- Kühl und trocken lagern.

Direkt:

- Knollen 10 bis 30 Minuten lang in Schmierseifenwasser oder Rainfarntee baden.
- Stark befallene Pflanzenteile vernichten.
- Mit einem Rotenon-Mittel spritzen oder stäuben (in der Bundesrepublik Deutschland nicht zugelassen).

Die Wurzelbärte an Karotten werden durch Wurzelälchen verursacht.

Nematoden

Älchen, Fadenwürmer

Die meisten schädlichen Nematodenarten werden nur bis zu 1 mm lang und sind farblos. Sie stechen das Pflanzengewebe mit einem Mundstachel an; der austretende Saft wird eingesogen. Ihre Speicheldrüsen geben Sekrete ab, welche zu Gewebeveränderungen führen können.

Nematoden legen ihre Eier in den Boden oder an Pflanzenteilen ab. Sie können bei ungünstigen Bedingungen, bei Trockenheit oder Kälte, in einem Ruhezustand viele Jahre überdauern. Nematoden sind von Feuchtigkeit und einem hohen Sauerstoffgehalt abhängig und gedeihen am besten in leichten Böden.

Nematoden werden durch Wasser, Geräte, Verpackungen, besonders auch durch den Versand von Pflanzen mit Erdballen und durch Ernterückstände verschleppt.

Vorkommen: Schädliche Nematoden können an den meisten Pflanzen, auch Unkräutern, auftreten, vor allem bei ungenügendem Fruchtwechsel und hoher Feuchtigkeit. Im Hausgarten und im biologischen Anbau sind Nematodenschäden selten, sofern auch bei Mischkulturen der Fruchtwechsel eingehalten wird. Einige **Stengelälchen** (*Ditylenchus* spec.) und **Wurzelälchen** (*Pratylenchus* spec.) befallen Gemüse. An Zierpflanzen treten eher **Blattnematoden** (meistens *Aphelenchoides ritzemabosi*) auf, die Gallen oder Flecken an den Blättern verursachen. Die Pflanzen sterben ab.

Schadbild: Nematoden befallen alle Pflanzenteile. Sie verursachen Veränderungen der Gewebe, zum Beispiel durch die Bildung von Riesenzellen, Gallen oder Zysten. In den Wurzeln wird dadurch der Stofftransport unterbrochen. Die Wurzeln sterben ab, und oberhalb der Befallstelle bilden sich neue Wurzeln, die wieder befallen werden (Wurzelbärte). Auch entstehen Verstümmelungen und schlechte Früchte, oder die Pflanzen vergilben und verwelken.

Abwehr

Vorbeugend:

- Von besonderer Wichtigkeit ist der Fruchtwechsel und die Förderung der Pflanzenentwicklung.
- Im Herbst Tonerdemehl (Kaolin, Bentonit) in Beete einarbeiten.
- Keine übermäßige Stickstoffdüngung.
- Vermeiden des Einschleppens mit kranken Pflanzen, Erde und Kompost.
- Keinesfalls von Nematoden befallene Pflanzen oder das auf dem gleichen Beet stehende Unkraut kompostieren, sondern verbrennen.
- Von Wurzelnematoden verseuchte Beete (vor allem bei Kartoffeln) mit Tagetes, vor allem *Tagetes nana*, bepflanzen. Diese

regen mit ihren Wurzelausscheidungen die Nematoden zum Schlüpfen an. Die Larven gehen dann aber ein, da sie sich von *Tagetes* nicht ernähren können. Auch Ölrettich und Roggen wirken hemmend auf die Entwicklung bestimmter Wurzelnematoden.

Schnaken (*Tipula* spec.)

Sumpf-, Kohl-, Herbstschnake
Die Schnaken haben Flügellängen zwischen 16 und 25 mm. Die Männchen sind je nach Sorte hell- bis dunkelgrau, die Weibchen zum Teil rötlich. Die Augen liegen unterseits. Schnaken legen 450 bis 1300 Eier vor allem auf von Unkraut bewachsene Böden. Je nach Sorte überwintern die Eier oder die Larven. Die schmutziggrauen Larven werden bis 4 cm lang.

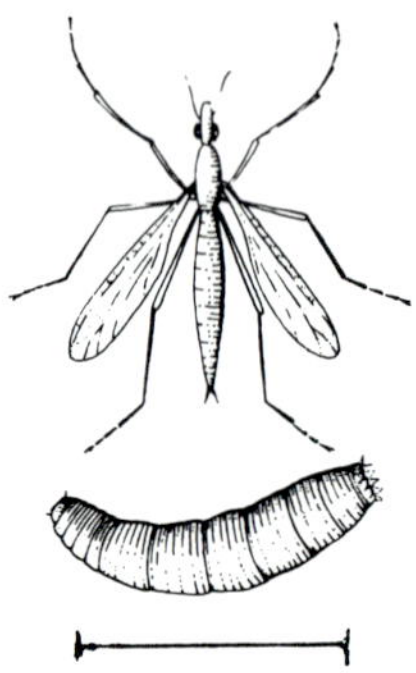

Schnake und ihre Larve

Vorkommen: Die Schnaken treten während der ganzen Vegetationszeit besonders auf feuchten Standorten und umgebrochenen Feldern, an Kartoffeln, Rüben, Gräsern und Klee auf. Bei großer Feuchtigkeit kann es zu Massenvermehrung kommen.

Schnakenlarven erkennt man am stumpfen Kopf.

Schadbild: Die Larven fressen tagsüber an den Wurzeln und Knollen, nachts am Stengelhals. Im Garten sind Schnaken in der Regel kein Problem.

Abwehr

Vorbeugend:
- Natürliche Feinde der Schnaken sind vor allem Spitzmäuse, Igel, Werren, Maulwurf und Vögel.
- Ist Wiesenumbruch vorgesehen, so sollte im August–September das Gras kurzgehalten werden, um die Eiablage der Wiesenschnake zu vermindern.
- Gute Dränage und intensive Bodenbearbeitung.
- Bei Befallsgefahr ein wenig Algenkalk um Setzlinge herum einarbeiten.

Direkt:
- Ködern der Larven mit einer Mischung von 200 g Kleie, 20 g Zucker und 20 cm^3 Pyrethrum, die mit 4 dl Wasser angefeuchtet wird. (Quantum für 100 m^2 Pflanzfläche bei starkem Befall.)

Nacktschnecken legen ihre 200 bis 300 Eier in Häufchen ab.

Schnecken (Klasse Gastropoda)

Bei den in unseren Gärten schädlich werdenden Schnecken handelt es sich um Gattungen der **Nacktschnecken** (Familie Arionidae und Limacidae). Sie sind in Größe und Farbe sehr verschieden. Bei Schnecken setzt sich der Kopf vom Körper nicht deutlich ab und hat zwei Fühlerpaare; auf dem zweiten Paar sitzen die Augen.

Schnecken besitzen einen Mantelschild mit Atemloch. Die Nacktschnecken atmen mit Lungen. Sie sind sich wechselseitig befruchtende Zwitter. Über eine längere Zeitspanne hinweg werden die runden, weißen Eier in Häufchen abgelegt, insgesamt 200 bis 300 Eier. Nach der Eiablage altern die Tiere schnell und sterben ab. Nacktschnecken leben ungefähr 9 bis 12 Monate. Sie haben eine hohe Körperfeuchtigkeit und sondern Schleim ab. Feuchtes Wetter sowie das Fehlen natürlicher Feinde führt zur Massenvermehrung.

Die Farbe der bis 15 cm groß werdenden **Großen Wegschnecke** *(Arion aier)* kann ockergelb, braunrot, grau bis schwarz sein, wobei das Alter und der Standort sich auswirken. Die Haut ist grob gerunzelt. Rücken, Kopf und Fühler sowie die Zeichnung auf dem Mantelschild sind meist dunkel. Die Sohle ist hell bis orange, der Sohlenschleim farblos. Die Großen Wegschnecken erzeugen nur eine Generation. Sie paaren sich von Ende August bis Ende September. Die Eier werden nach 3 bis 5 Wochen abgelegt. Bei frühen Ablagen und warmem Wetter schlüpfen die Jungen noch im Herbst. Die Wegschnecken überwintern, manche Arten im Eistadium, in frostfreien Verstecken.

Die kleinere, dunkle **Gartenwegschnecke** *(Arion hortensis)* mit der gelben bis orangefarbenen Sohle erträgt Kälte gut. Ihre Legeperiode kann sich vom Spätherbst bis in den Frühling hinziehen. Die Eier werden vorzugsweise an Pflanzenwurzeln abgelegt. Die Larven schlüpfen Ende April bis Mitte Mai. Es handelt sich hier um die besonders im Mai schädlich werdenden sogenannten Tauschnecken, die sich direkt an oder unter der Bodenoberfläche aufhalten. Im Gegensatz zu den Großen Wegschnecken sind Gartenwegschnecken seßhaft und meist nur nachts aktiv.

Die meisten Egelschnecken ziehen chlorophyllfreie Nahrung vor und sind vor allem Vorratsschädlinge (zum Beispiel Kellerschnecken). Zu dieser Familie gehören die **Ackerschnecken** *(Deroceras reticulatum* und *D. agreste)*, die besonders schädlich werden. Die gelblichweißen, grauen oder auch rötlichbraunen Tiere haben dunkle Punkte oder Zeichnungen. Der Schleim ist kalkweiß. Sie werden 3,5 bis 5 cm groß. Da sie besonders feuchtigkeitsliebend sind, verkriechen sie sich gern in Spalten und Löchern des Bodens, zwischen Laub, unter Holz und Steine. Krümeliger, lockerer Boden bietet weniger Unterschlupf. Da sie auch lichtempfindlich sind, gehen sie nachts auf Nahrungssuche. Sie sind in der Bewegung träge und bleiben seßhaft. Ihre Entwicklung ist durch das Klima bedingt. Sie verkriechen sich bei Kälte in den Boden, sterben aber bei starkem Frost. Sie paaren sich im Herbst, die Jungtiere schlüpfen im April–Mai und leben vorwiegend im Boden. Die Ackerschnecken werden an allen Pflanzenteilen schädlich.

Vorkommen: An allen Kulturen sowie an den meisten wildwachsenden Pflanzen.

Schadbild: Schnecken schaden durch Schab-, Loch- und Totalfraß; sie hinterlassen Schleimspuren. Nacktschnecken sind Allesfresser, die nebst welken und verwesenden Pflanzenteilen auch Kadaver von Kleintieren, Lurchen, Würmern u. a. vertilgen.

Abwehr

Vorbeugend:

- Die natürlichen Feinde fördern: Ganz besonders Aas- und Laufkäfer, Lurche und Kriechtiere (wie Blindschleiche), Igel, Spitzmäuse und Vögel. Auch der Weberknecht oder Zimmermann sowie die Larven verschiedener Fliegen und Mücken und die des Glühwürmchens vertilgen Schnecken.
- Hühner und Enten (vor allem Laufenten) halten und so auch die Zuwanderung eindämmen.
- Im Sommer nur oberflächlich hacken. Bodenfräsen nur bei trockenem Wetter am frühen Morgen einsetzen, nachdem man über Nacht mit Pflanzenresten geködert hat. Im Herbst erst nachdem der Boden etwas angefroren ist, tief lockern, damit die darin versteckten Schnecken der Kälte ausgesetzt werden.
- Schnecken werden von welkenden und faulenden Pflanzenteilen angezogen. Der Kompost und vor allem der Sammelhaufen sind deshalb vor der Zuwanderung der Schnecken durch konsequentes Einsammeln, Schneckenjauche, Steinplatten u. a. zu schützen. Es ist darauf zu achten, daß die Schnecken und ihre Eier nicht mit dem Kompost ausgetragen werden.
- Schnecken finden in der Mulchschicht Nahrung und Unterschlupf. Nur getrocknete, kleingeschnittene Gartenabfälle oder im Handel erhältliches Mulchmaterial (zum Beispiel Cartalit) in dünner Schicht ausbringen.
- Bodenabdeckung zum Beispiel mit Fichtennadeln, Wurmfarn und Gerstenspreu.
- Eine schützende und abweisende Wirkung zeigen auch aus Pflanzen hergestellte Auszüge, die von Schnecken gemieden werden. Ein Beispiel ist der Begonienauszug. Die Blüten und Blätter einer Begonienpflanze (*Begonia cucullata* syn. *B. semperflorens*) werden zerkleinert und in 10 l Wasser 1 bis 2 Stunden lang angesetzt. Die Pflanzen sind vor dem Setzen in diesen Auszug einzutauchen oder gründlich damit zu begießen. Auch der Auszug aus den Blättern der

Schwarzen Johannisbeere schützt. Weitere Versuche in dieser Richtung sind zu empfehlen.

- »Sonnenhüte« aus Kunststoff schützen Setzlinge vor Temperaturschwankungen und zugleich vor Schnecken, wenn der Boden darunter mit Holzasche oder Ruß abgedeckt wird.
- Nicht zu häufiges, dafür gründliches Gießen der Pflanzen am Morgen. Beregnungsanlage nur morgens einsetzen.
- Schneckenjauche: In einer hierfür reservierten Spritzkanne sammelt man einige Schnecken aller Arten, die man durch Zerschneiden oder Abbrühen getötet hat. Man gibt Wasser dazu und läßt es ungefähr 10 Tage stehen, bis die Schnecken in Verwesung übergegangen sind. Schnecken fressen zwar ihre toten Artgenossen, werden aber durch die verwesten abgestoßen. Mit der Jauche gezielt gefährdete Setzlinge und aufgehende Saaten überbrausen. Man sollte nicht großflächig vorgehen. Den Inhalt der Kanne laufend ergänzen. Bei Regenwetter ist die Anwendung öfters zu wiederholen (siehe Kapitel 5.3).
- Beete mit Schneckenzaun umgeben (siehe Kapitel 5.4). Der Zaun darf nicht von Gras oder anderen Pflanzen überwachsen werden, da sonst »Brücken« entstehen.

Direkt:

- Eine großflächige Bekämpfung ist wichtig. Beim Ausbringen der Köder und Fallen ist zu berücksichtigen, daß sich die Schneckenarten unterschiedlich dazu verhalten. Die Große Wegschnecke wandert aus relativ großer Entfernung zu, wogegen die Gartenwegschnecken und Ackerschnecken standortgebunden sind. Weiterhin haben Versuche gezeigt, daß Schnecken ein Erinnerungsvermögen haben: die Köder sind deshalb immer wieder am selben Ort auszubringen.
- Systematisches Einsammeln: Bretter oder große Blätter auslegen, die Schnecken verkriechen sich tagsüber darunter.
- Die im Frühjahr und Herbst besonders stark auftretende Gartenwegschnecke läßt sich mit Kartoffelstücken, angefaulten Tomaten, Gurkenstücken oder Grapefruitschalen leicht ködern. Auch feuchte Weizenkleie wirkt als Köder gut. Saatbeete können so vor der Saat weitgehend gesäubert werden.
- Lockfallen eingraben, die regelmäßig mit frischem Bier gefüllt werden. Diese – nicht sehr wirksamen – Fallen sind zu kontrollieren, da sie Käfer und andere Insekten auch anlocken (siehe Kapitel 5.4).
- Asche, Ruß oder Gesteinsmehl wirken bei trockener Witterung ätzend durch Feuchtigkeitsentzug und bedeuten einen gewissen Schutz, wenn man sie um die Pflanzen herum ausbringt. Wirksamer ist Ätzkalk, der aber nur bei großen Schäden und sehr sparsam zu streuen ist, um eine örtliche Verätzung und Verkalkung des Bodens zu vermeiden. Man rechnet mit 20 g/m^2. Er ist zweimal innerhalb von 30 Minuten morgens oder abends zu streuen, damit die Schnecken möglichst direkt getroffen werden können.

Die verschiedenen Arten der **Gehäuseschnecken** (Familie Helicidae) werden nach Größe und Gestaltung der Gehäuse bestimmt. Die Schnecken sind Zwitter. Den Winter über wird das Haus zugemauert. Am

bekanntesten ist die **Weinbergschnecke** *(Helix pomatia).* Sie hat ein kräftiges, gelb-braun bis weiß-graues, kugeliges Gehäuse von rund 40 mm Durchmesser. Sie wird bis zu 7 Jahre alt und legt im dritten und vierten Lebensjahr Ende Juni bis August 60 bis 70 Eier von 5 bis 6 mm Länge in selbstgefertigte Erdlöcher. Die Weinbergschnecke ist in der Bundesrepublik und in vielen Kantonen der Schweiz geschützt.
Vorkommen: Garten, Feld und Wiese.
Schadbild: Wie bei Nacktschnecken; Weinbergschnecken fressen vorwiegend totes organisches Material und werden kaum schädlich. Sie fressen die Eier anderer Schneckenarten.

Thripse (*Thrips* spec.)

Blasenfußarten
Die Thripse sind 1 bis 2 mm lang, gelb-bräunlich oder schwarz und bilden pro Sommer meistens drei Generationen. Die Larven sind hell gefärbt. Larven und Vollinsekten leben auf den Blattunterseiten. Vollinsekten überwintern auf Pflanzenresten.

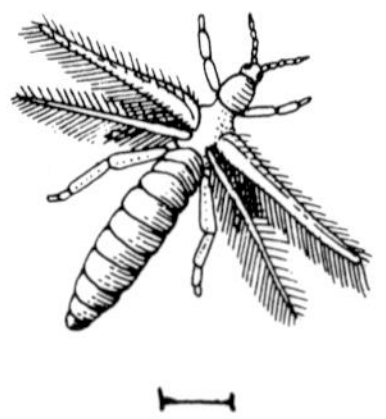

Thrips (Blasenfuß)

Vorkommen: Vor allem an Erbsen, Zwiebeln und Lauch, seltener an Gurken, Tomaten, Blumenkohl, Obst sowie an Gladiole, Rose und anderen Zierpflanzen. In Gewächshäusern und im Freien.
Schadbild: Thripse treten vor allem bei warmtrockener Witterung an vielen Pflanzen auf. Das Schadbild zeigt kleine silberweiße Flecken, die ineinander übergehen und damit immer auffälliger werden. Die Blätter werden durch die Saugtätigkeit der Larven und Insekten weißscheckig und die Blattunterseite schmierig. Auf Erbsenhülsen entstehen 5 bis 6 mm große, buchtig begrenzte, graue Flekken. An Zwiebeln bilden sich viele kleine, silbrige, streifige Tüpfel. An Jungpflanzen von Blumenkohl verursachen Thripse die Herzlosigkeit; an Tomaten sind sie Überträger der Bronzekrankheit.

Abwehr

Vorbeugend:
- Die Pflanzen dürfen nicht zu trocken und zu warm stehen.
- Treibhäuser oder Treibbeete (Frühbeetkästen) reichlich lüften und die Pflanzen häufiger überbrausen.
- Erbsen und Zwiebeln früh aussäen, beziehungsweise setzen.
- Beizen der Setzlinge und Setzknollen mit Heißwasser oder Saatbeizen (zum Beispiel mit Lehm-Algenextrakt) vermindert eine Verschleppung der Thripse.

Direkt:
- Die Pflanzen, besonders die Blattunterseiten, mit einem kalten Wasserstrahl abspritzen.
- Befallene Triebe wegschneiden.
- Gladiolenknollen vor dem Lagern mit Rotenon-Mitteln einstäuben.
- Spritzen oder Stäuben mit Rotenon-Mitteln (Derris). (Rotenon ist in der Bundesrepublik Deutschland nicht zugelassen.)

Weiße Fliege *(Aleurodes proletella)*

Die 1 bis 2 mm große Weiße Fliege (Kohlmottenschildlaus) tritt in milderen Klimagebieten besonders in trockenen Spätsommern und Herbsten auf (siehe Titelbild). Die Flügel sind reinweiß und werden in der Ruhestellung dachförmig gehalten. Der Körper ist gelblich, aber das ganze Insekt ist mit Wachs weiß bestäubt. Die Weiße Fliege findet man auf der Blattunterseite, auf der sie auch die Eier ablegt. Die Larve ist gelblichgrün. Eier, Larven und die weiblichen Insekten können an Kohlpflanzen überwintern. Die Weiße Fliege wird mit den Pflanzen verschleppt.

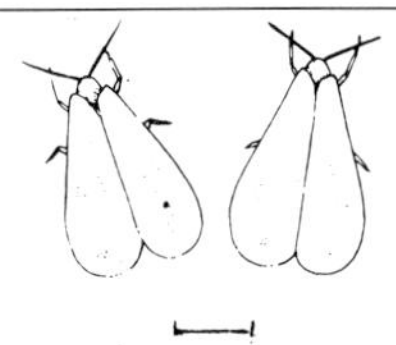

Weiße Fliegen

Vorkommen: Im Freien vor allem an Kohlgewächsen, Erdbeere, Schöllkraut, Gänsedistel. In Gewächshäusern treten mehrere Generationen der *Trialeurodes vaporariorum* an Tomaten, Gurken und verschiedenen Zierpflanzen auf (Farbbild Seite 115).
Schadbild: Der Schaden entsteht durch Saugen an den Blättern. Zu Schäden kommt es hauptsächlich in geschlossenen Räumen (Gewächshäuser usw.), wo sich die Weiße Fliege sehr rasch vermehrt und oft in ganzen Wolken auffliegt. Ihre Honigtauausscheidung, auf der sich Rußtaupilze entwickeln, führt zu einem schwarzen Belag auf Früchten und Blättern. Im Freien kommt es weniger häufig zu großen Schäden.

Abwehr
Vorbeugend:
- Boden durch Gießen und Mulchen feucht halten.
- Abgeerntete Rosenkohl- und Grün-(Feder-) kohlstrünke entfernen, kompostieren oder verbrennen.
- Treibhäuser und Treibbeetkästen gut lüften.
- Zur Bekämpfung in Gewächshäusern usw. können gelbe Farbtafeln, die mit Leim bestrichen sind, eingesetzt werden (siehe Soveurode Kapitel 5.5).

Direkt:
- Rainfarntee wiederholt spritzen.
- Bei starkem Befall ein Pyrethrum-Mittel oder Pyrethrum-Rotenon(Derris)-Mittel im Abstand von 10 Tagen spritzen (am besten morgens). Die schlüpfenden Larven sind besonders empfindlich.
- Der Erwerbsgartenbau hat in Gewächshäusern bereits gute Erfolge mit dem Einsatz der Zehrwespe *(Encarsia formosa)*, einem natürlichen Feind der Weißen Fliege, erzielt.

Wühlmäuse (Unterfamilie Microtidae)

Neben der Feldmaus tritt hauptsächlich die **Schermaus** *(Arvicola terrestris)* als schädliche Wühlmausart auf. Die irreführenderweise auch Wasserratte genannte Schermaus wird bis 18 cm groß und ist gelbbraun bis schwarz. Die Ohren sind fast im Fell versteckt, der Kopf wirkt plump. Der Schwanz wird bis zu 10 cm lang. Die Maus lebt in allen Bodenarten und bevorzugt die Nähe von Wasser. Sie ist Tag und Nacht aktiv. Ihre Kammern legt sie 30 bis 50 cm tief an. Im Gegensatz zum Maulwurf sind die Gänge mehr hochoval. Die Erde wird in unregelmäßigen Haufen ausgestoßen. Neben Grünteilen fressen Schermäuse manchmal auch Insekten, Muscheln, Amphibien und Vogeleier. Sie werfen zwei- bis viermal jährlich 2 bis 7 Junge, die nach 2 Monaten geschlechtsreif sind. Schermäuse halten keinen Winterschlaf und leben etwa 2 Jahre lang.

Schermaus

Die **Feldmaus** *(Microtus arvalis)* wird ohne Schwanz 10 bis 12 cm groß. Sie ist gelbgrau, die Ohren sind im Pelz gut sichtbar. Sie lebt gesellig. Ihr Bau liegt bis 50 cm tief im Boden und hat mehrere Gänge an die Oberfläche. Der Boden sieht deshalb durchlöchert aus. Die Löcher sind durch kleine Weglein verbunden. Haufen werden keine aufgeworfen. Die Feldmaus hat 4 bis 6 Würfe mit 5 bis 10 Jungen im Jahr.

Beide Mausarten neigen zur Massenvermehrung, doch brechen die Populationen wieder zusammen. Das Fehlen natürlicher Feinde (zum Beispiel Füchse, Raubvögel, Wiesel) begünstigt ihre rasche Vermehrung.

Vorkommen: Garten, Feld, Wiesen.

Schadbild: Schermäuse fressen an Wurzeln, die Feldmäuse an der Rinde von Obstbäumen und Rosen sowie an Gemüse und Erdbeeren. Sie hinterlassen im Unterschied zum Engerlingsfraß Nagespuren. Durch ihre Erdhaufen behindert die Wühlmaus das Mähen. Mäuse übertragen Infektionskrankheiten.

Abwehr

Vorbeugend:
- Die Schonung der Raubvögel ist wichtig (Sitzstangen aufstellen).
- Katzen halten.
- Unterschlupf für Wiesel schaffen durch Liegenlassen von Steinhaufen.
- Regelmäßiger Grasschnitt.
- Gute Kontrolle unter der Mulchdecke (u. a. unter der Baumscheibe und im Herbst).
- Mäuseabweisende Pflanzen (siehe Kapitel 5.1) zwischen den Kulturen anbauen (zum Beispiel Steinklee, Kaiserkrone, Gemeine Hundszunge, Knoblauch, Wolfsmilch). Die Wirkung dieser Pflanzen ist in Tonböden geringer und bei starker Mäuseplage ungenügend.
- Beim Setzen junger Bäumchen die Wurzeln mit engem Drahtgeflecht, das bis zum Wurzelhals reicht, umgeben (maximale Lochgröße 13 mm).
- Abdecken mit Nußbaumblättern.
- Holunderjauche, Wacholderschnitzel, Thujaschnitt, Knoblauch oder Fischabfälle in Gänge geben.
- Flaschen zur Hälfte in die Erde eingraben; der Wind verursacht einen Pfeifton, der die Mäuse vertreibt.

Direkt:
- Eine großflächige Bekämpfung der Mäuse ist wichtig.
- Das Fangen der Mäuse mit Fallen ist eine wirksame Methode, erfordert aber Geschicklichkeit und Erfahrung. Mäuse reagieren sehr empfindlich auf den menschlichen Geruch. Fallen nicht mit den Händen berühren. Um festzustellen, ob ein Gang

noch benützt wird, muß man ihn öffnen und abwarten, ob die Maus ihn wieder schließt. Sind die Fallen aufgestellt, muß der Gang leicht abgedeckt werden.
- Wiederholt gefangene Mäuse veraschen und Asche ausstreuen (siehe Kapitel 5.3).
- Pflanzliche Giftköder, zum Beispiel Wühl-Ex, Maulwurfvergrämungsmittel oder Quiritox in Gänge geben.
- Es ist möglich, Mäuse in ihren Gängen mit Kohlenmonoxid (Auspuffgas von Benzinmotoren) zu vergasen. Nur in feuchten Böden wirksam.

Wurzelläuse *(Pemphigus bursatius)*

Die runden, hellen, oft gepuderten Wurzelläuse entwickeln im Wurzelbereich starke Kolonien. Die Rote Wiesenameise sammelt den von ihnen ausgeschiedenen Honigtau. Beide Insekten treten deswegen oft gemeinsam auf.
Vorkommen: An Salat, Bohne, Karotte, Artischocke (und anderen Kardengewächsen), Zierpflanzen. Hauptwirt ist die Schwarzpappel.
Schadbild: Wachstumsbeeinträchtigung; bei Salat mangelhafte Kopfbildung. Bei sehr starkem Befall verursacht die Saugtätigkeit der Läuse an den Wurzeln rasches Welken und Absterben der Pflanzen.
Abwehr
Vorbeugend:
- Pflanzen gut wässern.
- Pflanzenwachstum fördern durch mehrmalige Gaben von Brennesseljauche.
- Gute Bodenbearbeitung.
- Für den Großanbau sind resistente bzw. widerstandsfähige Salatsorten (zum Beispiel 'Avondefiance') erhältlich.

Auch in Gesellschaft von Wurzelläusen findet man Ameisen.

Direkt:
- Freigelegten Wurzelbereich mit Rainfarnbrühe (eventuell wiederholt) ausgießen.
- Topfpflanzen umtopfen, Wurzelbad.
- Setzlinge und Topfpflanzen in einem Wurzelbad aus Rainfarntee oder in Pyrethrum-Lösung gründlich säubern und in frische Erde setzen.

Echter Mehltau

an Gurke	*Erysiphe cichoracearum*
an Apfel und Quitte	*Podosphaera leucotricha*
an Aprikose	*Podosphaera tridactyla*
an Pfirsich	*Sphaerotheca pannosa*
an Erdbeere	*Sphaerotheca macularis*
an Stachelbeere	*Sphaerotheca mors-uvae*
an Weinrebe	*Uncinula necator*
an Rose	*Sphaerotheca pannosa* var. *rosae*

Die Pflanzen werden nur von einer für sie spezifischen Mehltauart befallen, einige Beispiele sind oben angeführt. Die Pilze des Echten Mehltaus treten auch bei trockenem Wetter auf. Die großen Sporen werden im Sommer

durch den Wind verbreitet. Die Krankheit tritt meist erst gegen Ende der Vegetationszeit auf. Der Pilz überwintert in kleinen, kugeligen Sporengehäusen an den Pflanzen.
Vorkommen: An Gurken, Obst, Beeren, Weinreben, Rosen und anderen Pflanzen.
Schadbild: Auf den Blättern, Stengeln und Knospen erst mehlige Punkte, dann ober- und unterseits weißgrauer Belag. Befallene Pflanzenteile vertrocknen vorzeitig.
Abwehr
Vorbeugend:
- Weniger anfällige Sorten pflanzen.
- Nicht zu dicht pflanzen.
- Triebige Düngung vermeiden.
- Treibhaus gut lüften.

Direkt:
- Schachtelhalmbrühe allein oder in Kombination mit 0,5 bis 1 % Wasserglas spritzen.
- Gegen Apfel- und Gurkenmehltau Blakkenwurzel-Extrakt einsetzen (siehe Blacke Kapitel 5.2).
- Bei stärkerer Befallsgefahr Pflanzenpflegemittel mit Schwefelzusatz (siehe Kapitel 5.6) oder Netzschwefel spritzen (beim ersten Auftreten der Flecken).

Falscher Mehltau

an Kartoffel, Tomate	(Kraut- und Knollenfäule) *Phytophthora infestans*
an Kohlarten	*Peronospora brassicae*
an Spinat	*Peronospora spinaciae*
an Zwiebel	*Peronospora destructor* oder *P. schleideni*
an Salat	*Bremia lactucae*
an Weinrebe	*Plasmopara viticola*
an Rose	*Peronospora sparsa*

Im allgemeinen sind auch beim Falschen Mehltau die verursachenden Pilze an ihre spezifischen Wirtspflanzen gebunden. Der Pilz überwintert als Myzel auf abgestorbenem Pflanzenmaterial, die Erstinfektion erfolgt im Frühjahr vom Boden her. Während der Vegetationsperiode kommt es zur Infektion durch Spaltöffnungen. Besonders in nassen Jahren ist eine rasche Ausbreitung möglich, in trokkenen Jahren ist der Pilz praktisch ohne Bedeutung.
Vorkommen: An verschiedenen Gemüsen und an Weinrebe, Rose und anderen Zierpflanzen.
Schadbild: Es entstehen weißlichgelbe Flekken auf der Blattoberseite, und auf der Blattunterseite zeigt sich ein weißer bis grauvioletter Pilzbelag. Später sterben die Blattspitzen ab. Bei Zwiebeln ist der Falsche Mehltau gefährlich, da meist die ganzen Blätter absterben und dadurch das Wachstum der Zwiebeln unterbrochen wird (kleine Früchte mit schlechter Lagerfähigkeit).
Abwehr
Vorbeugend:
- Boden gut locker halten.
- Nach starkem Befall mindestens dreijähriger Fruchtwechsel.
- Anbau in feuchten Lagen vermeiden.
- Für gute Durchlüftung durch ausreichend große Pflanzenabstände sorgen.
- Geeignete Sortenwahl, zum Beispiel bei Kopfsalat, Spinat, Kartoffel (resistente Sorten).
- Setzlinge über Nacht in Lehm, den man mit Schachtelhalmbrühe verflüssigt, einlegen.
- Jungpflanzen mit Algenextrakten oder Brennesseljauche stärken.

- Wiederholt vorbeugend mit Schachtelhalmbrühe oder pflanzlich-mineralischen Pflanzenpflegemitteln, zum Beispiel Bio-S oder Ulmasud (schwefelsaures Tonerde-Präparat), bis spätestens 3 Wochen vor der Ernte spritzen.
- Bei starker Befallsgefahr können Kupfermittel vorbeugend eingesetzt werden. Bei nassem Wetter ist eine zwei- bis dreimalige Anwendung innerhalb von 10 Tagen vorzusehen (maximale Konzentration beachten).

Direkt:
- Kranke Pflanzenreste sorgfältig beseitigen oder verbrennen.

Grauschimmel (*Botrytis cinerea* u. a.)

Die Pilze überwintern als Myzel auf abgestorbenen Pflanzenteilen. Die Graufäule gilt allgemein als »Schwächeparasit«. Bei ausgeprägtem Befall ist somit der Verbesserung der Wachstumsbedingungen besondere Aufmerksamkeit zu schenken.

Vorkommen: Vor allem in nassen Jahren kommt es zum Befall von verschiedenen Obst- und Gemüsearten und Zierpflanzen. Besonders anfällig sind Weintrauben, Erdbeeren, Himbeeren, Zwiebeln, Kopfsalat, Gurken. Der Pilz tritt auch an Begonien, Dahlien, Pelargonien, Gladiolenknollen, Primeln, Tulpen, Cyclamen und anderen Zierpflanzen im Freiland und Gewächshaus auf.

Schadbild: Befallene Organe zeigen grauen, flächigen Schimmelbelag. Das Gewebe stirbt rasch ab, und es entstehen große rotbaune Flecken sowohl auf Blättern als auch auf Früchten.

Abwehr

Vorbeugend:
- Einseitige Stickstoff-Düngung vermeiden.
- Bodenlockerung, gute Bodenstruktur und Wasserführung.
- Wichtig ist die gute Durchlüftung und Lichtdurchlässigkeit der Kulturen, daher weite Pflanzenabstände einhalten und Entlaubungsarbeiten durchführen.
- Gute, lockere Bodenbedeckung.
- Boden mit Basalt-, Gesteins- oder Algenmehl düngen (vor allem bei sauren Böden).
- Beete und Pflanzen im Herbst und Frühling mit starker Schachtelhalmbrühe überbrausen. Bei Beeren und Reben kann noch 0,5 bis 1 % Wasserglas beigemischt werden.
- Förderung des Jugendwachstums mit pflanzlich-mineralischen Pflegemitteln (zum Beispiel Algenextrakten und Brennnesseljauche).
- Frühzeitiges Entfernen und Verbrennen befallener Pflanzenteile.
- Sortenwahl beachten.
- Knoblauch zwischen gefährdete Kulturen setzen.
- Setzlinge vor dem Pflanzen in Wurzelbad geben und damit angießen.

Schwarzbeinigkeit, Keimlingskrankheiten

Verschiedene Pilzarten
(*Pythium debaryanum* u. a.)
Die Pilze leben im Innern der Wirtszellen. Sie befallen die Keimlinge und Jungpflanzen verschiedener Gemüsearten. Sie treten besonders stark bei hoher Luftfeuchtigkeit, stauender Nässe und bei Bodenverdichtungen auf sowie auf extrem sauren Böden.

Keimlingskrankheit. Werden Keimlinge so stark befallen, so muß in frische Erde neu ausgesät werden.

Vorkommen: Vor allem an Kohlarten, aber auch an Gurken, Tomaten, Kopfsalat, Petersilie, Basilikum und verschiedenen Zierpflanzen.

Schadbild: Es bilden sich rötliche, später dunkle eingeschnürte Stellen an der Stengelbasis. Diese trocknen rasch fadenförmig ein. Der Befall führt zum Umfallen und dann zum Verlust der ganzen Pflanze. Ein später Befall oder ein starkes Wachstum der Kulturpflanze vermindert den Verlust erheblich.

Abwehr

Vorbeugend:

- Verwendung frischer Anzuchterde unter Beimischung von Reifkompost, Sand, Gesteinsmehl, Tonerdemehl.
- Gute Saatbeetvorbereitung.
- Wichtig ist die Verwendung von gesundem, schnell wachsendem Saatgut.
- Nicht zu dicht säen oder setzen und möglichst frühzeitig pikieren.
- Die Erde mit Schachtelhalmbrühe oder Pflanzenpflegemittel überspritzen. Auflaufende Sämlinge mit Schachtelhalmbrühe oder Algenextrakten überbrausen.
- Frühbeetkasten häufig lüften.
- Beim Verpflanzen die Wurzeln der Setzlinge in Lehm und Schachtelhalmbrühe tauchen (Wurzelbad).
- Auf Fruchtwechsel achten.
- Saatbäder (siehe Kapitel 6.1).

Viruskrankheiten, Mykoplasmen

Erreger von Viruskrankheiten und Mykoplasmen sind allerkleinste Organismen, die im Nährstoffstrom der Pflanzen leben. Sie werden durch direkten Kontakt von Pflanzenteilen, durch Insekten (vor allem durch Blattläuse) und im Boden durch Nematoden übertragen.

Vorkommen: An vielen Pflanzenarten.

Schadbild: Viruskrankheiten an Pflanzen können sehr unterschiedlich aussehen. Meistens handelt es sich um eigentümliche Verformungen, wie zum Beispiel Zwergwuchs, verkrüppelte Früchte oder um mosaikartige Verfärbungen der Blätter. Der Besenwuchs beim Apfel wird durch Mykoplasmen verursacht.

Abwehr

Vorbeugend:

- In Baumschulen und Gärtnereien virusfreie Jungpflanzen verlangen.
- Magermilch-Spritzungen schützen vor dem Befall durch bestimmte Viruskrankheiten (zum Beispiel bei Tomaten).
- Werkzeuge (vor allem Baumscheren) nach Kontakt mit viruskranken Pflanzen gut reinigen. Erkrankte Bäume zuletzt schneiden.
- Verhindern, daß gesunde Pflanzen mit befallenen in Kontakt kommen.
- Bekämpfung der Überträger.

Direkt:

- Sofortiges Entfernen und Verbrennen befallener Pflanzen.

4.5 Schädlinge und Krankheiten an Gemüse

Bohne (Schmetterlingsblütler)

Bohnen sind wind- und frostempfindlich, sie brauchen mindestens 10 bis 12 °C Bodenwärme. Der Boden sollte humusreich, tiefgründig, kalkhaltig und nicht zu schwer sein. Auf zu trockenen Böden werden Bohnen zu wenig fleischig.

Zur Düngung eignen sich besonders mittlere Gaben nährstoffreicher Humusdünger (Reifkomposte), wobei Stangenbohnen anspruchsvoller als Buschbohnen sind (siehe Farbbilder Seite 51).

Schadbilder an Bohne	Schädling oder Krankheit	Seite
Blätter, Stengel, Triebe		
Schwarze Läuse, Verkümmern der Triebe	Bohnenblattlaus	78
Fraß, Schleimspuren	Schnecken	67
Blätter weißlich, unterseits sehr kleine, gelbe oder rötliche Tiere	Gemeine Spinnmilbe (selten)	63
Madengänge in Keimblättern, Keimling zerstört	Bohnenfliege	78
Blattrand bogenförmig benagt	Erbsenblattrandkäfer	82
Braune Flecken, rötliche Sporen	Brennfleckenkrankheit	79
Wäßrige, durchscheinende Flecken mit hellem Rand, später eingetrocknet	Fettfleckenkrankheit	80
Braune Sporenlager, später dunkle Tüpfel	Bohnenrost	79
Hell und dunkel gescheckt	Mosaikkrankheit, der Virus wird durch Blattläuse übertragen	76
Hülsen, Samen		
Schwarze, stäubende Sporenpusteln	Bohnenrost	79
Braune Flecken mit schwarzem Rand, rötliche Sporen	Brennfleckenkrankheit	79
Dunkelgrüne, wäßrige Flecken	Fettfleckenkrankheit	80

Bohnenblattlaus. Ein starker Befall vermindert den Ertrag.

Bohnenblattlaus *(Aphis fabae)*

Die Schwarze Bohnenblattlaus ist die am häufigsten auftretende Blattlausart. Die Beine und Fühler sind gelblich-weiß. Ameisenbesuch.

Vorkommen: Winterwirt: Gemeiner Schneeball, Pfaffenhütchenstrauch.

Sommerwirt (ab Ende April): Saubohne, Bohne, Zucker- und Futterrüben, Mohn, Tomate, Gurke, Rhabarber, Dahlie, verschiedene Kräuter.

Schadbild: Die Triebe verkümmern, kein Fruchtansatz.

Abwehr

Siehe Blattläuse Kapitel 4.4.

Vorbeugend:

- Frühe Saaten werden weniger stark befallen.
- Bohnen sind weniger anfällig, wenn man während der Blüte die Spitzen ausknipst.

Direkt:

- Bei geringem Befall Rhabarbertee spritzen.
- Bei starkem Befall Pyrethrum-Mittel einsetzen.

Bohnenfliege *(Delia platura* syn. *Hylemya platura)*

Wurzelfliege

Die graue Fliege ähnelt der Stubenfliege, ist aber etwas kleiner. Sie legt ihre Eier an Keimlingen im Boden ab. Die Maden verpuppen sich oberflächlich im Boden. Es entwickeln sich mehrere Generationen. Die Puppen überwintern.

Die Maden der ersten Generation im Frühling sind, vor allem bei kühler Witterung, die schädlichsten. Pflanzen mit Keimhemmungen werden besonders stark befallen.

Vorkommen: An Bohne, seltener an Erbse, Spinat, Salat, Zwiebel, Mais und anderen Pflanzen.

Schadbild: Die Maden fressen sich in das Saatgut noch vor der Keimung ein; auch fressen sie an Keimblättern, am Wurzelhals sowie an ersten Blättern. Es kommt zu Fäulnis durch Bakterien.

Abwehr

Vorbeugend:

- Weite Fruchtfolge einhalten und offene, windige Lage wählen.
- Keinen frischen Mist geben.

- Reifkompost mit Gesteinsmehl oder Basaltmehl ausbringen.
- Saatmenge erhöhen.
- Aussaat nicht in kalten und nassen Böden vornehmen.
- Aussaaten leicht mit Algenkalk überstäuben.
- Jungpflanzen durch Angießen mit Pflanzenjauche oder Algenextrakten im Wachstum fördern.
- Boden gut durcharbeiten und 10 bis 14 Tage lang warten bis zur Saat.
- Wichtig ist das Anhäufeln der Bohnen.
- Mischkultur mit Tomaten und Bohnenkraut.
- Bohnen nicht nach Spinat, Kopfsalat, Kohl und Kartoffeln anbauen.
- Rasches Keimen mit Hilfe von Saatbeize fördern und schützen.

Direkt:

- Ist an den Kulturen die Bohnenfliege aufgetreten, im darauffolgenden Jahr vor der Aussaat das Beet mit Rainfarn- oder Wermuttee überbrausen.
- Befallene Pflanzen sofort verbrennen.

Bohnenrost *(Uromyces appendiculatus)*

Der Krankheitserreger, ein Pilz, überwintert auf Ernterückständen. Im Frühjahr kommt es zum Befall von Blättern und Trieben, später auch von Hülsen. Die Sporen werden vom Wind übertragen.

Vorkommen: An Bohne, vor allem an Stangenbohne, hauptsächlich im Spätsommer bei hoher Luftfeuchtigkeit.

Schadbild: Pilzpusteln auf Blattunterseiten, Stengeln und Hülsen; zuerst braun, später bis schwarz. Auf der Blattoberseite gelbe Buckel.

Abwehr

Vorbeugend:

- Wenig anfällig sind die Sorten 'Weinländerin' und 'Neckarkönigin'.
- Stangenbohnen an Stahldrahtstangen oder Schnüren aufziehen.
- Bodenbedeckung (Mulchen).
- Weite Pflanzabstände.
- Gesteinsmehl stäuben.
- Vor dem Winter und im Frühjahr Beete wiederholt mit Schachtelhalmbrühe behandeln. Gefährdete Jungpflanzen mit Schachtelhalmbrühe überbrausen.

Direkt:

- Wichtig ist die Vernichtung oder gute Kompostierung der Ernterückstände.
- Desinfizierung der Bohnenstangen mit 3 % Kupfersulfat.

Brennfleckenkrankheit
(Colletotrichum lindemuthianum)

Eine ähnliche Krankheit befällt Erbsen *(Ascochyta pisi)*. Der Pilz überwintert auf abgestorbenen Pflanzenteilen und im Boden. Er kann mehr als 2 Jahre überdauern. Auch über infizierten Samen kann die Krankheit übertragen werden.

Der Pilz befällt Blätter, Stiele und Früchte. Dort kann das Myzel bis zu den Samen eindringen, die zwar ihre Keimfähigkeit behalten, doch tritt das Krankheitsbild dann im Frühling bereits bei den Keimlingen auf. Die Jungpflanzen sterben meist ab. Der Pilz verbreitet sich rasch auch auf gesunde Pflanzen. Nasses, kühles Wetter begünstigt die Entwicklung.

Vorkommen: An Bohne und weniger häufig an Erbse.

Links im Bild: Brennfleckenkrankheit der Bohne. Rechts im Bild: Fettfleckenkrankheit.

Schadbild: Runde bis längliche, braune, meist eingesunkene Flecken mit schwarzer Umrandung. Auf den Flecken bildet sich ein Sporenlager, auf dem bald rötliche Schleimtropfen sichtbar werden. Diese enthalten große Sporenmengen.

Abwehr

Vorbeugend:

- Weite Fruchtfolge.
- Nicht zu enger Reihenabstand, damit die Pflanzen rasch abtrocknen.
- Sorgfältige Kontrolle des Saatgutes auf Flecken.
- Resistente Sorten wählen.
- Nur von gesunden Pflanzen Samen nachziehen.
- Angießen der Pflanzen mit Schachtelhalmbrühe und Spritzen mit Pflanzenpflegemittel.
- In befallenen Beständen bei feuchtem Wetter Pflück- und Pflegearbeiten unterlassen, da auch auf diesem Weg die Infektion verbreitet werden kann.

Direkt:

- Verbrennen aller befallenen Keimlinge und Pflanzenrückstände.
- Samen mit Pflanzenpflegemittel oder Wasserglas (etwa 15 Minuten) beizen oder eine Heißwasserbehandlung durchführen. (Ins Sameninnere eingedrungene Pilzfäden werden aber kaum erfaßt.)

Fettfleckenkrankheit

(Pseudomonas phaseolicola)

Diese gefährliche Bakterienkrankheit wird hauptsächlich durch das Saatgut übertragen. Sie befällt Blätter, Hülsen und Samen. Feuchtes, windiges Wetter mit darauffolgender Hitze und Trockenheit zur Zeit des Blütenansatzes führt zu großen Ausfällen. Es entstehen Flecken mit weißem Schleim. Dieser enthält große Mengen an Krankheitserregern, die durch Regen und Wind sowie durch Schnecken verbreitet werden.

Vorkommen: An Bohne.

Schadbild: Die Krankheit tritt zuerst an den Blättern auf. Es bilden sich kleine, eckige, ölige, durchsichtige Flecken, die breite gelbliche Ränder aufweisen. Danach werden die Blätter braun und sterben ab. Die Pflanze geht in wenigen Tagen zugrunde. An den Hülsen entstehen runde, dunkelgrüne, feuchte Flecken, manchmal mit rotem Rand. Durch die Hülsenwand dringen die Bakterien bis zum Samen ein. Hier bilden sich bräunliche, eingesunkene Flecken.

Abwehr

Vorbeugend:

- Anfällige Sorten meiden.
- Nur gesundes Saatgut aus gesunden Feldern verwenden.

– Saatbeize nützt nur in beschränktem Maße.
– Weite Fruchtfolge einhalten.

Direkt:
– Es gibt keine wirksame direkte Bekämpfung.
– Befallene Pflanzen sofort verbrennen.
– Im Erwerbsanbau Frühinfektionen vermindern durch zwei bis drei Spritzungen mit Kupfermitteln (bis Beginn der Blüte).

Erbse (Schmetterlingsblütler)

Erbsen sind anspruchsloser als Bohnen. Sie sollten mit Ausnahme der Markerbsen sehr früh gesät werden (Bodenwärme über 5 °C). Sie bevorzugen leicht humose, kalkhaltige, gleichmäßig feuchte Böden ohne Staunässe. Gedüngt wird mit einer mäßigen Gabe Reifekompost. Mindestens dreijähriger Fruchtwechsel ist wichtig (Fußkrankheiten, Nematoden).

Schadbilder an Erbse	Schädling oder Krankheit	Seite
Blätter, Stengel, Triebe		
Verkümmern der Triebe, graue Flecken	Thrips (Blasenfuß)	70, 82*
Verkrümmungen, Triebstauchungen	Grüne Erbsenblattlaus	82
Runde Löcher im Blattrand	Erbsenblattrandkäfer	82
Gestauchte Triebe	Erbsengallmücke	83
Weißer, mehliger Belag	Echter Mehltau (selten)	73
Gelbe, später braune Flecken auf Blattoberseite, Unterseite blauviolett	Falscher Mehltau	74
Wurzeln		
Fraß	Larven des Blattrandkäfers	82
Pflanzen welken; Braunverfärbung des Stengelgrundes	Fuß-, Welkekrankheit	84
Blüten, Samen, Hülsen		
Verkrümmungen	Grüne Erbsenblattlaus	82
Verkümmern der Blüten, gekrümmte Hülsen mit grauen Flecken	Thrips (Blasenfuß)	70
Hülsen verkrüppelt	Erbsengallmücke	83
Samenfraß	Raupe des Erbsenwicklers	83
Blaßgrüne, später braune Flecken	Falscher Mehltau	74
Braune, schwarz umrandete Flecken, leicht eingesunken	Brennfleckenkrankheit	79

* Ziffern mit Sternchen verweisen auf Farbabbildungen, die nicht unmittelbar beim beschreibenden Text stehen.

Thripse verursachen an Erbsenhülsen silbriggraue Flecken und Verkrüppelungen.

Der Erbsenblattrandkäfer tritt hauptsächlich bei warmem Wetter auf.

Grüne Erbsenblattlaus

(Acyrtosiphon pisum)

Sie ist die größte der an Gemüsepflanzen vorkommenden Läuse und 3 bis 6 mm lang. Im Sommer ist sie graugrün gefärbt, zum Teil auch schwach rötlich und leicht mit Wachs gepudert. Die Wintereier werden an Klee, Luzerne und anderen überwinternden Leguminosen abgelegt.

Vorkommen: Auf allen Leguminosen, vor allem in trockenen Jahren.

Schadbild: Blätter und Fruchthülsen zeigen Verformungen, die Triebe sind gestaucht.

Abwehr

Siehe Blattläuse Kapitel 4.4.

Erbsenblattrandkäfer *(Sitona lineatus)*

Graurüßler

Dieser Käfer ist 4 bis 5 mm groß und von gräulichbrauner Farbe. Die Flügeldecken sind hell und dunkel gestreift. Die braunen, behaarten Larven sind fußlos und 6 mm groß.

Der Käfer kommt ab März aus dem Winterquartier. Die Eiablage findet ab Mitte April statt. Nach etwa 3 Wochen schlüpft die Larve, die sich nach 26 bis 55 Tagen verpuppt. Jungkäfer erscheinen von Juni bis September. Der Käfer überwintert im Boden.

Vorkommen: An Erbse, Klee, Luzerne, Saatwicke, Ackerbohne.

Schadbild: Die Käfer fressen vor allem bei warmem trockenem Wetter runde, bogenförmige Löcher in den Blattrand. Die Larven fressen an Wurzeln, so daß die Pflanzen kümmern. Der Schaden ist selten von Bedeutung.

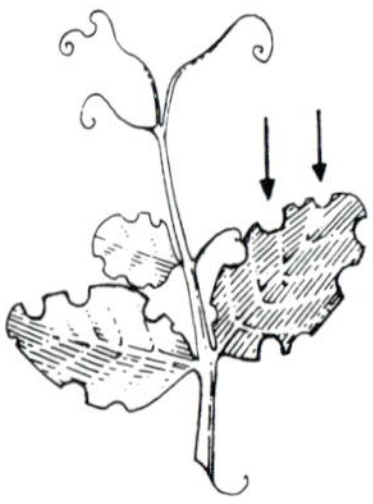

Schadbild des Erbsenblattrandkäfers

Abwehr
Vorbeugend:
- Frühe Saat unter Folienschutz.
- Rasches Jugendwachstum fördern (zum Beispiel mit Algenextrakten oder Brennesseljauche).
- Konsequenter Fruchtwechsel.
- Stäuben mit Algenmehl.

Direkt:
- Rainfarn- oder Wermuttee ein- bis zweimal spritzen.
- Nur bei starkem Befall mit Rotenon-Mitteln stäuben. (Rotenon ist in der Bundesrepublik Deutschland nicht zugelassen.)

Erbsengallmücke *(Contarinia pisi)*

Die Gallmücke ist 2 mm lang. Sie ist gelb mit schwarzen Antennen und braunen Bauchquerbinden. Die länglichen Eier sind gestielt. Die Eier werden von Mai bis Juni von der ersten Generation an die Sproßspitzen oder zwischen die Kelchblätter gelegt, die wegen einer Ausscheidung der Larven verdicken und verkrüppeln. Die roten Larven der zweiten Generation fressen an der Innenwand der Hülsen, die verkrüppeln oder blasig aufgetrieben werden. Die Verpuppung im Kokon findet 5 bis 8 cm tief im Boden statt. Die Puppen überwintern im Boden.

Vorkommen: An Erbse.

Schadbild: Wenige oder verkrüppelte Hülsen, gestauchte Triebe.

Abwehr
Vorbeugend:
- Fruchtfolge beachten. Mindestens 2 Jahre aussetzen.
- Erbsen früh anbauen.
- Erbsenstroh verbrennen.

Die Raupe des Erbsenwicklers frißt an den Erbsen in der Schote.

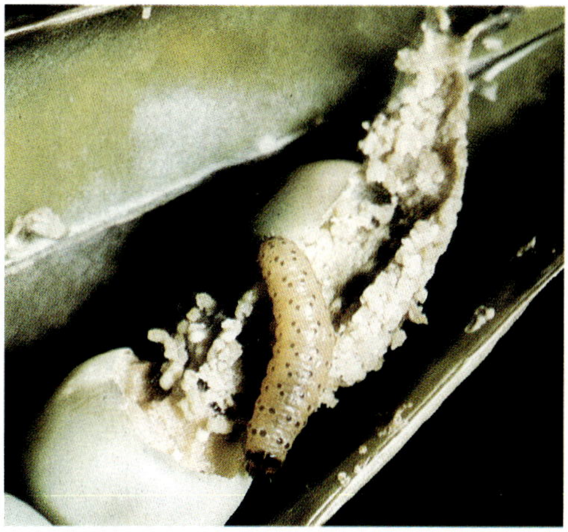

Direkt:
- Durch Sammeln der verkrüppelten, befallenen Blüten kann das Auftreten der zweiten Mückengeneration verhindert werden.
- Während der Flugzeit wiederholtes Spritzen mit Rainfarn- oder Wermuttee.
- Bei starkem Auftreten wiederholtes Spritzen mit Rotenon-Mitteln während der Blüte im Abstand von 4 bis 6 Tagen (abends, um Bienen zu schonen). Wartefrist von 7 Tagen einhalten. (Rotenon ist in der Bundesrepublik Deutschland nicht zugelassen.)

Erbsenwickler *(Laspeyresia nigricana)*

Der Schmetterling ist olivbraun und hat eine 15 mm große Spannweite. Er fliegt im Mai bis Juni. Die Raupe ist gelb-grünlich mit schwarzem Kopf. Die Eiablage findet auf Blattunterseiten, Kelchblättern oder Hülsen von Leguminosen statt. Die Raupe bohrt sich in die Fruchthülle ein und frißt am Samen, an dem die braunen, versponnenen Kotklümpchen

hängenbleiben. Die erwachsene Raupe frißt sich durch ein rundes Loch aus der Hülse und verspinnt sich in der Erde zum Kokon. Im Frühjahr verläßt sie diesen und verspinnt sich unter der Oberfläche zu einer braunen Puppe. Es gibt zwei Generationen. Der Erbsenwickler tritt bei langer Blütezeit und warmer, trokkener Witterung besonders häufig auf.
Vorkommen: Besonders an Erbse, auch an Bohne.

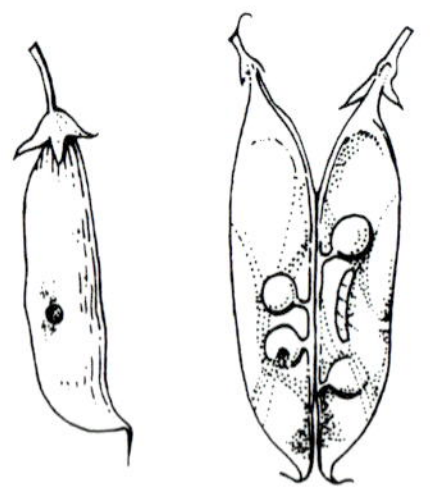

Rechts: Erbsenwicklerlarve
Links: Ausgangsloch der Larve

Schadbild: Die Raupe frißt den Samen in der Fruchthülle.

Abwehr

Vorbeugend:
- Entweder sehr früh oder sehr spät aussäen, damit die Blüte nicht mit der Flugzeit zusammenfällt.
- In windoffenen Lagen ist der Befall kleiner.
- Frühe, schnell abblühende Sorten sind weniger gefährdet.
- Fruchtwechsel einhalten.
- Mischkultur mit Tomaten.

Direkt:
- Bei starkem Befall ein Pyrethrum- oder Rotenon-Mittel gegen den Falter einsetzen (zweimal gegen Ende der Blüte, abends).

Bei der Erbsenfußkrankheit verfärbt sich der Stengelgrund.

Fuß- und Welkekrankheiten
(*Fusarium* spec.)

Diese werden durch verschiedene Pilzarten verursacht, welche über viele Jahre hinweg im Boden überdauern können. Die Krankheiten können mit dem Saatgut übertragen werden. Sie treten besonders bei warmfeuchter Witterung auf.
Vorkommen: An Erbse.
Schadbild: Rasches Vergilben und Welken der Pflanzen oder Pflanzenteile. Der Stengelgrund verfärbt sich braun-schwarz (siehe Kapitel 4.4, Schwarzbeinigkeit, Keimlingskrankheiten).

Abwehr

Vorbeugend:
- Gesundes Saatgut verwenden.
- Frühe Aussaat. Durch Kamillenteebeize rasches Auflaufen fördern.
- Widerstandsfähige Sorten wählen.
- Weite Fruchtfolge (4 bis 5 Jahre) einhalten.
- Gute Bodenstruktur vermindert die Anfälligkeit.

Direkt:
- Befallene Pflanzen verbrennen.

Gurke, Kürbis, Melone, Zucchetti
(Kürbisgewächse)

Die Kürbisgewächse ertragen schlecht Frost, Kälte und Wind. Starke Temperaturschwankungen und Witterungswechsel hemmen die Entwicklung.

Der Anbau unter Glas oder Folie ist an weniger günstigen Standorten vorzuziehen.

Humusreiche, gut erwärmbare Böden mit gutem Wasserhaltevermögen werden bevorzugt. Kürbisgewächse brauchen viel Humus, daher mittlere Gaben von leicht verrottetem Kompost geben.

Blattfleckenkrankheit
(Pseudomonas lachrymans)

Diese Bakterienkrankheit wird durch kranken Samen und verseuchten Boden übertragen. Die Erreger dringen oft an Verletzungen (Hagel usw.) in die Früchte ein. Temperaturen zwischen 20 und 25 °C fördern die Entwicklung. Durch Regen, Wind und durch Pflegearbeiten verbreitet sich die Krankheit.

Falscher Mehltau tritt besonders an Gewächshausgurken auf. Auf der Blattoberseite sind erst gelbe, dann braune eckige Flecken zu sehen. Das Bild zeigt die hellbraunen Flecken auf der Blattunterseite.

Schadbilder an Gurke, Kürbis, Melone, Zucchetti	Schädling oder Krankheit	Seite
Blätter, Stengel, Triebe		
Fraßschaden, Schleimspuren	Schnecken	67
Weiße Flecken	Thrips (Blasenfuß)	70, 82*
Saugflecken, Rußtau	Weiße Fliege	71
Vergilben, das Gewebe entlang der Blattadern bleibt grün, blattunterseits filziges Netz	Spinnmilben	63, 86*
Eckige gelbbraune Flecken, unterseits schleimig oder verkrustet	Blattfleckenkrankheit	85
Grauer Sporenrasen	Grauschimmel	75
Mehlige Punkte auf Blattoberseite, dann Belag	Echter Mehltau	73
Eckige Flecken auf Blättern	Falscher Mehltau	74, 85*
Mosaik-Scheckung, helle Flecken	Mosaik-Viruskrankheit	76
Austrocknen der Stengelbasis der Keimlinge	Keimlingskrankheiten	75
Früchte		
Runde grünbraune Flecken mit weißem Mittelpunkt	Blattfleckenkrankheit	85

Oben: Die Gemeine Spinnmilbe verursacht bei Gurken erst kleine weiße Tüpfelchen, dann vergilbt das Blatt, wobei das Gewebe entlang der Blattadern grün bleibt. An der Blattunterseite finden sich weißfilzige Gespinste.

Unten: Echter Mehltau tritt an Kürbisgewächsen im Spätsommer häufig auf. Er muß vorbeugend abgewehrt werden.

Vorkommen: An (Freiland-)Gurke und anderen Kürbisgewächsen.
Schadbild: Schon an Keimblättern wäßrige, dann an Blättern eckige, gelbbräunliche Flekken, unterseits schleimig. Bei trockenem Wetter bilden sich weiße Krusten. Auch an Früchten zuerst dunkelgrüne, später braune, runde Flecken mit weißem Mittelpunkt. Junge Früchte verkrüppeln.

Abwehr
Vorbeugend:
- Gesundes Saatgut verwenden.
- Warmwasserbehandlung oder Knoblauchbeize des Saatgutes.
- Nur alle 3 Jahre an gleichem Ort Gurken pflanzen.
- Kranke Blätter entfernen.

Direkt:
- Mehrmalige Spritzungen im Abstand von 8 bis 14 Tagen mit Kupfermitteln dämmen die Ausbreitung der Krankheit ein. (In der Bundesrepublik Deutschland sind keine Kupferspritzmittel für Gurken ausgewiesen.)

Karotte, Möhre (Doldenblütler)

Karotten stellen keine besonderen Ansprüche an das Klima. Sie bevorzugen tiefgründige, humusreiche, leichte bis mittelschwere Böden mit durchlässigem Untergrund. Die Böden sollten zur Saat gut gelockert und abgesetzt sein. Genügend Feuchtigkeit während des Auflaufens ist wichtig. Zur Düngung darf kein unverrottetes Material verwendet werden, eine mäßige Gabe Reifkompost oder eine frühzeitig eingearbeitete Gründüngung genügt.

Möhrenfliege *(Psila rosae)*

Rüeblifliege
Sie ist 4 bis 5 mm lang und glänzendschwarz. Der Kopf ist bräunlich, die Beine sind rötlichgelb und die Flügel glashell. Die Eier sind 0,5 mm groß und weiß. Die gelblichen Maden werden bis 7 mm groß. Die erste Generation fliegt von Ende April bis Juli, eine zweite ab August. Diese zweite Generation verursacht

Schadbilder an Karotte, Möhre	Schädling oder Krankheit	Seite
Blätter		
Erst braune, dann schwarze Blätter	Möhrenschwärze, Schwarzfäule	88
Wurzeln		
Platzen der Karotten	Meist als Folge starker Niederschläge nach trockener Witterung	54
Fraßgänge	Drahtwürmer	59
Maden minieren Gänge, Kot	Made der Möhrenfliege	86
Gepuderte, helle Läuse am Wurzelhals	Wurzelläuse	73
Kleine schwarze Flecken	Möhrenschwärze, Schwarzfäule	88
Wachstumsstörungen mit Verkrümmungen und vielen Faserwurzeln	Nematoden (selten)	65*
Vielbeinige Karotten	Verdichteter Boden, Stallmist-Düngung vor der Aussaat	
Lagerfäulnis	Verschiedene Pilzarten (wie Möhrenschwärze, Grauschimmel, Sclerotinia)	75, 109

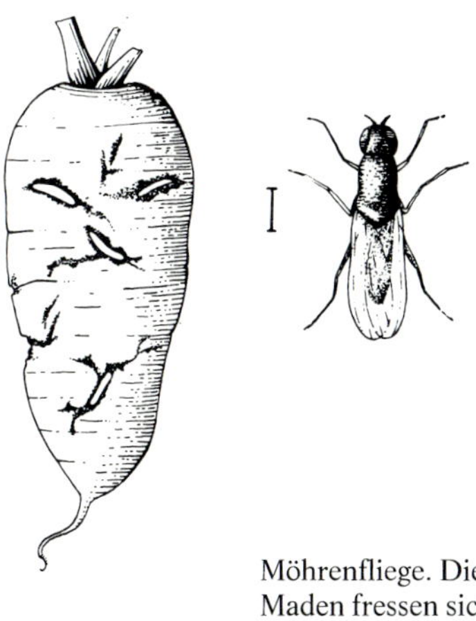

Möhrenfliege. Die Maden fressen sich in die Karotten ein

die größeren Schäden. Saaten zwischen Mitte Juni und Mitte Juli sind am meisten gefährdet. Die Fliege hält sich tagsüber häufig in benachbarten höheren Pflanzenbeständen auf, von wo aus sie die Karotten abends anfliegt. Sie legt die Eier oberflächlich in den Boden, wo sich die Maden entwickeln. Diese verpuppen sich im Boden in hellbraunen Tönnchen. Sie überwintern als Puppe oder Made. Offene, windige Lagen werden von der Fliege gemieden, heißes und trockenes Wetter hemmt die Entwicklung der Junglarven.

Vorkommen: An Karotte (Möhre), an Seitenwurzeln von Sellerie, seltener an Petersilie, Pastinake, Dill, Kümmel und Kerbel.

Schadbild: Die Maden folgen zuerst den feinen Seitenwurzeln und minieren dann die Hauptwurzeln. Die Gänge sind mit Kot gefüllt und rostbraun gefärbt (Eisenmadigkeit).

Die Möhren bekommen einen schlechten Geschmack und stinken. Das Kraut verfärbt sich gelb-rötlich und stirbt ab. Petersilie wird gelb. Hauptfraß im August.

Abwehr

Vorbeugend:

- Auf befallenen Flächen 3 Jahre lang keine Karotten anbauen.
- Weite Fruchtfolge. Karotten nach Lauch oder Zwiebeln säen.
- Frühe Saat (März bis April).
- Ausreichend weit säen, damit wenig vereinzelt werden muß. Salatsamen beimischen, Salat später entfernen. Wenig hacken.
- Offene windige Lage wählen.
- Während der Flugzeit mit Schlitz- oder Vliesfolie oder Insektennetz abdecken.
- Keine frischen, treibenden, stinkenden Dünger verwenden.
- Ab Saat mit stark duftendem Kräutertee, vor allem Rainfarn, aber auch mit Zwiebel-Knoblauchwasser wiederholt überbrausen.
- Mischkulturen mit Schnittlauch, Schalotten, Knoblauch, Lauch oder Zwiebeln. Diese wirken bei starkem Befallsdruck nur ungenügend.
- Rainfarn, Farnkraut, Dill, Lavendel oder Ruß zwischen Saatrillen ausbringen.
- Beim ersten Auftreten von Maden die Karotten ernten.

Der Falterflug läßt sich mit beleimten, gelben Tafeln feststellen.

Möhrenschwärze, Schwarzfäule

(Alternaria dauci, A. radicina, A. brassicae)

Verschiedene Pilzarten rufen die Krankheit hervor.

Der Erreger der Schwarzfäule verursacht diese Lagerkrankheit.

Die Pilze entwickeln sich besonders bei feuchtem Wetter. Sie können mit abgestorbenen Pflanzenteilen in den Boden gelangen und dort 6 bis 7 Jahre überdauern. Die Pilzsporen können auch am Laub überwintern oder durch das Saatgut verbreitet werden. Früher Befall führt zu großen Ausfällen. Die Saaten laufen schlecht auf.

Vorkommen: An Karotte (Möhre), Sellerie, Petersilie, seltener an Kohlgewächsen und Tomate.

Schadbild: Das Laub wird braun, dann schwarz, und es verdorrt oder verfault je nach Witterung. Keimlinge gehen ein. An den Karotten zeigen sich oberflächliche schwarze Flecken. Diese Pilzarten verursachen auch Lagerfäulnis.

Abwehr

Vorbeugend:

- Fruchtwechsel. Nur alle 4 Jahre am selben Ort aussäen.
- Nicht mit frischem Mist düngen.
- Nicht zu dicht säen.
- Sortenwahl.
- Zur Verhinderung von Lagerfäulnis möglichst ausgereifte, vorsichtig geerntete, ungewaschene Karotten lagern und die Lagerbehälter desinfizieren.

Direkt:

- Nur bei starker Befallsgefahr: Beim ersten Auftreten ein Kupfermittel spritzen. (Kupferspritzmittel sind in der BRD nicht für Möhren ausgewiesen.)

Kartoffel (Nachtschattengewächse)

Kartoffeln lieben ein ausgeglichenes Klima ohne zu lange Nässe- oder Trockenperioden (besonders während Blüte und Knollenbildung).

Sie brauchen leicht erwärmbare, gut durchlüftete Böden, die leicht sauer bis leicht alkalisch sein können. Für eine hohe Düngergabe mit leicht verrottetem Kompost sind sie dankbar (Farbbild Seite 51).

Schadbilder an Kartoffel	Schädling oder Krankheit	Seite
Blätter, Stengel, Triebe		
Fraßlöcher bis Kahlfraß	Käfer und Larven des Kartoffelkäfers	90
Fraß mit Schleimspuren	Schnecken	67
Grüne Läuse (Virusüberträger)	Grüne Pfirsichblattlaus	152
Braunfleckig, vertrocknet, auf der Blattunterseite weißer Pilzrasen	Kraut- und Knollenfäule	92
Weißer Pilzbelag, braune vertiefte Flecken am Stengel, allmähliches Vertrocknen	Wurzeltöterkrankheit	93
Dunkel gescheckte Flecken an den Blättern	Mosaikkrankheit (Virus)	76
Eingerollte, hell verfärbte Blätter, gehemmtes Wachstum	Blattrollkrankheit (Virus)	76
Knollen		
Angefressen	Engerlinge, Mäuse	61, 71
Fraßgänge	Drahtwürmer	59
Fraß mit Schleimspuren	Schnecken	67
Braungraue Flecken, Fleisch braunrot	Kraut- und Knollenfäule	92
Pocken, schwarzbraune Krusten, Löcher mit vertrockneten Pfropfen	Wurzeltöterkrankheit	93
Braune, rissige Flecken	Kartoffelschorf	91

Kartoffelkäfer fressen ab Mai an den Pflanzen. Die Jungkäfer überwintern im Boden.

Kartoffelkäfer *(Leptinotarsa decemlineata)*

Koloradokäfer
Der Käfer ist 10 bis 11 mm groß, oval, gewölbt und gelbglänzend mit schwarzen Flekken. Pro Flügel hat er 5 schwarze Längsstreifen. Bei den Larven sind Kopf, Beine und Warzen schwarz, der Körper rotgelb. Die Larven sind bis 15 mm groß. Die Eier sind lang-oval, gelblich und leicht zu verwechseln mit den Marienkäfereiern.

Die Käfer überwintern etwa 25 bis 50 cm tief im Boden. Sie erscheinen bei 14 bis 15 °C und treiben 1 bis 2 Wochen Reifungsfraß an jungen Blättern. Sie legen etwa 1,5 mm lange Eier paketweise an die Blattunterseiten der Kartoffeln, unter Umständen auch an Tomaten und anderen Nachtschattengewächsen wie Bilsenkraut und Tollkirsche. Hier entwickeln sich die Larven, die sich vom Kartoffelkraut ernähren. Sie verpuppen sich 5 bis 20 cm tief in der Erde, wo nach 1 bis 2 Wochen der Käfer schlüpft. Die Gesamtentwicklung dauert 1 bis 2 Monate. Viele Jungkäfer wandern schon im August in die Erde zur Überwinterung. Spätschlüpfende Jungkäfer fressen sich in Kartoffeln ein und werden so verschleppt. Die Verbreitung der ursprünglich aus Amerika stammenden Tiere erfolgt auch durch Flug an warmen Tagen. Sie verursachen großen Schaden, da der Knollenertrag bei starkem Blätterfraß sehr zurückgeht.

Vergleichende Versuche ergaben einen geringeren Kartoffelkäferbefall bei Düngung mit angerottetem Mist und Kompost als bei leichtlöslicher Mineraldüngung.

Vorkommen: Hauptwirt: Kartoffel. Nebenwirt: Tomate, Bilsenkraut, Tollkirsche.

Schadbild: Nach dem Überwintern fressen die Käfer und später ihre Larven zuerst Löcher in die Blätter und vertilgen dann vom Rande her alles bis zum Stengel. Die Jungkäfer fressen an Kartoffeln.

Abwehr

Vorbeugend:

- Düngen mit angerottetem Mist oder Kompost. Steinmehl oder Algenmehl je nach Boden einarbeiten.
- Natürliche Feinde sind Vögel (Star, Amsel, Fasan), Kleinsäuger, Kröten, Eidechsen und Raubwanzen.
- Sauber abernten; Stauden und Knollenreste vernichten.
- Zur Wachstumsförderung Brennesseljauche oder Algenextrakte spritzen, Überstäuben der Blätter mit Gesteinsmehl, um den Kieselgehalt des Krautes zu erhöhen.

Direkt:

- Frühzeitiges Ablesen der Larven und Käfer von Hand.
- Larven und Käfer einsammeln, veraschen oder verjauchen und ausbringen (siehe Kapitel 5.3).
- Larven mehrmals mit Algen- oder Gesteinsmehl bestäuben (vor allem blattunterseits!).
- Kupferhaltige Pilzbekämpfungsmittel zeigen eine abwehrende Wirkung auf Kartoffelkäfer.
- Bei starkem Auftreten Larven und Käfer mit Rotenon-Pyrethrum-Mittel in doppelt so hoher Konzentration wie gegen Blattläuse stäuben oder spritzen. Die Wirkung ist nur gegen Junglarven ausreichend. Eine Nachbehandlung wird nach 1 bis 2 Tagen meist erforderlich. Um einer Resistenz vorzubeugen, empfiehlt es sich, dafür ein anders zusammengesetztes Rotenon-Pyrethrum-Mittel zu wählen. Die Pflanzen sollten abends mit feiner Düse gründlich benetzt werden.
- Zur biologischen Abwehr sind Versuche im Gange mit dem Pilz *Beauveria bassiana* und einem Bakterienpräparat. Beide Verfahren versprechen Erfolg.

Kartoffelschorf *(Streptomyces scabies)*

Der Erreger, ein Pilz, ist in den meisten Böden vorhanden, er entwickelt sich aber besonders in sandigen, zu stark gekalkten Böden in trokkenen Jahren.

Vorkommen: An Kartoffel.

Schadbild: Braune, rissige Flecken, flach, gewölbt oder kraterförmig. Kartoffel weniger haltbar, beim Schälen gibt es viel Abfall.

Abwehr

Vorbeugend:

- Weniger anfällig sind ‘Sirtema’, ‘Prima’, ‘Palma’ u. a. Gesundes Saatgut verwenden.
- Kalkdüngung vor dem Legen der Kartoffeln unterlassen.
- Vorhergehende Gründüngung, besonders Wicke, Lupine, Roggen und Senf, wirkt schorfhemmend.

- Bei Trockenheit zu Beginn der Knollenentwicklung wässern.
- Für gute Humusversorgung sorgen.
- Einen Fruchtwechsel von mindestens 4 Jahren einhalten.
- Siliziumreiches, manganhaltiges Steinmehl verwenden.

Kraut- und Knollenfäule

(Phytophthora infestans)

Der Pilz überwintert auf krankem Saatgut oder letztjährigen Pflanzen im Freien. Von dort kommt es zum Befall der jungen Triebe und Früchte. Die Infektion erfolgt durch Spaltöffnungen oder direkt durch die Oberhaut. Die Knollen werden durch Wasser (Regen), das über die kranken Blätter in den Boden läuft, angesteckt. Bei feuchtwarmer Witterung kommt es zu sehr rascher Verbreitung, die von einzelnen Befallsherden ausgeht.

Vorkommen: An Nachtschattengewächsen: Kartoffel, Tomate, Peperoni, Aubergine (siehe auch Seite 115).

Schadbild: Braune, unregelmäßige Flecken auf Blättern und Stengeln. An der Blattunterseite ist meist ein weißlicher Pilzbelag sichtbar. Das Kraut stirbt ab. Auf Knollen entstehen eingesunkene, braungraue Flecken; das Fleisch darunter ist rostrot verfärbt (Fäulnis).

Bei Tomaten werden zuerst nur die Früchte und erst später die Blätter befallen. Es entstehen unregelmäßige, braungrüne bis schwarze Flecken, die Frucht bleibt hart und wird später runzelig.

Abwehr

Vorbeugend:

- Vermeidung anfälliger Sorten, wie 'Bintje'; wenig anfällig sind u. a. 'Désirée', 'Granola', 'Ostara', 'Sirtema'. Gesundes, vorgekeimtes Saatgut verwenden.
- Triebige Stickstoffdüngung vermeiden.
- Tomaten und Kartoffeln sowie Früh- und Spätkartoffeln möglichst weit auseinander anbauen.
- Die Pflanzreihen in der Hauptwindrichtung anlegen (um besseres Abtrocknen zu gewährleisten).
- Brennesselbrühe oder Algenextrakte zur Wachstumsförderung spritzen.
- Etwa viermal im Abstand von 1 Woche Algen- oder Gesteinsmehl stäuben, sobald sich die Reihen schließen.

Die Krautfäule befällt zuerst die Blätter (oben) und geht dann auf die Knollen (Knollenfäule, unten) über.

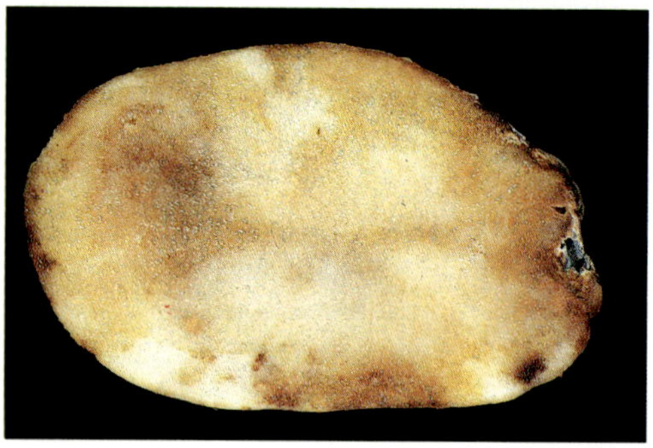

- Hanf als Zwischenpflanzung soll eine Abwehrwirkung haben.
- Sauber und nicht zu spät abernten. Pflanzenrückstände verbrennen.
- Kraut mit ersten Befallsherden ausreißen und vernichten.
- Keine zu hohe Luftfeuchtigkeit im Gewächshaus.
- Tomaten wöchentlich mit Magermilchwasser oder Knoblauch-Zwiebelschalen-Tee spritzen.
- Kartoffeln bei Befallsgefahr mit Knoblauch- oder Zwiebelschalentee oder Pflanzenpflegemittel mit Schwefelzusatz spritzen, sobald die Reihen sich zu schließen beginnen.

Direkt:
- Bei sehr großer Befallsgefahr, ungünstigen Sorten und Standorten Kupferoxychlorid (0,05 %) zusammen mit Brennesselbrühe oder Pflanzenpflegemittel mit Schwefelzusatz, zwei- bis dreimal im Abstand von etwa 8 bis 10 Tagen spritzen.

Wurzeltöterkrankheit

(Rhizoctonia solani)

Dry Cor, Kartoffelpocken
Die kleinen dunklen Pilzpusteln überwintern auf den Knollen. Im Frühjahr kommt es zum Befall der jungen Keime, Stolonen und Wurzeln.

Vorkommen: An Kartoffel.

Schadbild: Der Pilz tritt bereits an den Keimlingen im Boden auf. Es bilden sich dunkelbraune Flecken, die Triebspitzen oder auch die ganzen Triebe sterben ab; oft kommt es zu einer Verzweigung der Keimlinge. Die Stauden entwickeln sich schlecht. Nach dem Auflaufen sind die obersten Blätter stark eingerollt und hell. Der Stengel ist oft vermorscht und zeigt am Grunde braune Flecken, auch hier sieht man rotbraune Pilzfäden. Bei feuchter Witterung entsteht am Stengelgrund ein weißes Geflecht (Weißhosigkeit). An den Knollen bilden sich pockenartige, schwarzbraune Krusten. Die Schale darunter ist nicht beschädigt. Es kann auch zu ähnlichen Schadbildern kommen wie beim Drahtwurm. Die Löcher sind aber weniger tief und haben in der Mitte einen vertrockneten Pfropfen (Dry Cor).

Pockenartige Krusten oder Löcher mit einem vertrockneten Pfropfen (Dry Cor) sind typisch für die Wurzeltöterkrankheit.

Abwehr

Vorbeugend:
- Es gibt weniger anfällige Sorten.
- Strenge Saatgutkontrolle.
- Saatkartoffeln gut vorkeimen.
- Kräftiges und rasches Wachstum fördern.
- Nicht zu früh und nicht zu tief pflanzen, vor allem in schweren, nassen Böden.
- Weite Fruchtfolge von mindestens 3 Jahren einhalten.
- Knollen nicht zu lange im Boden lassen.
- Stäuben der Pflanzen mit Algenkalk oder Gesteinsmehl.
- Saatknollen in Lehmbrei tauchen (Saatbeize).

Kohlgewächse (Kreuzblütler)

Die in bezug auf das Klima anspruchslosen Kohlgewächse bevorzugen mittelschwere bis schwere, humusreiche, neutrale bis alkalische Böden, die gut mit Wasser versorgt sind.

Eine gute organische Düngung mit nicht zu stark verrottetem Kompost ist wichtig. Anspruchsvoll sind besonders Blumenkohl, Brokkoli, Rosenkohl und Rotkohl, die eine Ergänzungsdüngung mit einem schnellwirkenden organischen Dünger (beispielsweise Hühnermist) schätzen.

Ein häufiger Fruchtwechsel ist wichtig.

Schadbilder an Kohlgewächsen	Schädling oder Krankheit	Seite
Blätter, Stengel, Triebe		
Fraß mit Schleimspuren	Schnecken	67
Loch- und Skelettfraß, auch im Innern der Köpfe	Kohleulenraupe (Erdraupe)	60
Loch- und Skelettfraß, Verschmutzung mit Kot	Raupe von Kohlweißling	99
Fenster- und Lochfraß	Kohlerdflöhe	97
Vergilben der Blätter, Blattläuse	Mehlige Kohlblattlaus	95
Verdrehte Blätter, Herzlosigkeit	Kohldrehherzmücke	96
Saugschäden, kleine weiße Motten an der Blattunterseite	Weiße Fliege	71
Dunkle, eingeschnürte Stellen am Stielgrund, Absterben der Pflanze	Keimlingskrankheiten, Schwarzbeinigkeit	75
Große und kleine gelbe Flecken, schwarze Adern	Schwarzadrigkeit	102
Gelbe Flecken, Unterseite heller Pilzbelag	Falscher Mehltau	74
Erst gelbe, dann dunkle Flecke, Fäulnis	Kohlschwärze (Schwarzfäule)	88, 95*
Mosaikartige Flecken, schlechter Wuchs	Blumenkohl-Mosaikkrankheit (Virus)	76
Blumenkohl:		
Schlechte Kopfbildung, braune Flecken, Fäulnis, Querrisse im Strunk	Bormangel	50
Kohlrabi:		
Schorfige Stellen, Platzen, fader Geschmack	Bormangel	50
Wurzeln		
Weiße Maden fressen an Wurzeln	Maden der Kohlfliege	97
Gallen am Wurzelhals mit Maden	Kohlgallenrüßler	98
Wucherungen, Wurzeln fehlen	Kohlhernie	101

Die Kohl- oder Schwarzfäule tritt bei Chinakohl, Kopfkohl und Rosenkohl oft erst spät im Jahr auf.

Die Mehlige Kohlblattlaus bildet auf der Blattunterseite dichte Kolonien. Rechts im Bild ist ein weißes Schwebfliegenei zu erkennen.

Mehlige Kohlblattlaus

(Brevicoryne brassicae)

In warmen, trockenen Sommern kommt es zur Massenvermehrung dieser graugrünen, wie gepudert aussehenden Blattlausart, die ausschließlich auf Kreuzblütlern auftritt. Sie legt ihre schwarzen Eier im September an Kohlstrünke, Raps oder Kreuzblütler ab, wo sie auch überwintern. Die erste geflügelte Generation entwickelt sich Ende Mai und sorgt somit für die Ausbreitung auf andere Bestände. In milden Wintern können auch die Blattläuse, besonders auf Rapsfeldern, überleben, um sich im Frühling ungeschlechtlich weiter zu vermehren. Die Mehlige Kohlblattlaus erträgt Temperaturen bis −15 °C. Kaltes, nasses Wetter im Frühling behindert die Entwicklung. Da diese Blattlausart durch den mehligen Wachsbelag gut geschützt ist und durch das Ausscheiden von Speichelsekret Blattkräuselungen verursacht, müssen Abwehrmittel frühzeitig eingesetzt werden.

Vorkommen: An Kohlgewächsen wie Kopfkohl, Kohlrüben, Raps, Senf, Rettich, Radies sowie an wildwachsenden Kreuzblütlern und Zierpflanzen.

Schadbild: Dichte Kolonien mehliger Blattläuse; Blätter verfärben sich und rollen sich ein; die Herzbildung kann verhindert werden. Rußtaubildung, Virusübertragung.

Schadbild der Mehligen Kohlblattlaus

Abwehr

Siehe Blattläuse Kapitel 4.4.

Vorbeugend:

- Nützlinge durch Blütenpflanzen in unmittelbarer Nähe fördern: Schwebfliege, Florfliege, Gallmücke, Marienkäfer. Die Blattläuse werden auch von Parasiten und Krankheitserregern befallen.

Direkt:

- Mit warmer Schmierseifen- und Quassia-Lösung spritzen.
- Pyrethrum-Rotenon-Mittel einsetzen.

Kohldrehherzmücke *(Contarinia nasturtii)*

Die 2 mm große, hellbraune Mücke entwickelt sich nur bei ausreichender Bodenfeuchtigkeit. Es bilden sich 3 bis 5 Generationen, die sich überschneiden. Die ersten und schädlichsten Mücken treten ab Mitte Mai auf. Sie legen die Eier an die Stengelbasis oder in die Herzblätter. Die hellen Maden schlüpfen nach 4 bis 10 Tagen und schädigen an der Oberseite der Blattstiele, so daß hier das Gewebe nicht weiterwächst. Da aber das Gewebe auf der Blattstielunterseite wächst, kommt es zu der typischen Verdrehung.

Vorkommen: An Blumenkohl, Kohl, Chinakohl, Kohlrüben, Rosenkohl.

Schadbild: Stockendes Wachstum, verdrehte Blätter, Herzlosigkeit, Austreiben der Seitenknospen.

Abwehr

Vorbeugend:

- Fruchtwechsel einhalten.
- Während der Flugzeit Anzuchten mit Insektennetz schützen.

Direkt:

- Bei Befallsgefahr die Herzblätter von Setzlingen und Jungpflanzen zwei- bis dreimal mit einem Pyrethrum-Mittel behandeln.
- Über den Zeitpunkt der Bekämpfung geben regionale Pflanzenschutzstellen Auskunft.

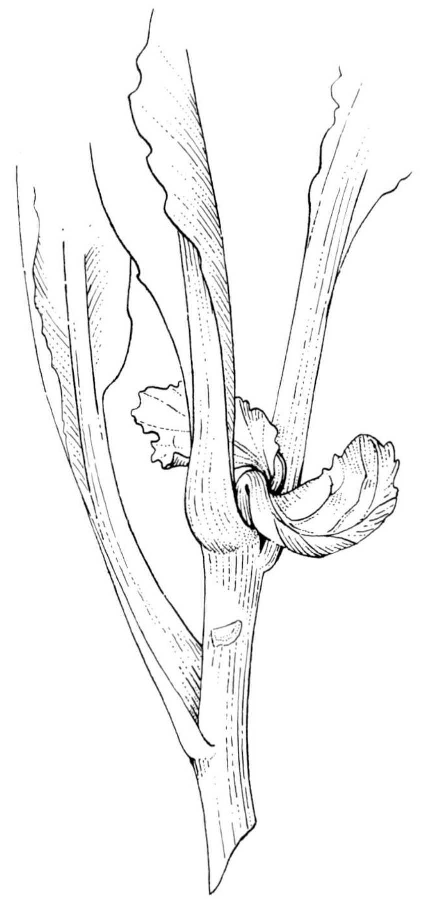

Die Kohldrehherzmücke verursacht die Herzlosigkeit bei Blumenkohl

Kohlerdflöhe (*Phyllotreta* spec.)

Diese Blattkäferarten sind 1,5 bis 3 mm groß und dunkelgrünblau oder schwarz glänzend, zum Teil haben sie gelbe Längsstreifen. Erdflöhe springen gut. Die Eier werden ab Mai in die Erde gelegt. Die Larven verpuppen sich bis 20 cm tief im Boden. Die Käfer überwintern unter Laub und im Boden. Sie treten im Frühjahr bei Temperaturen von 20 °C auf und fressen an Kreuzblütlern.

Wärme und Trockenheit fördern die Entwicklung.

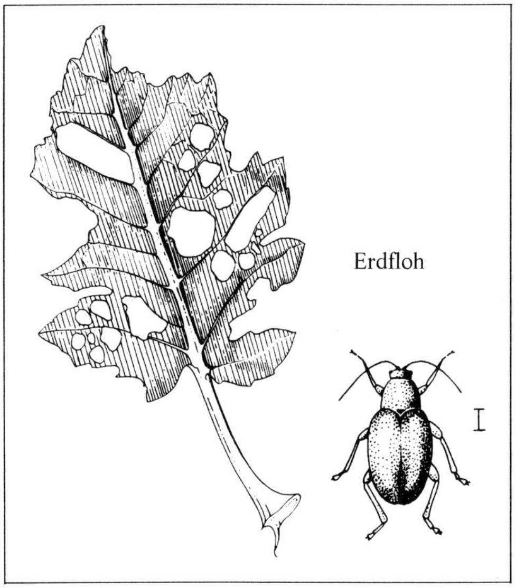

Vorkommen: An Kohlgewächsen, Rettich, Radies, Rüben, Raps. Im Frühjahr an wildwachsenden Kreuzblütlern.
Schadbild: Die Erdflöhe fressen Löcher in die Blätter; im Frühjahr befallen sie Samen und Keimblätter.

Abwehr
Vorbeugend:
- Früh säen und pflanzen in lockerem, feuchtem Boden.
- Ständiges Feuchthalten durch Bodenbedeckung.
- Mischkultur mit Schnittsalat, Kopfsalat und Spinat.
- Taunasse Pflanzen mit Algenkalk oder Gesteinsmehl bestäuben.

Direkt:
- Starke Wermut- oder Rainfarnbrühe zweimal pro Woche über Pflanzen spritzen.
- Bei starkem Befall ein Rotenon- oder Pyrethrum-Mittel spritzen oder gemischt mit Algenkalk stäuben.

Kleine und Große Kohlfliege
(Delia radicum syn. *Hylemia brassicae* und *D. floralis* syn. *H. floralis)*

Es gibt zwei Kohlfliegenarten, welche die Kohlgewächse gefährden können. Beide Arten sehen aus wie Stubenfliegen. Gefährlich kann vor allem die 8 bis 12 mm lange, graue Kleine Kohlfliege werden. Ihre Eier sind 1 mm groß und weiß. Die Made ist 8 mm lang. Die Fliege legt die Eier Ende April bis Anfang Mai beim Wurzelhals der Pflanzen in den Boden. Es sind zwei bis drei Generationen möglich. Der Hauptschaden an Kohlgewächsen wird durch die Maden der ersten Generation verursacht. Die Maden schlüpfen nach einer Woche und fressen 2 bis 3 Wochen lang an den Wurzeln. Die Puppen der letzten Generation überwintern im Boden in 6 mm langen, glänzendbraunen Tönnchen. Am stärksten befallen werden diejenigen Pflanzen, die im April–Mai gesetzt werden.

Befallen werden besonders Blumenkohl und Sommerkohlarten. Die dritte Generation (Ende August–September) legt ihre Eier auch an die untersten Röschen des Rosenkohls ab. Dort entsteht Schaden durch Madenfraß.

Die Große Kohlfliege (Rettichfliege) tritt nur in einer Generation (Mitte Juli bis Mitte September) auf und schädigt hauptsächlich Rettich und Radies.

Vorkommen: An Kohlgewächsen, Raps, Rettich, Kohlrübe, Senf und wildwachsenden Kreuzblütlern.

Schadbild: Die Maden zerfressen die Wurzeln und den Stengelhals der Jungpflanzen. Die Blätter verfärben sich bleigrau. Bei starkem Fraß sterben die Pflanzen ab.

Maden der Kohlfliege

Abwehr

Vorbeugend:

- Die natürlichen Feinde sind Laufkäfer, Kurzflügler, Ei- und Puppenräuber. Gallwespen parasitieren die jungen Maden. Es entwickeln sich nur wenige Prozent der abgelegten Eier.
- Setzlinge frühzeitig oder spät, das heißt nicht während der Flugzeit der Kohlfliege, pflanzen.
- Setzlinge tief setzen und gut anhäufeln.
- Jungpflanzen mit Kräuterjauche angießen, mit Algenkalk oder Gesteinsmehl bestäuben.
- Bei Trockenheit die Beete beregnen.
- Bodenbedeckung mit stark riechenden Kräutern.
- Zwischen Setzlinge Ruß oder Holzasche streuen.
- Keine alten Kohlstrünke stehen lassen.
- Keinen frischen Mist verwenden (Geruch lockt Fliege an).
- Mischkultur mit Tomaten.
- Anzuchtkasten besonders im Mai, zur Zeit der Roßkastanienblüte, mit Insektennetz schützen.
- Klee- oder Spörgeleinsaat zur Bodenbedekkung vermindert die Eiablage und fördert die räuberischen Laufkäfer.
- Boden um die Pflanze herum mit Kunststoff- oder Kartonkragen abdecken.

Direkt:

- Befallene Pflanzen samt umgebender Erde entfernen und verbrennen.
- Spritzen des Wurzelhalses während der Eiablage mit Schmierseifenwasser.

Kohlgallenrüßler

(Ceuthorrhynchus pleurostigma)

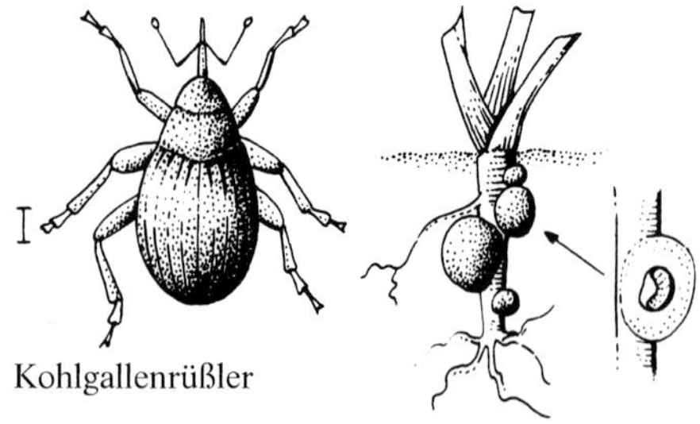

Kohlgallenrüßler

Die runden Gallen des Kohlgallenrüßlers unterscheiden sich deutlich von Kohlhernieschäden. Die Larve verläßt nach ihrem Reifungsfraß die Galle durch ein Bohrloch.

Dieser Käfer ist 2 bis 3 mm groß und schwärzlich. Die Eier werden von April bis Juni und im August–September in die am Kohl in den untersten Stengelteil gefressenen Vertiefungen gelegt. Um die Eier entsteht eine erbsen- bis haselnußgroße Galle, von deren Gewebe die Larven leben. Oft sind es mehrere Gallen pro Pflanze.

Die Larve frißt ein Loch in die Galle, um diese zu verlassen. Die Made der ersten Generation verläßt die Galle nach einem Monat, aber die der zweiten Generation oft erst im Frühling. Sie verpuppt sich 5 bis 10 cm tief im Boden.

Vorkommen: An Kohlgewächsen, Raps, Rüben und Radies.

Schadbild: Die Gallen sind von denjenigen der Kohlhernie (siehe Seite 101) leicht zu unterscheiden, da sich Larven in ihnen befinden.

Der Schaden ist meist gering und verlangt selten eine direkte Abwehr.

Abwehr

Vorbeugend:

- Keine befallenen Setzlinge setzen.
- Setzlinge tief setzen und gut anhäufeln.
- Freiliegende Felder bevorzugen.
- Befallene Pflanzen und abgeerntete Kohlstrünke rasch entfernen und verbrennen.
- Algenkalk an den Wurzelhals stäuben.
- Bodenbedeckung mit stark riechenden Kräutern.
- Mit Rainfarntee und Brennesselbrühe die Jungpflanzen spritzen.

Direkt:

- Vereinzelt vorkommende Gallen mit Fingernagel auskneifen.
- Bei starker Befallsgefahr Kohlanzucht ab Mitte April alle 10 bis 14 Tage mit einem Rotenon- oder Pyrethrum-Mittel spritzen.

Großer Kohlweißling *(Pieris brassicae)*

Rübenweißling

Dieser bekannte Falter hat eine Spannweite von 40 bis 60 mm. Seine Flügel sind milchigweiß mit schwarzen Flecken. Die Raupe ist 45 mm lang, bläulich-grün oder grünlichgelb. Sie hat seitlich gelbe Längsstreifen und kleine schwarze Punkte. Kopf und Borsten sind schwarz. Die Puppe ist grünlich oder gelb. Die Eier sind goldgelb. Der Falter fliegt von April bis Juni und von Mitte Juli bis Ende August, in einem warmen Herbst noch von September bis Oktober. Er legt die Eier in Häufchen auf die Blätter. Die Raupen leben in Kolonien, dann wandern sie zur Verpuppung oft weit vom Fraßort weg, an Hauswände, Dachböden oder Zäune. Kohlweißlinge führen, besonders im Sommer, weite Wanderflüge durch.

Oben: Die Kohlweißlingsraupe frißt auch an den Blättern und Blüten der Kapuzinerkresse.
Unten: Kohlweißling. Seine Larven werden erst im Sommer schädlich.

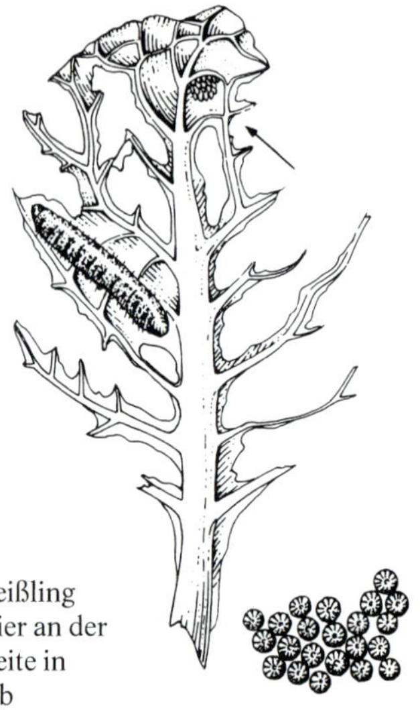

Der Kohlweißling legt seine Eier an der Blattunterseite in Häufchen ab

Vorkommen: Die erste Generation tritt im Frühling an wild blühenden Kreuzblütlern, die zweite an Kohl, Raps, Meerrettich, Kresse, Rettich, Radies, Wild- und Zierpflanzen (Kreuzblütlern) auf. Nur die zweite Generation ist schädlich.

Schadbild: Die Raupen fressen an Blättern, lassen aber meistens die Blattrippen stehen. Verschmutzung mit Kot.

Abwehr

Vorbeugend:

- Die natürlichen Feinde sind vor allem Schlupfwespenarten, welche in den Raupen ihre Eier ablegen. Sie werden auch durch Vögel und Krankheiten vermindert.
- Mischkulturen mit Tomaten und Sellerie.
- Rainfarn-, Wermut- oder Eisenkrauttee *(Verbena officinalis)* oder Tomatenblätterauszug während der Flugzeit zur Geruchsüberdeckung öfters spritzen.
- Algenkalk stäuben.
- Randpflanzung mit Hanf.
- Klee-Einsaaten.
- Boden gut abdecken mit jungen Ligustertrieben.
- Brennesseljauche zieht den Kohlweißling an.

Direkt:

- Die Eier, Puppen und Jungraupen einsammeln.
- Bakterienpräparat *Bacillus thuringiensis* spritzen (im Jungraupenstadium).
- Bei starkem Befall ein Rotenon-Pyrethrum-Mittel gegen junge Raupen abends einsetzen.

Wucherungen und schlechte Wurzelbildung sind Anzeichen für einen Befall mit Kohlhernie.

Kohlhernie *(Plasmodiophora brassicae)*

Kropf- oder Fingerkrankheit
Dieser Schleimpilz lebt im Boden und dringt in die Wurzeln ein. Er verursacht krebsartige Gebilde. Diese sind erst hell, dann dunkel und verfaulen später. So gelangen die Sporen wieder in den Boden. Sie sind sehr widerstandsfähig und bleiben jahrelang erhalten. Sie können durch Regenwürmer verbreitet werden. Das Auftreten der Krankheit wird durch Nässe, kalkarme, mit Jauche oder Frischmist überdüngte Erde, Frühbeete, verdichteten Boden, Monokulturen und zu dichte Fruchtfolge der verschiedenen Kreuzblütler-Arten begünstigt. Die Pilzsporen können 10 Jahre oder noch länger im Boden überdauern. Die Befallsgefahr ist im Sommer bei hohen Temperaturen größer als im Frühling. Auch Unkräuter (Kreuzblütler wie Senf, Hederich u. a.) können Kohlhernie übertragen. Werden befallene Pflanzen verfüttert, so werden die Sporen mit dem Mist wieder verbreitet, da sie den Verdauungsprozeß überleben.

Vorkommen: An Kohlgewächsen, Radies, Rettich, Rüben, Raps, Senf, Levkoje und Goldlack sowie an verschiedenen wildwachsenden Kreuzblütlern.

Schadbild: Wucherungen. Wurzeln fehlen.

Abwehr

Vorbeugend:
- Boden gut durchlüften.
- Keine kranken Setzlinge verpflanzen. Setzlinge nur in gesunder Erde anziehen.
- Nach Befall mehrjährige Fruchtfolge (unter Umständen bei starkem Befall mehr als 7 Jahre) ohne Kreuzblütler einschalten.
- Boden 10 bis 14 Tage vor dem Anpflanzen gut kalken, zum Beispiel mit Algenkalk; dies hemmt die Keimung von Dauersporen (20 kg/100 m^2 gelöschten Kalk bei pH-Wert unter 7).
- Gründüngung (beispielsweise Wickhafer = Hafer-Wicken-Gemenge), aber kein Senf oder Ölrettich als Vorkultur.
- Vorkultur mit Zwiebelgewächsen.
- Setzlinge in Wurzelbad aus Schachtelhalmbrühe und Lehm oder Pflanzenpflegemittel und Lehm tauchen.
- Das Wachstum der Jungpflanzen mit Kräuterjauche fördern.
- Schachtelhalmbrühe oder Pflanzenpflegemittel über Boden und Jungpflanzen spritzen.

Direkt:
- Kranke Pflanzen entfernen und verbrennen.
- Frühbeeterde auswechseln.

Schwarzadrigkeit
(Xanthomonas campestris)

Adernschwärze
Die Schwarzadrigkeit ist eine Bakterienkrankheit.
Vorkommen: An allen Kohlgewächsen und kultivierten oder wildwachsenden Kreuzblütlern.
Schadbild: An den Blättern treten große und kleine gelbe Flecken auf, in denen die Adern schwarz gefärbt sind. Die Flecken wirken pergamentartig. Bei starker Erkrankung werden die Blätter abgestoßen, junge Pflanzen gehen ein. Auch in Stielen und Stengeln sind die Gefäße gebräunt. Bei eingewinterten Pflanzen greift die Krankheit auf innere Blätter über. Die Verbreitung erfolgt durch die Bodenbearbeitung, über Insekten oder Schnecken, oder wenn die Setzlinge vor dem Setzen in Wasser getaucht werden, das durch kranke Pflanzen infiziert wurde. Die Bakterien überdauern 2 bis 3 Jahre im Boden oder an Pflanzenresten. Von dort aus gelangen sie durch infizierte Jungpflanzen in das Saatgut. Feuchtwarmes Wetter begünstigt die Entwicklung.
Abwehr
Vorbeugend:
- Von kranken Pflanzen keinen Samen gewinnen.
- Nur gesunde Setzlinge verwenden.
- Einwandfreie Anzuchterde.
- Fruchtfolge (mit Kreuzblütlern während 3 Jahren aussetzen).

Direkt:
- Alle kranken Teile entfernen und verbrennen.
- Saatgut-Hitzebehandlung (15 bis 30 Minuten in 50 °C heißem Wasser).

Oben: Falscher Mehltau an Zwiebel oder Lauch verursacht Flecken und grauen Pilzrasen.
Unten: Thripsbefall an Lauch oder Zwiebel zeigt sich erst durch viele silbrige, in länglicher Richtung angeordnete Tüpfel. Das Gewebe stirbt langsam ab.

Lauch, Zwiebel, Knoblauch, Schnittlauch (Liliengewächse)

Die Zwiebelgewächse benötigen milde, gut besonnte Lagen. Gut erwärmbare, humusreiche, lehmhaltige Böden sind günstig.

Die Düngung bei Zwiebeln hat zurückhaltend und mit einer niedrigen Gabe reifen Komposts zu erfolgen. Lauch hingegen stellt höhere Ansprüche.

Schadbilder an Lauch, Zwiebel, Knoblauch, Schnittlauch	Schädling oder Krankheit	Seite
Blätter, Stengel		
Blätter miniert, Raupen in Gängen	Lauchmotte	103
Herzblätter zerfressen und welk	Maden der Zwiebelfliege	104
Graugrüne Flecken, grauer Pilzrasen	Falscher Mehltau	74, 102*
Viele silbrige, in Streifen angeordnete Tüpfel	Zwiebelblasenfuß (Thrips)	70, 102*
Orangefarbene, runde oder lange Flecken	Porreerost	105
Weiße Spitzen an Schnittlauch und Zwiebeln	Sonnenbrand	54
Zwiebel		
Weiße Maden, Fäulnis	Zwiebelfliege	104
Bei Lagerung Zwiebel oben weich, verfärbt sich im Innern, Fäulnis	Zwiebelhalsfäule	106

Lauchmotte *(Acrolepia assectella)*

Die Motte hat eine Spannweite von 16 bis 18 mm. Die Flügel sind bräunlich mit hellen Flecken. Die 13 mm große Raupe ist gelblichweiß oder grünlich, schwarz punktiert mit hellen Streifen. Der Kopf ist glänzend-ockerfarben. Die Motte fliegt das erste Mal im April–Mai. Die Eier werden meist abends an Blätter gelegt.

Die Raupe verpuppt sich in hellem, lockerem Gespinst. Eine zweite Generation fliegt im Juli bis August. Diese kann wesentliche Schäden verursachen. Die Raupen fressen bis in den Oktober. Die Motte überwintert als Falter. Die Lauchmotte ist stark an ihre Wirtspflanze gebunden.

Vorkommen: An Lauch, Zwiebel und Schnittlauch.

Schadbild: Zuerst schädigt die Raupe durch Schabefraß am obersten Teil der Blätter, die Spitzen vergilben. Später frißt sich die Raupe in das Herz der Pflanze ein.

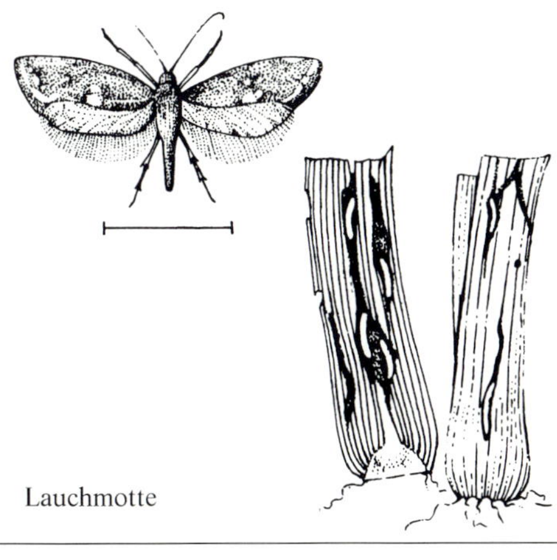

Lauchmotte

Abwehr

Vorbeugend:
- Luftige Lagen werden von der Motte gemieden.
- Karotten oder Sellerie zwischen Lauch setzen (Mischkultur wichtig).

- Mehrmals stark mit Schachtelhalmjauche gießen.
- Im Frühling oder im Herbst keinen Lauch und keine Zwiebeln pflanzen. Sofern diese Gemüse dann auch in der Nachbarschaft nicht gepflanzt werden, findet der Falter keinen Wirt für seine Weiterentwicklung.
- Um die Eiablage zu verhindern, Lauch und Zwiebeln in der Flugzeit mit einem Insektennetz abdecken. Es ist vorteilhaft, dieses über Drahtbögen zu spannen.

Direkt:
- Bei Befall die obersten Blätter sofort abschneiden.
- Kleine Larven in den Gängen mit der Hand zerdrücken.
- Heißwasser-Spritzungen von 40 bis 50 °C.
- Tee aus Rhabarberblättern oder Rainfarn, eventuell mit Schmierseifewasser, mehrmals auf die Raupen gießen.
- Bei sehr starkem Befall zweimal im Abstand einer Woche ein Pyrethrum- oder Rotenon-Mittel spritzen, bevor die Raupen sich in den Lauch einfressen. Auch das Bakterienpräparat *Bacillus thuringiensis* kann verwendet werden und zeigt guten Erfolg bei Jungraupen. Es muß deshalb frühzeitig eingesetzt werden. (*Bacillus thuringiensis*-Mittel sind in der BRD nur für Kohl ausgewiesen.)

Zwiebelfliege *(Delia* syn. *Hylemia antiqua)*

Die 6 bis 7 mm große, gelblich-graue Zwiebelfliege ähnelt der Stubenfliege. Die 1 mm großen Eier sind weiß. Die Made ist weißglänzend und 5 bis 8 mm lang. Die erste Generation fliegt ab Mitte April und im Mai. Für ihren Reifungsfraß fliegt sie Löwenzahn, Wiesenkerbel und andere Kräuter an. Das Weibchen legt die Eier vor allem in junge Lauch- oder Zwiebelpflänzchen oder in deren Nähe in den Boden ab. Trockenheit vernichtet einen großen Teil der Eier. Die Maden fressen sich in die Zwiebel ein und gehen von einer Pflanze auf die andere über. Sie verpuppen sich nach 3 Wochen Fraßzeit im Boden in 6 mm langen Tönnchen. Die zweite Generation frißt sich im Juli bis August vom Boden her in die Zwiebel ein. Diese und eine eventuelle dritte Generation richten nicht viel Schaden an. Die Fliege überwintert als Puppe im Boden.

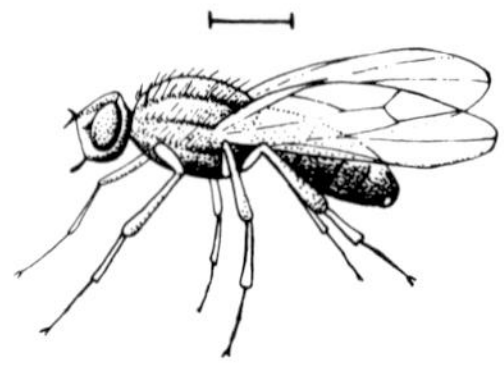

Zwiebelfliege

Vorkommen: An Zwiebel, Schalotte, Lauch und Knoblauch, Reifungsfraß an Löwenzahn, Wiesenkerbel und anderen Kräutern.

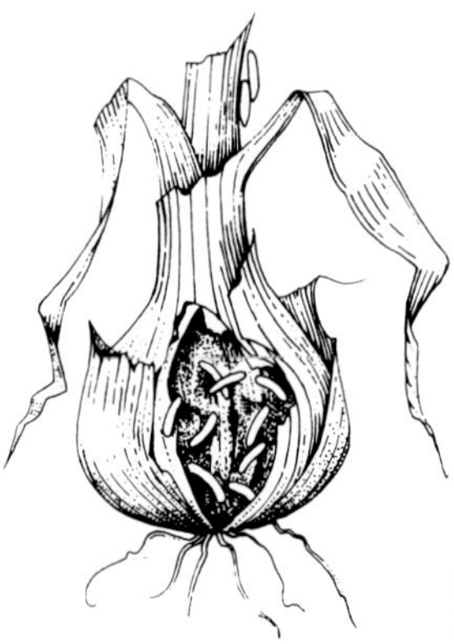

Maden der Zwiebelfliege

Schadbild: Nach dem Auflaufen welken die kleinen Pflanzen schnell. Das Laub wird gelblichgrau und stirbt ab. Es läßt sich leicht aus dem Boden ziehen. Die Maden fressen sich auch in die Zwiebeln ein.

Abwehr

Vorbeugend:

- Fruchtwechsel einhalten.
- Keinen frischen Mist oder frische Jauche verwenden.
- Spät säen oder setzen.
- Mischkultur mit Karotten.
- Steckzwiebeln mit Algenkalk oder Gesteinsmehl bestäuben.
- Die Pflanzen während der Flugzeit zweimal pro Woche mit stark duftendem Kräutertee überbrausen.
- Während der Flugzeit mit Insektennetz überdecken.

Direkt:

- Alle befallenen Pflanzen sofort entfernen und verbrennen.

Porreerost *(Puccinia allii)*

In manchen Gegenden tritt dieser Lauchrost im August–September regelmäßig auf. Befallene Pflanzen sterben nicht ab. Im Herbst, wenn es kälter wird, entwickeln sich wieder gesunde Blätter. Der Pilz überwintert auf den Pflanzen.

Vorkommen: Hauptsächlich an Lauch und Schnittlauch, aber auch an anderen kultivierten und wildwachsenden Zwiebelgewächsen.

Schadbild: Es bilden sich viele bis zu 5 mm große, lange oder runde Flecken. Sie sind kräftig orangefarben. Die Blattoberhaut ist aufgerissen. Die Pflanze verfärbt sich hellgrün.

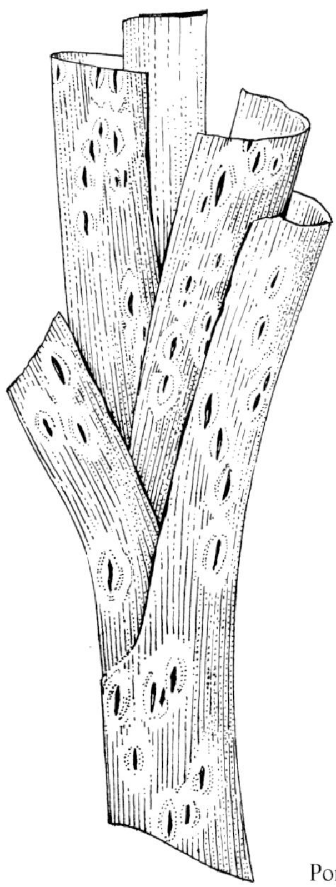

Porreerost

Abwehr

Vorbeugend:

- Sortenwahl. Anfällige Sorten sind 'Alaska', 'Batina', 'Catalina'.
- Im Frühling vor Neupflanzungen die befallenen Pflanzen entfernen.
- Nicht zu dicht pflanzen, keine triebige Düngung.

Direkt:

- Es ist keine direkte Abwehr bekannt.

Zwiebelhalsfäule

(Botrytis aclada und *B. cinerea)*

Die Halsfäule an Zwiebeln zeigt sich erst bei der Lagerung. Der Pilz dringt meistens im Spätsommer bei feuchter, warmer Witterung über das absterbende Laub in die Zwiebel ein. Aber auch über mechanische Verletzungen kann es zur Infektion kommen. Der Pilz ist ein Schwächeparasit. Die Infektion kann aber auch über den Samen erfolgen, sie zeigt sich aber erst gegen Ende des Wachstums oder beim Lagern.

Vorkommen: An Zwiebel.

Schadbild: Die Zwiebel wird im oberen Teil weich und verfärbt sich im Innern. Später bildet sich ein graues Pilzgeflecht mit schwarzen Punkten. Zum Schluß schrumpfen die Zwiebeln ein oder verfaulen zu einem stinkenden Brei.

Abwehr

Vorbeugend:

- Die alte Regel, daß Zwiebeln keinen Augustregen erhalten sollten, gilt. Deshalb nicht zu spät säen oder setzen.
- Triebige, späte Stickstoffdüngung verhindert das rasche Abreifen der Zwiebelröhren.
- Mechanische Verletzungen bei der Ernte vermeiden.
- Schnelle und gründliche Trocknung nach der Ernte.
- Trockener Lagerraum. Zwiebelabfälle vom Lagerort entfernen.
- Vorbeugend Schachtelhalmbrühe über Boden und Zwiebeln spritzen.

Direkt:

- Befallene Pflanzen sofort entfernen und vernichten.

Oben: Dieser Rettich ist von den Madengängen der Kohl- oder Rettichfliege durchzogen.
Unten: Der Kohlerdfloh frißt typische runde Löcher in die Blätter von Radies und Rettich.

Radies, Rettich (Kreuzblütler)

Die klimatisch anspruchslosen Radieschen und Rettiche verlangen einen humosen, gut gelockerten, nicht zu schweren Boden mit ausreichend Feuchtigkeit.

Als Dünger darf kein Frischmist verwendet werden, sondern nur gut verrottetes Material eignet sich.

Rettichschwärze *(Aphanomyces raphani)*

Der Pilz breitet sich durch Sporen im Boden aus. Er dringt durch die feinen Seitenwurzeln oder durch Risse in die Rettiche ein. Zuerst verfärbt sich die äußere Schicht blauschwarz, dann dringt die Verfärbung bis in das Zentrum des Rettichs vor.

Vorkommen: An Rettich und Radies. Die Rettichschwärze tritt besonders in alkalischen Böden auf.

Schadbild: Blauschwarze Verfärbung, ringförmige Befallsstellen, die einschrumpfen. Es bilden sich Längsrisse.

Abwehr

Vorbeugend:

- Nicht mit frischem Stallmist düngen.
- Die Sortenwahl ist wichtig. Besonders anfällig sind die weißen Rettichsorten.

Nach einem Befall durch den Erreger der Rettichschwärze ist ein Fruchtwechsel nötig.

- Fruchtwechsel, bei starker Verseuchung 3 Jahre aussetzen.
- Sauer wirkender Kompost, Laub- und Rindenabfälle einarbeiten, um den pH-Wert des Bodens zu senken.
- Befallene Pflanzen entfernen u. vernichten.

Schadbilder an Radies, Rettich	Schädling oder Krankheit	Seite
Blätter, Stengel		
Fraß mit Schleimspuren	Schnecken	67
Käfer fressen Keimblätter, Lochfraß in Blättern	Kohlerdflöhe	97, 106*
Fraßschäden, kugelige Gallen	Kohlgallenrüßler (selten)	98
Gelblich-bräunliche Flecken, weißlicher Pilzrasen	Falscher Mehltau (selten)	74
Gelbe Flecken, Adern schwarz	Schwarzfäule, Rettichschwärze	107
Wurzeln		
Unförmige Radieschen	Zu tiefe Saat	
Madengänge	Kohlfliege (Rettichfliege)	97, 106*
Wucherungen, Fäulnis	Kohlhernie	101
Blauschwarze Verfärbung, Risse	Rettichschwärze	107

Salat, Endivie (Korbblütler)

In bezug auf das Klima sind die Kopfsalat- und Endivien-Arten relativ anspruchslos.

Frühjahrkopfsalat bevorzugt sandige, leicht erwärmbare Böden; Sommerkopfsalat Böden mit gutem Wasserhaushalt.

Die Böden sollen biologisch sehr aktiv sein, damit die Salate zügig wachsen können. Für eine kleine Gabe Reifkompost ist Salat dankbar. Die Pflanzung sollte nicht zu tief erfolgen, sonst bildet sich leicht Fäulnis.

Blattläuse

Es treten verschiedene Blattlausarten auf. Die Abwehr muß erfolgen, bevor sich die Köpfe schließen (siehe Blattläuse Kapitel 4.4).

Die hellen Wurzelläuse verhindern ein gutes Wachstum.

Schadbilder an Salat, Endivie	Schädling oder Krankheit	Seite
Blätter, Triebe		
Triebspitzen verdorren, Blätter kräuseln, grüne oder blaß-rötliche Blattläuse	Blattläuse	55
Fraß mit Schleimspuren	Schnecken	67
Hauptwurzel der Keimlinge braunschwarz, Pflanzen welken	Keimlingskrankheiten, Schwarzbeinigkeit	75
Blattoberseits hellgelbe, braun vertrocknete Flecken, blattunterseits grauer Belag	Falscher Mehltau	74, 109*
Kopfbildung mangelhaft, Blätter schlaff und braun, am Wurzelhals weißer Pilzrasen, am Boden aufliegende Blätter verfaulen	Salatfäulen durch Grauschimmel, Schwarzfäule und Sclerotinia-Fäule	109
Blattrandschäden	Witterungsschwankungen, Nährstoffüberschuß	
Wurzeln		
Abgenagt	Drahtwürmer, Erdraupen, Engerlinge, Maulwurfsgrille, Mäuse	59, 60, 61, 62, 71, 109*
Gepuderte, helle Läuse	Wurzelläuse	73, 108*

Oben: Der Drahtwurm frißt sich gerne in den Wurzelhals von Salatköpfen ein.
Unten: In feuchten Jahren kann der Falsche Mehltau an Salat auftreten. Die Infektion erfolgt stets vom Boden her.

Sclerotinia-Fäule

(Sclerotinia sclerotiorum und *S. minor)*

Dieser Pilz verursacht zuerst ein Welken der Pflanze. Dann zeigt sich ein weißes Pilzgeflecht, später entwickeln sich schwarze Dauerkörper, sogenannte Sklerotien, die in feuchtem Boden bis zu etwa einem Jahr, bei trockenen Verhältnissen aber bis zu 7 Jahren am Leben bleiben.

Vorkommen: An Kopfsalat, Endivie, seltener an Sellerie, Karotte, Tomate und Gurke.
Schadbild: Die Blätter welken, beim Kopfsalat der ganze Kopf. Darauf fangen die Pflanzen zu faulen an. Bei Karotten bildet sich ein watteartiger Belag bei der Lagerung.
Abwehr
Vorbeugend:
- Fruchtwechsel, Wirtspflanzen beachten (zum Beispiel kein Salat nach stark befallenen Karotten). Günstige Zwischenkulturen sind Spinat, Zwiebel, Mais, Getreide und Graseinsaat.
- Kräftige Setzlinge hoch setzen und morgens wässern, damit der Boden rasch abtrocknet.
- Schachtelhalmbrühe spritzen.
- Schnelles Wachstum fördern.
- Saatbeeterde auswechseln.
- Steinmehl in Pflanzlöcher stäuben.

Direkt:
- Befallene Pflanzen entfernen und vernichten.

Sellerie (Doldenblütler)

Sellerie ist wärmebedürftig und frostempfindlich. Nach dem Aussetzen reagiert er auf Temperaturschwankungen empfindlich mit verzögerter Knollenbildung.

Er liebt schwere, nährstoffreiche, humose und leicht saure bis neutrale Böden mit guter Wasserversorgung.

Eine reichliche Düngung mit angerottetem Mist oder Kompost, eventuell angereichert mit kalireichen Ergänzungsdüngern, ist günstig (Farbbild Seite 51).

Die Pflanzung sollte nicht zu tief erfolgen, sonst bilden sich zu viele Wurzeln.

Ein Kennzeichen für den Bormangel an Sellerie sind die braunen Gewebepartien und die Hohlräume in den Knollen. Eine Rotverfärbung der jungen Blätter gibt aber bereits ein erstes Warnzeichen.

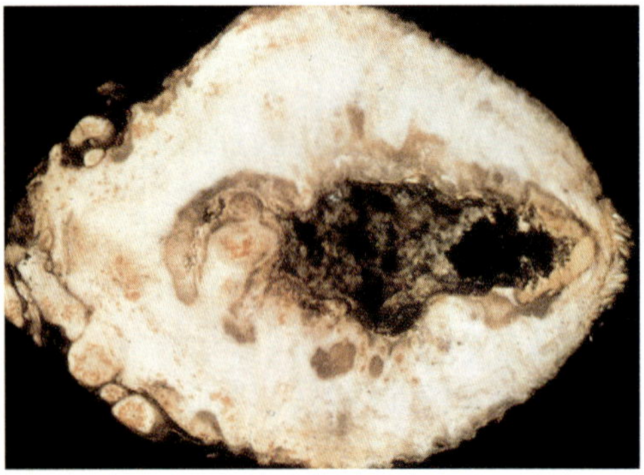

Die Blattfleckenkrankheit verursacht diese braunen Flecken mit schwarzen Punkten.

Blattfleckenkrankheit *(Septoria apii)*

Eine ähnliche Krankheit tritt auch an Tomaten auf *(Septoria lycopersici)*.

Der Pilz überwintert auf befallenen Pflanzenresten und Samen. Die Vermehrung und Übertragung erfolgt während der Vegetationszeit auf Blättern, Blüten, besonders aber über das Saatgut. Starke Feuchtigkeit begünstigt die Entwicklung des Pilzes.

Vorkommen: An Sellerie, Tomate.

Schadbild: Auf befallenen Pflanzen zeigen sich verschieden große, helle bis braune Flekken mit schwarzen Pünktchen. Das Gewebe trocknet ein. Der Sellerie bleibt klein.

Schadbilder an Sellerie	Schädling oder Krankheit	Seite
Blätter		
Helle bis braune Flecken, die faulen oder eintrocknen	Blattfleckenkrankheit	110
Knollen		
Madengänge	Möhrenfliege	86
Rötlich-braune Flecken, rauhe aufgeplatzte Haut	Sellerie-Schorf (selten)	111
Weißliches oder rosa Pilzgeflecht an Stengelbasis, Fäulnis am Lager	Sclerotinia (selten)	109
Braune, vermorschte Gewebepartien im Innern der Knolle, Knolle teilweise hohl	Bormangel (meist als Folge übermäßiger Kalk- und Kalidüngung)	50, 110*

Abwehr

Vorbeugend:

- Wenig anfällige Sorten wählen, zum Beispiel 'Apia'.
- Gesundes Saatgut verwenden.
- Heißwasserbeize des Samens (25 Minuten bei 50 °C).
- Weite Fruchtfolge einhalten.
- Mischkultur mit Lauch und Blumenkohl.
- Pflanzen nicht mit kaltem Wasser gießen.
- Tomaten wöchentlich mit Magermilch spritzen.
- Bei feuchtem Wetter an drei aufeinanderfolgenden Tagen Schachtelhalmbrühe oder Pflanzenpflegemittel auf Boden und Pflanze spritzen (periodisch wiederholen).
- Zwiebelschalenaufguß oder Spritzungen mit Baldrianblütenextrakt wirken vorbeugend.

Direkt:

- Kranke Pflanzen vernichten.
- Bei starkem Befall mit einem Kupfermittel mehrmals spritzen.

Sellerieschorf *(Phoma apiicola)*

Die Krankheit wird über das Saatgut und durch Ernterückstände übertragen.

Vorkommen: An Sellerie, seltener an Karotte, Petersilie, Fenchel, Pastinake.

Schadbild: An den Knollen entstehen vor allem bei anhaltender Bodenfeuchtigkeit erst graue, dann rötlich-braune Flecken. Die Haut wird rauh. Durch Risse dringen Fäulnispilze und Bakterien ins Innere. Die Knollen verfaulen im Boden oder beim Lagern. Der Schaden bleibt in der Regel niedrig.

Leicht zu verwechseln ist das Schadbild mit der Krankheit, die durch *Alternaria radicina* hervorgerufen wird. Hier handelt es sich um eine Trockenfäule.

Abwehr

Vorbeugend:

- Fruchtwechsel.
- Selleriekraut entfernen und vernichten.
- Spätpflanzungen werden weniger stark befallen.
- Heißwasserbeize des Samens (wie bei Blattfleckenkrankheit).
- Anzuchterde auswechseln.

Direkt:

- Auch chemisch ist keine wirksame Bekämpfung möglich.

Spargel (Liliengewächse)

Spargel gedeiht am besten in tiefgründigen, humusreichen, leicht lehmigen Sandböden. Vor dem Neuanbau empfiehlt sich eine Gründüngung. Der Boden muß tief gelockert und mit Kompost, unter Umständen auch mit Sand angereichert werden. Bodenverdichtungen führen zu Fäulniskrankheiten. Spargel verlangen im Herbst eine reichliche Gabe kompostierten Mists.

Spargelfliege *(Platyparea poeciloptera)*

Diese 5 bis 7 mm große Fliege mit typischen braunen Zickzackbändern auf den Flügeln tritt nur in einer Generation von Mitte April bis Ende Juni auf. Sie legt ihre 1,2 mm großen, weißen Eier an die Triebspitzen des Spargels ab. Sie verpuppt sich am Stengelgrund in 7 bis 8 mm langen braunen Tönnchen. Es kann besonders an jungen Anlagen, die noch nicht gestochen werden, zu Schäden kommen.

Die Larven der Spargelfliege fressen im Innern der Spargeltriebe.

Das Spargelhähnchen frißt an Beeren und am Kraut.

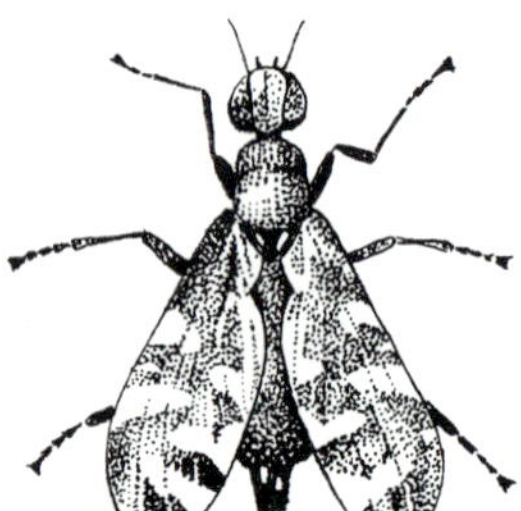

Spargelfliege

Vorkommen: An Spargel.
Schadbild: Befallene Triebe krümmen sich, verkrüppeln und sterben ab.
Abwehr
Vorbeugend:
- Spargel bis Ende Juni stechen.
- Im Herbst alles Spargellaub tief abschneiden und vernichten.

Direkt:
- Erste befallene Triebe sofort tief abschneiden und vernichten.

Schadbilder an Spargel	Schädling oder Krankheit	Seite
Triebe, Laub		
Triebe verkrüppeln, sterben ab	Spargelfliege	111, 112*
Kahlfraß, Triebe angefressen	Spargelhähnchen, Spargelkäfer	113, 112*
Eingeschnürt, verbogen, Schwarzverfärbung, Absterben	Frostschaden	53

Der gut sichtbare Zwölfpunktspargelkäfer kann von Hand von den Trieben gestreift werden.

Spargelhähnchen *(Crioceris asparagi)*

Zwölfpunktspargelkäfer
(Crioceris duodecimpunctata)

Diese 6 bis 7 mm großen bunten Käfer sind auf den Spargelpflanzen gut sichtbar.

Das Spargelhähnchen hat einen dunklen Körper, einen roten Halsschild und gelbe Flecken auf den rotgerandeten Flügeldeckeln.

Der gelbrote Zwölfpunktspargelkäfer hat sechs dunkle Punkte auf jedem Flügel.

Die Käfer erscheinen ab Ende April. Die Eier werden ab Mai an die Sproßteile abgelegt. Sie sind 1,6 mm groß und grau bis schwarzgrün. Die Käfer überwintern in Spargelstrünken oder unter abgestorbenen Pflanzen am Boden. Die olivgrünen Larven verpuppen sich im Boden.

Vorkommen: An Spargel.

Schadbild: Die Larven fressen am Kraut und an den roten Beeren.

Abwehr

Vorbeugend:
- Kraut im Herbst möglichst tief abschneiden und verbrennen.
- Mischkultur und Bodenbedeckung mit stark duftenden Kräutern.

Direkt:
- Abschütteln der Käfer in mit Petroleum gefüllte Gefäße.
- Zerdrücken der Larven und Eier, indem man mit der geschlossenen Hand das Kraut durchzieht.
- Quassia-Schmierseifelösung spritzen.
- Bei starkem Befall Pyrethrum- oder Derris-Mittel einsetzen.

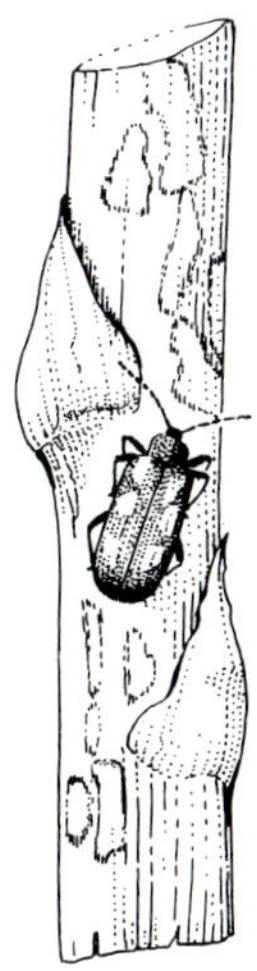

Spargelhähnchen

Bei naßkaltem Wetter kann an Spinat Falscher Mehltau auftreten. Es gibt aber verschiedene resistente Sorten.

Spinat, Mangold
(Gänsefußgewächse)

Spinat ist eine wenig anspruchsvolle Kultur. Da es zur Nitratanreicherung in den Blättern kommen kann, ist eine stickstoffreiche Düngung nicht angebracht. Spinat stellt eine gute Vorsaat vor Kartoffeln dar. Gänsefußgewächse, Spinat, Rote Rübe (Randen) oder Mangold sollten nicht nacheinander angebaut werden, da sie Unverträglichkeiten zeigen.

Falscher Mehltau
(Peronospora farinosa f. sp. *spinaciae)*

Der Mehltau kann sich bei kaltem, nassem Wetter entwickeln. Der Pilz wird durch Wind und Regentropfen verbreitet. Er überwintert an Winterspinat. Die Infektion erfolgt erst ab der Bildung des vierten Blattes.
Vorkommen: An Spinat, Mangold.
Schadbild: Blattoberseits helle, leicht gewölbte Flecken, blattunterseits grauvioletter Pilzrasen.
Abwehr
Vorbeugend:
- Resistente Sorten anbauen.
- Nicht zu dicht säen.

Tomate, Peperoni und Aubergine
(Nachtschattengewächse)

Tomaten, Peperoni und Aubergine sind kälte- und nässeempfindlich. In klimatisch weniger günstigen Lagen empfiehlt sich der geschützte Anbau unter Glas oder Folie (gut lüften!).

Nachtschattengewächse bevorzugen durchlässige, genügend feuchte, humose und mittelschwere Böden, die gut gelockert wurden.

Eine kräftige Düngung mit Mist oder angerottetem Kompost wird gut ausgenützt.

Schadbilder an Spinat, Mangold	Schädling oder Krankheit	Seite
Blätter		
Fraßspuren, Schleim	Schnecken	67
Absterben der Keimlinge	Keimlingskrankheit	75
Blattoberseits helle Flecken, blattunterseits grauviolettes Pilzgeflecht	Falscher Mehltau	74, 114*
Vergilbendes Laub	Zu saurer Boden, verschiedene Viren, Bakterien	76

Oben: Bei Tomaten schädigt der Erreger der Krautfäule hauptsächlich die Früchte.
Unten: Der dunkle Belag auf den Tomaten wird durch Honigtauausscheidungen der Weißen Fliege verursacht.

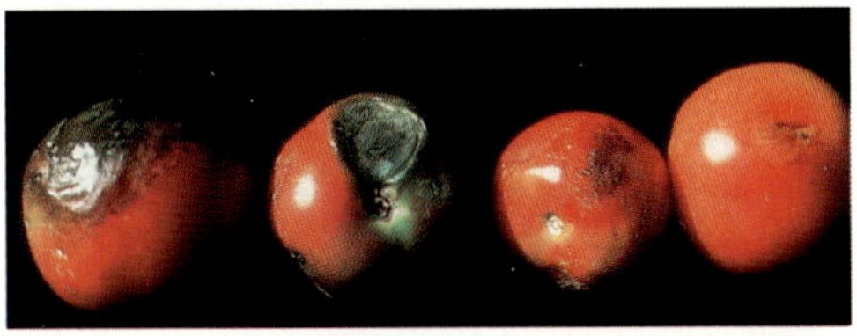

Witterungsschwankungen und Nährstoffüberschuß bewirken, daß sich die Tomatenblätter einrollen.

Schadbilder an Tomate, Peperoni und Aubergine	Schädling oder Krankheit	Seite
Blätter, Stengel		
Mißbildungen, Rußtau an Peperoni	Blattläuse	55
Saugflecken an Blättern, Rußtau	Weiße Fliege	71, 115*
Helle bis braune Flecken, unterseits schwarze Punkte; Vertrocknen	Verschiedene Pilzarten (Blattfleckenkrankheit u. a)	110
Grau-grüne Flecken, unterseits heller Pilzrasen	Krautfäule	92
Schwarze Punkte	Sclerotinia-Fäule (selten)	109
Braunwerden und Welken der Blätter	Bakterienwelke	116
Mosaikartig gescheckte Blätter	Viruskrankheiten (selten)	76
Blätter rollen sich ein	Wachstumsstörung als Folge von Witterungsschwankungen und Nährstoffüberschuß	115*
Frucht		
Braune Flecken bis ins Fleisch	Krautfäule	92, 115*
Schwarze Flecken auf einer Seite	Schwarzfäule	88
Eingesunkene braune Flecken mit weißem Rand	Bakterienwelke	116

Bakterienwelke
(Corynebacterium michiganense)

Die Bakterien vermehren sich im Gewebe der Pflanze. Die Infektion erfolgt über Verletzungen, befallenes Pflanzenmaterial, hauptsächlich aber über das Saatgut.

Vorkommen: An Tomate, Peperoni, Aubergine.

Schadbild: Die Krankheit befällt zuerst einzelne Blätter, die braun werden und welken. Danach stirbt die ganze Pflanze ab. Auf den Früchten bilden sich runde, eingesunkene Flecken mit weißem Rand.

Abwehr

Vorbeugend:
- Gesundes Saatgut verwenden.
- Frühzeitig und vorsichtig ausgeizen.
- Anzuchterde auswechseln.
- Fruchtwechsel, 4 Jahre aussetzen.
- Gute Humusversorgung und Bodenfeuchtigkeit sind wichtig.

Direkt:
- Befallene Pflanzen entfernen und vernichten.
- Samen in 0,6% Eisessig (98%ige Essigsäure) 24 Stunden lang desinfizieren.
- Bei starkem Auftreten ein Kupfermittel zur Eindämmung der Ausbreitung spritzen.

4.6 Schädlinge und Krankheiten an Tee- und Gewürzkräutern

Kräuter verlangen einen eher geschützten Standort, einen durchlässigen Boden und nur wenig Düngung. Beim ersten Auftreten von Krankheiten können die Kräuter zurückgeschnitten und in den meisten Fällen verwertet werden. Die Pflanzen sind mit einem Kräuterjaucheguß und einer Schachtelhalmspritzung zu stärken. Wiederholt sich der Schaden, setzt man am besten neue Pflanzen an einem anderen Standort.

Viele an den Kräutern schädlich werdende Insekten wandern von benachbarten Wiesen zu. Frühzeitiges Mähen kann dies teilweise verhindern. Leider wird damit auch die Zuwanderung vieler Nützlinge eingeschränkt.

Doldenblütler

Petersilie, Dill, Kümmel, Fenchel u. a.

Es treten die gleichen Schädlinge und Krankheiten auf wie an Karotte und Sellerie. Verbreitet ist vor allem die Keimlingskrankheit bei Petersilie und Dill (siehe Keimlingskrankheit Kapitel 4.4).

Eine Gelbfärbung des Laubes kann durch Nematoden, die Möhrenfliege, durch Magnesiummangel oder Trockenheit verursacht werden.

Im Vergleich dazu entsteht die relativ häufige Rotverfärbung des Blattes bei andauernder Nässe.

In warmen Lagen können Blattläuse und Blattwanzen durch ihre Saugtätigkeit schädlich werden.

Abwehr

Vorbeugend:
- Umliegende Wiesen frühzeitig mähen.
- Fruchtwechsel einhalten.

Direkt:
- Größere Schadinsekten immer wieder von Hand ablesen.

Kreuzblütler

Meerrettich

Meerrettich gedeiht am besten in tiefgründigen, lehmigen Sandböden. Er verträgt keine stauende Nässe oder Überdüngung. Verschiedene Virus-, Bakterien- und Pilzkrankheiten können die Wurzeln (Fechser) befallen und an den Blättern Flecken verursachen.

Meerrettichschwärze
(Verticillium albo-atrum, V. dahliae)
Der Pilz überwintert an den Wurzeln. Er befällt neben den Wurzeln auch die Stengel und Blattstiele. Die Infektion verbreitet sich durch die Schnittwunden, die beim Stechen und Teilen der Stöcke entstehen.
Vorkommen: An Meerrettich.
Schadbild: Ringförmige Verfärbung der Gefäße. Die Blätter welken und trocknen bei Trockenheit ein.
Abwehr
Vorbeugend:
- Nur gesunde (weiße, biegsame) Wurzeln setzen.
- Fruchtwechsel einhalten.
- Durchlässigen Boden wählen; mäßige Düngung.

Lippenblütler

Bohnenkraut, Majoran, Origano, Thymian, Rosmarin, Zitronenmelisse

Hier treten kaum Krankheiten auf. Auch tierische Schädlinge wie Motten oder Blattläuse verursachen kaum größeren Schaden.

Basilikum

Basilikum verlangt unbedingt Wärme und Schutz vor Regen. Es sollte nur mit temperiertem Wasser gewässert und nicht überbraust werden.
Keimlingskrankheit
Siehe Keimlingskrankheiten Kapitel 4.4.
Blattläuse
Siehe Blattläuse Kapitel 4.4.

Goldmelisse

Goldmelisse gedeiht am besten in offener Lage auf humusreichem Boden.

Echter Mehltau
Siehe Echter Mehltau Kapitel 4.4.
Er tritt ziemlich häufig auf. Eine Bekämpfung ist schwierig. Die Blüten können trotz des Befalls an den Blättern noch verwertet werden.
Vorkommen: An Goldmelisse.
Schadbild: Es bildet sich ein grauer Belag auf den Blättern.
Abwehr
Vorbeugend:
- Standort mit gesunden Pflanzen wechseln.
- Nicht zu trockener Standort mit ausgeglichener Düngung.
- Vorbeugende Schachtelhalm-Spritzungen.

Direkt:
- Rückschnitt.
- Mit Pflanzenpflegemitteln mehrmals behandeln.

Minze (*Mentha piperita* u. a.)

Die Minze verlangt humusreichen Boden in halbschattiger Lage.

Beim ersten Auftreten von Rostpusteln muß man die Pfefferminze sofort ernten.

Pfefferminzrost *(Puccinia menthae)*
Im Frühling zeigen sich verdickte, verformte Triebe mit orangefarbenen Sporenpusteln. Die Blätter vertrocknen am Stengel von unten nach oben und fallen ab.

Wechselhaftes Wetter und einseitige Stickstoffdüngung fördern den Befall.

Vorkommen: An Minze.
Abwehr
Vorbeugend:
- Standort wechseln mit neuen Pflanzen.
- Ausgeglichene Düngung mit nahrhaftem Kompost.
- Nicht zu enge Bestände.
- Schachtelhalmbrühe spritzen.

Direkt:
- Bei ersten Befallzeichen sofort ernten. Befallene Pflanzenteile nach Säuberungsschnitt verbrennen.
- Bei Befallsgefahr mehrmals mit Pflanzenpflegemittel mit Schwefelzusatz spritzen.

Grüner Schildkäfer *(Cassida viridis)*
Der 7 bis 10 mm große Käfer erscheint im April–Mai und legt seine Eier gruppenweise an die Pflanzen ab. Die Larven sind oval mit dornartigen Fortsätzen. Die Verpuppung erfolgt an den Blättern. Dieser Schildkäfer ist weit verbreitet und kann sich stark vermehren.
Vorkommen: An Lippen- und Korbblütlern.
Schadbild: Die Käfer und Larven fressen Löcher in die Blätter.
Abwehr (im Hausgarten kaum nötig)
Vorbeugend:
- Umliegende Wiesen frühzeitig mähen.

Direkt:
- Kräuter frühzeitig ernten.
- Käfer und Larven einsammeln.
- Im großflächigeren Anbau kann ein Rotenon-Pyrethrum-Mittel eingesetzt werden.

Schnittlauch

Siehe Lauch ab Seite 102.

4.7 Schädlinge und Krankheiten an Obst

Kernobst
Apfel, Birne, Quitte
(Rosengewächse)

Birne und Quitte stellen im Unterschied zu den meisten Apfelsorten höhere Wärmeansprüche. Frostlagen sind generell ungünstig (eventuell Spalierform wählen).

Die Böden müssen tiefgründig sein, besonders für Birne, und dürfen keine Staunässe aufweisen. Humose, lehmhaltige Böden werden bevorzugt.

Die Düngung, insbesondere die Stickstoffdüngung, darf nicht zu spät und übermäßig erfolgen, da sonst ein Befall mit Mehltau gefördert wird.

Schadbilder an Kernobst	Schädling oder Krankheit	Seite
Zweige, Triebe		
Triebstauchungen	Mehlige Apfelblattlaus	126
Wucherungen in der Rinde, im Sommer weißer, wolliger Belag	Blutlaus (Wollaus)	128
Verkrüppelung der Triebspitzen (nur an Birne)	Blattsauger	127
Braune oder graue Schildchen, gehemmtes Triebwachstum	Schildläuse	131
Triebspitzen und Zweige sterben ab	Mäuse, Engerlinge	61, 71
Triebspitzen mit mehligem Belag	Echter Mehltau	133
Eingesunkene, abgestorbene Rindenpartien, Spitzendürre	Obstbaumkrebs	136
Blütentriebe welken und vertrocknen, Spitzendürre	Monilia	135
Plötzliches Verdorren, oft treten Schleimtröpfchen aus	Feuerbrand	134
Besenwuchs an Haupt-, Neben- und Wassertrieben	Mykoplasmen	76
Verkümmern der Triebe	Bormangel	50
Rindenrisse	Sonnenbrand	54
Schrotschußartige Löcher in der Rinde	Ungleicher Holzbohrer	201
Blätter		
Eingerollte, nicht verfärbte Blätter, grüne Läuse	Grüne Apfelblattlaus	125
Stark gekräuselte und gerollte Blätter, graue Läuse vor allem auf Blattunterseite	Mehlige Apfelblattlaus	125*, 126

* Ziffern mit Sternchen verweisen auf Abbildungen, die nicht unmittelbar beim beschreibenden Text stehen.

Schadbilder an Kernobst	Schädling oder Krankheit	Seite
Eingerollte Blätter, hellgrüne Blattläuse	Apfelgraslaus	126
Rötlich verfärbte, blasige Falten auf den Blättern mit grauen Läusen	Apfelfaltenlaus	126
Blüten und Blätter angefressen	Frostspanner	129
Verkrüppelung der Blätter, Blattfall, Rußtau (vor allem an Birne)	Blattsauger	127
Miniergänge, meist schlangenförmig	Obstbaumminiermotte	131
Rotbraune, kaum sichtbare Spinnentiere, Vergilben der Blätter (Verlust des Blattgrüns)	Spinnmilbe (Rote Spinne)	63, 121*
Gespinste, Blattfraß	Gespinstmotte	130
Kleine blasige Aufwölbungen (nur an Birne)	Birnenpockenmilbe	124
Weiß gepuderte, leicht eingerollte Blätter	Echter Mehltau	133
Ober- und unterseits braunschwarze Flecken	Schorf	138
Kleine, später leuchtend-orangegelbe Flecken mit Höckern blattunterseits (nur an Birne)	Birnengitterrost	132
Dunkelbraune bis schwarze Verfärbung	Feuerbrand	134
Blätter zwischen den Adern gelb verfärbt	Chlorose	51, 140*
Blasig aufgetriebene Blätter im Frühjahr	Frostblasen	54
Knospen, Blüten		
Knospenschaden durch Saugen; Honig- und Rußtaubildung (vor allem an Birne)	Blattsauger	127
Braune, vertrocknete Blütenknospen, weiße Larve beziehungsweise Puppe im Innern	Apfelblütenstecher	122
Im Winter verkümmerte Endknospen mit mehligem Belag	Echter Mehltau	133
Nach der Blüte plötzliches Verdorren ohne abzufallen	Feuerbrand	134
Früchte		
Kleines Bohrloch mit Kot im Fraßgang, zerfressenes Kerngehäuse, frühzeitiges Abfallen im Herbst	Apfelwickler (Obstmade)	123
Spiralförmiger Fraß (außen), früher Fruchtfall	Larven der Sägewespe	149
Vernarbte Fraßstellen	Frostspanner	129
Verformte Früchte	Blattwanzen	58

Die Rote Spinne saugt an den Blättern, was dazu führt, daß das Gewebe zerfällt. Man findet die winzigen Milben auf der Blattunterseite.

Schadbilder an Kernobst	Schädling oder Krankheit	Seite
Schwarze Flecken, bei starkem Befall Risse	Schorf	138
Schwarzer, rußartiger Belag	Rußtau, Regenfleckenkrankheit	57, 137
Bräunliche Flecken mit gelbbraunen, konzentrischen Ringen, eingetrocknete Früchte	Monilia	135
Fäulnis im Kerngehäuse	Kernhausfäule	142
Grünlicher Belag auf den Faulstellen	Grünfäule	141
Hellbraune, runde Faulstellen	Fruchtfäule	142
Bräunlich verkorkte Partien unmittelbar unter der Schale, etwas eingesunkene Flecken auf Schalenoberfläche	Stippigkeit (Stippe)	141
Bräunlich verkorkte Stellen im ganzen Fruchtfleisch und auf der Schale	Bormangel (selten, entsteht vor allem bei Überkalkung)	50
Steinige Birnen, Quitten	Bormangel, Viren, Blattwanzen	50, 76, 58
Leicht verkorkte Einschnürung der Frucht	Frost	54
Hellbraune, vernarbte Flecken	Sonnenbrand	54

Apfelblütenstecher

(Anthonomus pomorum)

Der 5 mm große, schwarzbraune Käfer trägt einen langen gebogenen Rüssel. Die Larven (Kaiwürmer) schimmern leicht rötlich und haben einen schwarzen Kopf.

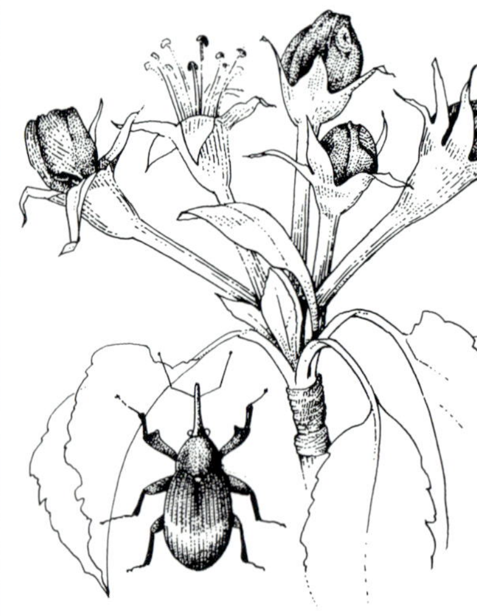

Apfelblütenstecher

Ab Mitte März fliegen bei Temperaturen über 10 °C die Käfer zum Reifefraß an die Knospen der Apfelblüten. Die Eier werden in die noch grünen, nicht entfalteten Blütenknospen gelegt. Die Larve frißt während ihrer Entwicklung im Innern der Knospe. Die jungen Käfer verlassen die Blüten, bleiben aber noch einige Zeit an den Bäumen, bevor sie ihre Winterquartiere aufsuchen. Sie überwintern in Wäldern, aber auch in den Obstanlagen, am Boden, unter Blättern oder in Rindenrissen.

Vorkommen: An Apfel, besonders in Waldnähe.

Die Larve des Apfelblütenstechers frißt während ihrer Entwicklung im Innern der Blütenknospe und zerstört dadurch die Blüte.

Schadbild: Die Larven fressen im Innern der Blüten. Staubblätter und Stempel werden zerstört. Die noch geschlossenen Blütenblätter vertrocknen.

Abwehr

Solange der Schaden gering ist, bewirkt der Apfelblütenstecher eine natürliche Fruchtausdünnung. Er braucht daher, besonders in Jahren mit starkem Fruchtansatz, nicht abgewehrt werden.

Direkt:

- Wellkartonringe zu Beginn des Austriebes (etwa in 1 m Höhe) um den Stamm herum anlegen und jeden Morgen die Käfer einsammeln. Die Käfer suchen diese Verstecke nachts als Unterschlupf auf.
- Bei geringem Blütenansatz und starkem Befall mit einem Pyrethrum-Derris-Mittel am frühen Vormittag zur Zeit der sich öffnenden Knospenblättchen (Mausohrstadium) behandeln. Wirksam ist auch eine frühe Vorblütenbehandlung (vor der Blütenknospenöffnung).

Apfelwickler *(Laspeyresia pomonella)*

Obstmade, Apfelmade
Der Falter hat eine Flügelspannweite von rund 20 mm. Die Vorderflügel sind gräulich mit dunklen Wellenlinien und glänzendem kupferfarbenen Fleck. Die Raupe wird bis 20 mm groß und ist weißlich mit rotbraunem Kopf und Nackenschild. Die weißlichen Eier erreichen eine Größe von 1 mm.

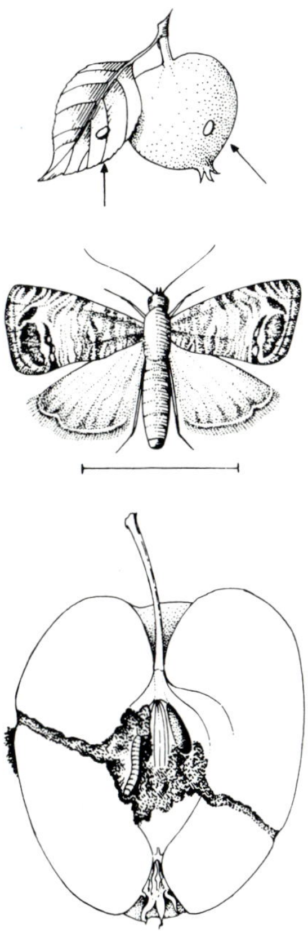

Oben: Eiablage
Mitte: Apfelwickler
Unten: Obstmade

Einbohrstelle der Obstmade. Die Larve des Apfelwicklers stößt ihren Kot aus.

Der Wickler fliegt von Ende Mai bis Anfang August (Hauptflug meist im Juni) in der Dämmerung bei Temperaturen über 15 °C und legt Distanzen bis zu 100 m zurück. Tagsüber sitzt er mit gefalteten Flügeln an Stämmen und Ästen. Die Eier werden einzeln zuerst an Blätter, später an die Früchte gelegt. Die Raupe frißt sich in die Frucht ein. Am Ende ihrer Entwicklung verläßt sie die Frucht und verspinnt sich in der Rinde der Bäume oder in anderen Verstecken, wo sie überwintert. Sie verpuppt sich im Frühjahr. Wird sie mit den Früchten in den Keller gebracht, so überwintert sie in den Ritzen der Gestelle. Raupen, die mit dem Fallobst auf den Boden gelangen, wandern auf die Bäume zurück. Bei warmer Witterung ist eine zweite Generation möglich (meist erste Augusthälfte).

Vorkommen: An Kernobst (vor allem an Apfel), in warmen Regionen auch an Aprikose und Walnuß.

Schadbild: Ausschlüpfende Raupen bohren sich in das Fruchtinnere ein und zerstören das Kerngehäuse. Der Kot wird zuerst durch das Einbohrloch, dann durch einen größeren Gang ausgestoßen.

Die Schäden können vor allem in wärmeren Lagen ein größeres Ausmaß annehmen.

Befallene Früchte werden notreif und fallen frühzeitig ab. Eine Kontrolle der noch kleinen Früchte auf Befall ist anzuraten.

Abwehr

Der Apfelwickler muß im Sommer bekämpft werden. Die Falter, Eier und Raupen treten meist Mitte Juni auf. Der Falterflug läßt sich mit Licht- oder Lockfallen feststellen. Über den Zeitpunkt der Bekämpfung geben regionale Pflanzenschutzstellen Auskunft.

Vorbeugend:

- Nützlinge fördern, vor allem Fledermäuse und Vögel (Blaumeise, Specht).
- Anfällige Sorten sind 'Gravensteiner', 'Klarapfel', 'Boskoop' u. a.
- Wermut oder Rainfarntee spritzen, um den Apfelwickler durch Überdeckung des Apfelgeruchs irrezuführen.
- In Japan werden die Äpfel vom Juni bis einen Monat vor der Ernte in Papiersäcke verpackt, um das Obst vor der Eiablage des Apfelwicklers und vor Spätschorf zu schützen. Versuche laufen auch in der Schweiz (Auskunft: Forschungsanstalt Wädenswil).

Direkt:

- Durch sofortiges Auflesen des Fallobstes kann ein Teil der Maden eingesammelt werden, bevor sie über den Boden zurück zum Stamm wandern.
- Wellkarton-Fanggürtel mindestens 20 cm über dem Boden Ende Juni bis nach der Ernte direkt am Stamm anbringen, auf sich darin verkriechende Raupen Anfang August und nach der Ernte kontrollieren und dann verbrennen.
- Ab Mitte Juni im Abstand von 10 Tagen 2 bis 3 Obstmaden-Spritzungen mit einem Pyrethrum-Rotenon-Mittel durchführen. Die Wirkung dieser Mittel ist aber unzureichend, darum werden sie offiziell in der Schweiz nicht empfohlen.
- Man kennt inzwischen verschiedene biologische und biotechnische Verfahren zur Bekämpfung, wie beispielsweise die Verwirrungstechnik mit Sexualduftstoffen. Sie zeigen aber nur in größeren, isoliert liegenden Apfelanlagen Erfolg. Aussichtsreich und nützlingsschonend ist die Bekämpfung mit einem Viruspräparat, das nur auf Apfelwickler wirkt (siehe Apfelwicklergranulosenvirus Kapitel 5.5).

Birnenpockenmilbe

(Phytoptus pyri syn. *Eriophyes pyri)*

Diese Milbenart, die mit bloßem Auge nicht zu erkennen ist, tritt im Frühjahr an den jungen Blättern auf. Sie überwintert in den Knospenschuppen und entwickelt zwei Generationen pro Jahr.

Vorkommen: An Birne.

Schadbild: Die Milben verursachen durch ihr Saugen kleine blasenartige Aufwölbungen auf

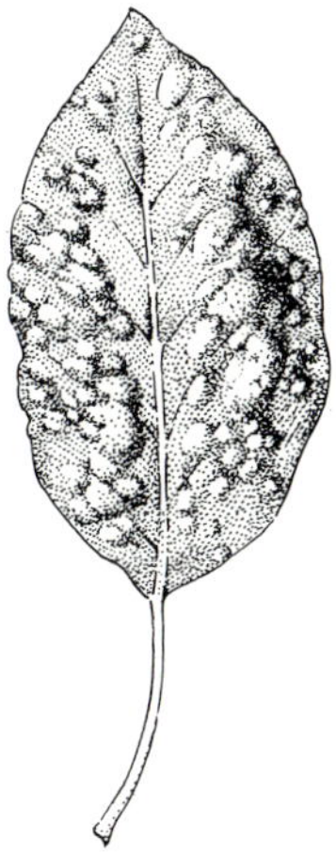
Schadbild der Birnenpockenmilbe

den Blättern, die sich schwarzbraun verfärben. Selten sind auch die Früchte deformiert.

Abwehr

Vorbeugend:

Siehe Milben Kapitel 4.4.

Direkt:

- Mineralölmittel beim Austrieb spritzen.
- Vor der Blüte ein Netzschwefel- oder Pyrethrum-Derris-Mittel spritzen.

Blattläuse an Kernobst

Siehe Blattläuse Kapitel 4.4.

Verursachende Faktoren für einen Blattlausbefall können auch bei Bäumen triebiges Wachstum durch übermäßige Düngung sowie zu Stoffwechselstörungen führende Bodenverdichtungen und Witterungswechsel sein. Die meisten Blattlausarten der Obstbäume fliegen nach der Blüte oder im Vorsommer auf krautige Pflanzen. Nach dem Rückflug auf die Obstbäume im September–Oktober werden die befruchteten Wintereier einzeln oder in Gruppen am Fruchtholz abgelegt. Massenhafte Eiablagen an Apfeljungtrieben stammen von der nicht wirtswechselnden Grünen Apfelblattlaus. Diese tritt besonders im Vorsommer auf.

Die Mehlige Apfelblattlaus vermehrt sich auf den Blattunterseiten oft sehr stark. Die Blattränder rollen sich ein.

Besonders gefährlich für Apfelbäume ist neben der Grünen Apfelblattlaus die Mehlige Apfelblattlaus, welche nach dem Abblühen im Mai–Juni auftritt. Wichtig ist eine genaue Kontrolle, welche Blattlausarten auftreten. Blattläuse befallen besonders starkwachsende Jungbäume.

Grüne Apfelblattlaus *(Aphis pomi)*

Die Larven und ungeflügelten Tiere sind blattgrün. Die geflügelten Läuse haben einen braunschwarzen Kopf, Beine und Fühler. Sie befallen Blätter und wachsende Triebe. Ameisenbesuch. Kein Wirtswechsel.

Vorkommen: An Kernobst, Weißdorn, Cotoneaster.

Schadbild: Blattrollen ohne Verfärbung, Triebstauchung und Verdorren. Viel Rußtau, besonders im Sommer.

Oben: Apfelgraslaus. Bei einem Befall rollen sich die Blätter leicht ein. Diese Laus wird nicht sehr schädlich.
Unten: Die Apfelfaltenlaus richtet diesen typischen Schaden an. Die Blätter sind rötlich verfärbt, die Blattränder rollen sich ein.

Mehlige Apfelblattlaus
(Dysaphis plantaginea)
Diese Laus ist graubraun und mit Wachs gepudert. Die Larven sind rötlich. Ab Anfang Juni erfolgt der Wegflug auf Wegerich-Arten. Die Eiablage erfolgt im Herbst in Rindenrisse, an Zweige und am Stamm.
Vorkommen: Hauptwirt: Apfel (vor allem Mai–Juni). Nebenwirte: Stumpfblättriger Ampfer (Blacke), Kerbel, Wegerich-Arten.
Schadbild: Die Laus schadet durch Saugen und Ausscheiden von Giftstoffen. Die Blätter kräuseln sich und werden stark defomiert. Bei starkem Befall verdorren Blüten und Triebende. Deformierung der Jungfrüchte und Triebe. Bei schwülem, heißem Wetter sollte alle 3 bis 5 Tage kontrolliert werden, da diese Blattlausart sehr rasch Schaden verursacht.

Apfelfaltenlaus (*Dysaphis* spec.)
Die erste Generation ist von grauer Farbe, die weiteren Generationen sind hellbraun. Ameisenbesuch.
Vorkommen: Hauptwirt: Apfel. Nebenwirte: Ampfer, Kerbel und Baldrian.
Schadbild: Am Apfelbaum erzeugt die Laus rötliche, nach unten eingedrehte Blattrandwülste. Meist entsteht nur geringer Schaden.

Apfelgraslaus *(Rhopalosiphum insertum)*
Diese Laus ist im Unterschied zur Grünen Apfelblattlaus hellgrün mit zwei hellen Streifen auf dem Rücken. Sie ist wirtswechselnd. Im Herbst werden die glänzend-schwarzen Eier an die Triebe abgelegt.
Vorkommen: Hauptwirt: Apfel (September bis Mai). Nebenwirte: Gräser (Sommer).
Schadbild: Mitunter leichtes Einrollen der Blätter. Eine Bekämpfung ist nicht nötig.

Oben: Der Birnblattsauger überwintert als Vollinsekt.
Unten: Die Larve des Apfelblattsaugers saugt sofort nach dem Schlüpfen an Blüten und Knospen.

Abwehr der Blattläuse an Kernobst
Vorbeugend:
- Siehe Blattläuse Kapitel 4.4.
- Im Frühjahr Leimringe anbringen, um die Zuwanderung der Ameisen zu verhindern.
- Baumanstrich und Winterspritzung mit Lehm-Schachtelhalm-Brühe (eventuell mit Wasserglas).
- Brennesseljauche oder Algenextrakt zur Pflanzenstärkung spritzen.

Direkt:
- Spritzung vor Austrieb mit Ölemulsionen reduziert die überwinternden Eier.
- Spritzen mit Rainfarn, Schmierseifenlösung, Quassia, bei stärkerem Befall mit Pyrethrum- oder Rotenon-Mitteln. Bei älteren Obstbäumen vor einer Spritzung erst abwarten, um die Entwicklung der Nützlinge zu ermöglichen. Bei jüngeren Bäumen sind diese Mittel frühzeitiger einzusetzen, das heißt, bevor die Blätter sich einrollen, sofern die Blattläuse nicht zur Hemmung eines zu starken Triebwachstums dienen können.

Blattsauger

Apfelblattsauger *(Psylla mali)*
Birnenblattsauger *(Psylla piricula, P. pirisuga* u. a.*)*
Die Blattsauger-Arten sind 3 bis 4 mm lang, von gelber bis brauner Farbe. Aus den Eiern schlüpfen beim Knospenaustrieb Larven, die sofort an den Blüten und Knospen zu saugen beginnen. Sie scheiden dabei zuckerreichen Saft (Honigtau) aus. Die platten, 1 bis 2 mm großen Junglarven des Frühjahrsapfelblattsaugers entwickeln sich während der Blüte zum Insekt.

Die Birnblattsauger können mehr als eine Generation pro Vegetationsperiode bilden. Frühjahrsapfelblattsauger überwintern als Eier, Birnblattsauger hingegen als geflügelte Insekten in der Rinde. Diese legen im Frühjahr dunkelgelbe kleine Eier an die jungen Triebe. Die entwickelten Blattsauger halten sich während des Sommers in den Birnbäumen beziehungsweise Apfelbäumen und deren Umgebung auf.

Vorkommen: An jungen Trieben und Blättern von Birne, an Blatt- und Blütenbüscheln von Apfel.
Schadbild: Die Larven hemmen die Entwicklung der Knospen durch Saugen und durch Honigtau. Verkrüppelung der befallenen Blätter und Triebspitzen sowie Blattfall. Bei Birne bildet sich Rußtau auf Zweigen, Blättern und Früchten.
Abwehr
Vorbeugend:
- Die natürlichen Feinde, vor allem Raubwanzen, werden durch den Einsatz verschiedener Insektizide und zum Teil auch durch Schwefel in zu hoher Konzentration geschädigt.
- Rindenpflege mittels Stammanstrich vermindert die Unterschlupfmöglichkeiten (bei Birnblattsauger).

Direkt:
- Eine Behandlung ist in den meisten Fällen nicht nötig.
- Stark befallene Triebe abschneiden und verbrennen.
- Durch eine Winterspritzung mit Ölemulsionen wird ein Teil der überwinternden Eier des Frühjahrsapfelblattsaugers vernichtet.
- Bei sehr starkem Befall vor der Blüte ein Pyrethrum- oder Rotenon-Mittel (gegen Junglarven) einsetzen.

Blutlaus *(Eriosoma lanigerum)*

Die etwa 2 mm große Blutlaus ist braunrot. Beim Zerdrücken entsteht ein braunroter Fleck. Die Laus ist mit Wachsflocken bedeckt.

Die flügellosen Generationen sitzen an Blattachseln von Zweigen, oft tief in Borkenritzen des Stammes und am Wurzelhals oder an oberflächennahen Wurzeln. Sie erscheinen ab Mai, in Massen im Sommer und Herbst, auf Trieben und Zweigen. Die Fortpflanzung erfolgt ungeschlechtlich (Parthenogenese). Pro Blutlaus entwickeln sich ungefähr 100 Jungtiere. Es sind 10 bis 12 Generationen möglich. Im Spätsommer kommen auch geflügelte Tiere vor, welche für eine Weiterausbreitung sorgen. Die Blutläuse überwintern als Larven in Rindenrissen und an Wurzeln.

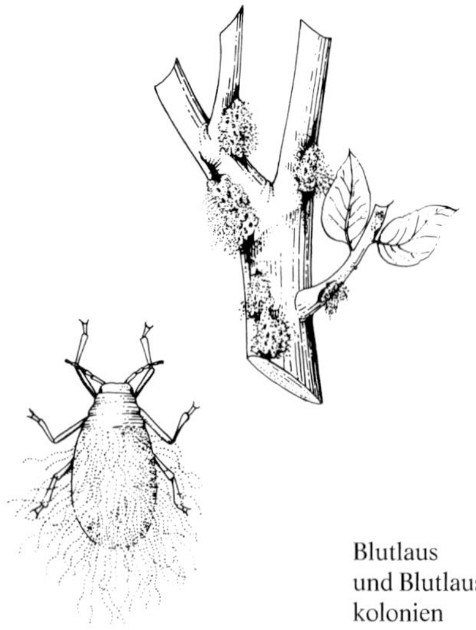

Blutlaus und Blutlauskolonien

Vorkommen: An Apfel.
Schadbild: Schaden entsteht durch das Saugen. Der Speichel der Läuse treibt das Kambium auf, wodurch die Rinde platzt. Es kommt zu Wucherungen (Blutlauskrebs). Befallene Zweige erfrieren leicht, da das Holz zu spät reift. Nicht alle Apfelsorten und Sortenunterlagen werden gleich stark befallen.

Abwehr

Vorbeugend:

- Wichtigste natürliche Feinde der Blutläuse sind die Zehrwespen *(Aphelinus mali).* Zweige mit parasitierten Blutläusen bei Befallsherden anbringen.
- Widerstandsfähige Sorten und Unterlagen. Anfällig sind 'Klarapfel', 'James Grieve', 'Cox Orange', 'Jonathan'.
- Vermeidung zu triebiger Düngung.
- Baumanstrich (vor allem am unteren Stammende).
- Im Herbst Bäume mit Brennesseljauche spritzen.
- Kapuzinerkresse auf Baumscheiben pflanzen (wirkt erst ab dem zweiten Jahr).

Direkt:

- Befallene Zweige beim Baumschnitt entfernen und Wundstellen ausschneiden.
- Gründliches Abbürsten der Blutlaus-Kolonien.
- Die weißen Wollgebilde mit Auszügen der Kapuzinerkresse oder unverdünntem Farnkraut-Extrakt behandeln.
- Bei stärkerem Befall mit Schmierseife und Spiritus bespritzen oder bepinseln.
- Winterspritzung mit Ölemulsion.

Kleiner Frostspanner

(Operophthera brumata)

Das Männchen hat eine Flügelspannweite von 20 bis 30 mm. Die Vorderflügel sind gelbgrau mit verwaschenen Wellenquerlinien, die Hinterflügel sind hell. Es fliegt von Oktober bis Dezember. Das flugunfähige Weibchen hat nur Flügelstummel und kriecht vom Boden auf die Bäume, wo es begattet wird. Es legt 200 bis 300 Eier in die Rinde in der Nähe

Die Frostspannerraupe frißt auch an Blättern und Blüten des Kirschbaumes.

der Winterknospen. Die ovalen Eier überwintern; sie sind blaßgrün, später orange. Die bis 20 mm lange Raupe ist ganz grün mit 3 weißen Längslinien. Sie bewegt sich in buckligem Gang fort. Die Raupe frißt von März bis Mai an austreibenden Blüten, Blättern und Knospen, auch an Früchten. Die Larven lassen sich an einem Faden auf den Boden herunter. Dort bleiben sie als Puppen bis zum Herbst.

Vorkommen: An Obst- und Laubbäumen sowie Büschen (Weißdorn, Hainbuche, Hasel); daher besonders schädlich an frühblühenden Obstbäumen in Waldnähe. Die Häufigkeit des Auftretens ist sehr verschieden von Jahr zu Jahr und von Ort zu Ort. Es kann zu lokaler Massenvermehrung kommen.

Schadbild: Die Raupen fressen an jungen Blättern und Blüten. Auch junge Früchte (Äpfel, Birnen, Kirschen usw.) werden angefressen.

Abwehr

Vorbeugend:

- Vogelnistkästen aufhängen.
- Hühnerauslauf im Baumgarten (Mai–Juni).
- Weibliche Falter mit Leimring fangen.

Zeitpunkt des Anbringens September bis Dezember, dann verbrennen. Bäume unterhalb des Leimringes gut reinigen.
- Baumanstrich (siehe Kapitel 6.2).

Direkt:
- Winterspritzung.
- Bekämpfung der Raupen kurz vor der Blüte mit einem Rotenon-Mittel oder mit dem Bakterienpräparat *Bacillus thuringiensis*, das vor allem bei warmem Wetter wirkt.

Gespinstmottenraupen können junge Büsche und Baumkronen umspinnen und kahlfressen.

Gespinstmotten

Apfelgespinstmotte
(Hyponomeuta malinellus)
Pflaumengespinstmotte
(Hyponomeuta padellus)
Diese weißgrauen Motten haben eine Flügelspannweite von etwa 20 mm. Sie haben Gelege mit 20 bis 80 Eiern. Die Eier überdecken sich gegenseitig dachziegelartig; erst sind sie hell, dann rötlich-braun. Die Raupen sind 15 bis 20 mm lang und von gelber Farbe. Die weißen Kokons stehen im Gespinst aufrecht und dicht beieinander.

Die Falter fliegen von Juni bis August. Sie sind flugträge. Die Eier werden an dünne Zweige gelegt und mit Sekret bedeckt. Die Räupchen überwintern unter dieser Sekretschicht. Der Schädling kann jahrelang selten und dann plötzlich wieder stark auftreten.

Vorkommen: An Apfel, Quitte, Zwetschge und Pflaume, seltener an Pfirsich, Aprikose und Weißdorn.

Schadbild: Die Raupen fressen ab April an Knospen, später an Blättern. Von Mai bis Juni bilden sie weiße Gespinste. Bei Massenbefall (selten) werden die Blätter der Baumkronen völlig mit Gespinsten überzogen; es kommt zu Kahlfraß.

Abwehr

Vorbeugend:
- Vogelschutz! Wenn genügend insektenfressende Vögel da sind, wird die Gespinstmotte wie auch der Frostspanner kaum zum Problem.
- Die Pflaumengespinstmotte wird durch den Weißdorn angezogen.
- Schlupfwespen schonen.
- Baumanstrich.

Direkt:
- Schon im Sommer alle Gespinste ausschneiden und verbrennen oder mit heißem Wasserstrahl vernichten. Einzelne Raupen auf Tücher abschütteln.
- Spritzung mit Schmierseife, denaturiertem Spiritus, Kalk und Salz (Wasser warm verwenden, damit es besser durch die Nester geht). Spritzen, bevor die Raupen ihre Gespinste bilden.
- *Bacillus thuringiensis*-Präparate sind (über 18 °C) gut wirksam gegen die Raupen.

Die Nährstoffzufuhr der Blätter wird durch die Gänge der Miniermotten behindert.

Unter dem kugeligen Schild entwickeln sich die Eier der großen Obstbaumschildlaus.

Obstbaumminiermotte
(*Lyonetia clerkella* u. a.)

Die Motte hat eine Flügelspannweite von 8 bis 10 mm. Sie ist weiß oder gelbgrau. Im äußeren Flügeldrittel hat sie größere braune, ovale Flecken. Die Flügel sind gefranst. Die Raupe ist grün mit braunem Kopf; die Puppe erst grün, dann sandgrau. Sie wird wie in einer Hängematte blattunterseits in einem weißen Kokon befestigt.

Die Miniermotte überwintert als Falter sowohl an Bäumen als auch in anderen Verstecken. Sie fliegt bereits im April. Die Eier werden einzeln an der Blattunterseite von Kern- und Steinobst abgelegt. Aus den Eiern entwickeln sich die länglichen Raupen, welche in den Blättern minieren. Zur Verpuppung spinnen sie sich auf ein tiefer gelegenes Blatt ab. Die zweite Generation im Juni verursacht den größten Schaden. Manchmal kommt es noch zu einer dritten Generation im Juli beziehungsweise August–September.

Vorkommen: An Apfel, Kirsche, seltener an Birke und anderen Laubhölzern.

Schadbild: Die Raupen dieser Miniermotte minieren stark geschlängelt, andere erzeugen kreisförmige und ovale Faltenminen oder kurze Gänge. Dadurch werden ganze Blattpartien von der Stoffzufuhr abgeschnitten und vertrocknen.

Die Mine ist von einer fadenförmigen Kotspur durchzogen. Ein Blatt kann mehrere Larven beherbergen.

Abwehr

Vorbeugend:
- Ein Teil der Raupen wird von Schlupfwespen und Vögeln vernichtet.

Direkt:
- Die von der Miniermotte befallenen Blätter einsammeln.
- Der Einsatz von direkten Bekämpfungsmitteln ist im Garten nicht nötig.

Schildläuse (Familie Coccoidae)

Das Weibchen der **Kommaschildlaus** *(Lepidosaphes ulmi)* ist 2 bis 4 mm groß, birnenförmig, weißlich oder goldgelb. Der Schild ist langgestreckt, muschelförmig und braun. Die Eiablage findet im Herbst unter dem Schild statt. Die Kommaschildlaus überwintert als Ei. Die Jungläuse erscheinen ab Mai bis Juni. Es gibt eine Generation im Jahr. Stamm, Äste und Zweige sind mit dichten Krusten überzogen.

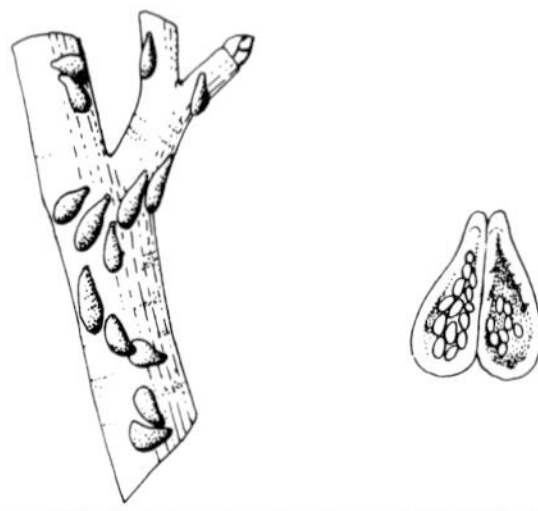

Schildläuse

Vorkommen: Weibchen an Apfel, Birne und Pfirsich, besonders an schwachen und schlecht gepflegten Bäumen.

Bei der **Großen Obstbaumschildlaus** *(Eulecanium corni)*, auch Napfschildlaus genannt, ist die Rückenhaut der Weibchen schildartig erhärtet. Unter diesem kugeligen, braunen Schild entwickeln sich die Eier. Die Junglarven kriechen im Juli–August auf Blätter und unverholzte Triebe. Die Larven überwintern an Stamm und Zweigen. Erst im Frühling bilden sich die Schilder.

Vorkommen: An Zwetschge, Rebe, seltener an Birne, Apfel, Johannisbeere und Rose; vor allem bei schwachen Pflanzen.

Schadbild: Die Schildläuse stechen die Rinde an und verursachen durch Saftentzug Wachstumsstörungen und Verkrüppelungen. Auf ihrer Ausscheidung bildet sich Rußtau. Der Schaden ist selten von Bedeutung.

Abwehr

Vorbeugend:

- Stammanstrich, gute Baumpflege (siehe Kapitel 6.2).

Direkt:

- Abbürsten der Krusten.
- Im Juli–August gegen die Junglarven Blattlausbekämpfungsmittel spritzen.
- Winterspritzung mit Ölemulsionen gegen Larven.
- Gegen Kommaschildlaus im Mai–Juni Origano-Tee (Echter Dost) oder Schwefelsaure Tonerde gründlich spritzen.

Birnengitterrost

(Gymnosporangium sabinae)

Der Erreger des Birnengitterrostes ist ein wirtswechselnder Pilz. Er überwintert an den Zweigen einiger Wacholderarten, nicht aber auf dem Gemeinen Wacholder *(Juniperus communis)*. An den Wacholderzweigen verursacht der Pilz spindel- oder keulenförmige Verdickungen. Man erkennt den Befall am Wacholder am besten im April–Mai. Dann treten an den Verdickungen hellbraune Zäpfchen auf, die bei nasser Witterung aufquellen und gallertartig werden. Dieser Sporenschleim trocknet ein und wird vom Wind verbreitet. Gelangen die Sporen auf feuchte Birnbaumblätter, so wachsen sie in das Gewebe ein, zerstören es aber nicht. Es kommt zu einer Verminderung der Blattätigkeit (Assimilation).

Vorkommen: An Birne. Winterwirt: Verschiedene Zierwacholder-Arten, wie *Juniperus sabina, J. chinensis, J. virginiana* u. a. Ist ein Wacholderstrauch oder -baum befallen, so bleibt er eine dauernde Infektionsquelle.

Birnengitterrost vermindert die Assimilationsleistung. An der Blattunterseite bilden sich im Spätsommer die typischen braunen Höcker. Sie sind die Ausstülpungen der Sporenlager.

Schadbild: Auf den Blättern der Birnbäume bilden sich zuerst kleine, dann größere, leuchtend-orangegelbe Flecken. Gegen Spätsommer bis Herbst bilden sich blattunterseits höckerähnliche Gebilde mit feinen faserartigen Häubchen oder Gitterchen. An Wacholder treten schleimige, verdickte Stellen auf (Farbbild Seite 204).

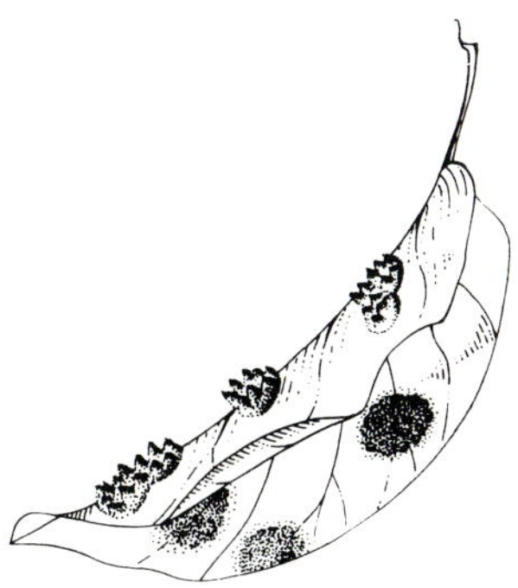

Birnengitterrost

Abwehr

Vorbeugend:

- Keine anfälligen Wacholdersorten pflanzen.
- Am Wacholder die schleimigen, verdickten Stellen bis 10 cm tief ins gesunde Holz herausschneiden und verbrennen. Im April befallene Pflanzen mit 60 g Netzschwefel/10 l Wasser behandeln. Am wirksamsten ist das konsequente Entfernen anfälliger Wacholderarten im Viertel oder in der ganzen Gemeinde durch Aufklärung oder behördliche Maßnahmen.

Direkt:

- Eine wirksame Bekämpfung mit Pilzbekämpfungsmitteln ist schwierig.
- Im Juni junges Birnenlaub gegen den Zuflug von Wintersporen schützen mit 70 bis 80 g Pflanzenpflegemittel mit Schwefelzusatz und 10 g Algenkalk auf 10 l Wasser, zweimal innerhalb von 14 Tagen.

Echter Mehltau *(Podosphaera leucotricha)*

Der Pilz überwintert in Knospen und jungen Trieben. Im Frühjahr zeigt sich ein feines weißes Gewebe. Der Pilz ernährt sich aus den Oberflächenzellen der befallenen jungen Pflanzenteile. Es kommt zur Vermehrung und Neuinfektion während der ganzen Vegetationsperiode, besonders aber im Mai–Juni während des stärksten Wachstums.

Vorkommen: An Apfel, Quitte.

Schadbild: Befallene Organe sehen wie mit Mehl überpudert aus. Schon im Winter ist das weiße Myzelgewebe sichtbar. Befallene Knospen schwellen an oder vertrocknen. Bei Frühinfektionen sterben Knospen, Blüten, Blätter und Triebspitzen ab. Befallene Früchte lassen sich nur schwer erkennen; gegen den Herbst

Oben: Mehltaumyzel in tausendfacher Vergrößerung unter dem Mikroskop.
Unten: Entfernt man die ersten vom Mehltau befallenen Triebe, so kann ein stärkerer Befall verhindert werden.

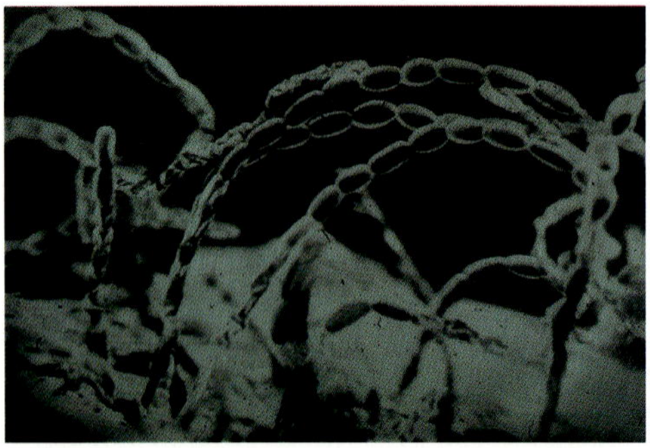

zu zeigt sich jedoch auf der Haut eine typische netzartige, bräunliche Zeichnung. Bei Infektionen bilden sich Myzelflecken auf der Blattunterseite, die sich darauf rötlich verfärben. Besonders bei jungen Trieben rollen sich die Blätter meist etwas ein.

Abwehr

Vorbeugend:

- In ungünstigen, trockenen Lagen mehltaugefährdete Sorten meiden ('Cox Orange', 'Klarapfel', 'Gravensteiner' u. a.).
- Ausgewogene, nichttriebige Düngung vermindert den Mehltaubefall.
- Regelmäßige Behandlungen mit Wurzel-Extrakt der Blacke (Stumpfblätteriger Ampfer, *Rumex optusifolius*) durchführen. Es werden 150 g Wurzelbrei/10 l Wasser abfiltriert (siehe Stumpfblätteriger Ampfer Kapitel 5.2).
- Netzschwefel allein oder in Kombination mit Schachtelhalmbrühe oder Pflanzenpflegemittel mit Schwefelzusatz von kurz vor der Blüte bis Ende des Triebwachstums in regelmäßigen Abständen vorbeugend spritzen. Bei schwülem, warmem Wetter alle 14 Tage spritzen (siehe Pflegeplan Kapitel 6.5).

Direkt:

- Radikaler Winterschnitt aller befallenen Triebe. Auch während der Vegetationsperiode sollen befallene Organe entfernt werden.

Feuerbrand *(Erwinia amylovora)*

Dies ist die gefährlichste bakterielle Krankheit an Kernobst. Sie breitet sich sehr schnell aus und kann bei Birnbäumen innerhalb von 3 Wochen bis 15 Monate nach der Ansteckung zum Absterben des ganzen Baumes führen. Die Bakterien überwintern an den Ästen.

Im Frühling verursachen sie schleimige, bakterienhaltige Ausscheidungen, die durch Regen und Insekten verbreitet werden. Meistens erfolgt die Infektion über die Blüten; Bienen sind die hauptsächlichsten Überträger. Aber auch durch Rindenverletzungen kann es zu Infektionen kommen. Birnbäume sind besonders anfällig; andere Baumarten sterben selten ab, sind aber Krankheitsträger.

Feuerbrand an der Birne. Ein Befall ist meldepflichtig.

Der Feuerbrand läßt sich aus befallenen Anlagen, Gärten und Wäldern nur sehr schwer ausmerzen. Bei Verdacht eines Befalles besteht Meldepflicht an die nächste Forschungsanstalt für Obstbau (Schweiz) oder Pflanzenschutzamt (BRD).

Vorkommen: In verschiedenen Ländern Europas (auch in der Bundesrepublik); in der Schweiz vereinzelt aufgetreten. An Birne, Apfel, Quitte, Cotoneaster, Weiß- und Rotdorn.

Schadbild: Im Frühling nach der Blüte plötzliches Absterben einzelner Fruchtbüschel, Zweige, ganzer Äste. Blätter und Früchte scheinen verbrannt, bleiben aber am Baum hängen. Die erkrankten Rindenpartien der Äste sinken ein, bei feucht-warmer Witterung bilden sich Schleimtropfen (Bakterienschleim). Das Kambium ist oft rötlich.

Abwehr

Vorbeugend:

- Keine Einfuhr von Pflanzen aus verseuchten Gebieten.
- Nach der Blüte bis August Bäume regelmäßig auf Befall kontrollieren.
- Sofortiges Entfernen und Einsenden krankheitsverdächtiger Partien an die Forschungsanstalten für Obstbau oder Pflanzenschutzämter.

Direkt:

- Entfernen und sofortiges Verbrennen befallener Pflanzenteile.
- Rindenpartien tief ausschneiden und desinfizieren, Wundverschlußmittel anbringen.
- Kupferspritzungen vor der Blüte hemmen die Weiterverbreitung.

Monilia

Spitzendürre an Kernobst *(Monilia fructigena)*

Spitzendürre an Steinobst *(Monilia laxa)*

Diese Krankheit ist stark verbreitet. Der Pilz überwintert in Fruchtmumien (faule, eingetrocknete Früchte, die am Baume hängenbleiben), in alten Blütenständen oder als Myzel auf Zweigen. Er wird durch Wind, Regen und Insekten vor allem auf die Blütennarben, später auf verletzte Früchte verbreitet, wo die Sporen rasch auskeimen.

Vorkommen: An Kern- und Steinobst.

Schadbild: Die Krankheit tritt an Steinobst besonders stark auf, wenn es in der Blütezeit viel regnet. Die abgestorbenen Gewebe verstopfen die Leitungsbahnen, und die befallenen Organe welken rasch und sterben ab. Blüten und Früchte bleiben jedoch im vertrockneten Zustand monatelang am Baum hängen. Befallene Früchte des Kernobstes, auch der Zwetschgen, zeigen bräunliche Flekken mit gelbbraunen, konzentrischen Ringen. Später trocknen sie ganz ein; spät befallene

Oben: Monilia befällt Blätter und Triebe. Junge Äste sterben ab.
Unten: Von Monilia befallene Früchte faulen am Baum.

Früchte verfärben sich während der Lagerung braunschwarz. Die Oberhaut weist dann meist einen glänzenden Schimmer auf (Schwarzfäule).

Abwehr

Vorbeugend:

- Fruchtausdünnung bei zu dichtem Behang.
- Früchte nur ganz trocken ernten.
- Meerrettich auf Baumscheibe setzen.
- Bei verregneter Blüte Meerettichblätter- und Meerrettichwurzeltee in die Blüte spritzen, um die Monilia-Sporen am Keimen zu hindern.
- Verletzungen verhüten durch Bekämpfung von Schorf und tierischen Schädlingen.

Direkt:

- Bäume während der Vegetationszeit und im Winter kontrollieren und befallene Zweige und Fruchtmumien sofort entfernen. Obst in der Lagerung kontrollieren.
- Zu Beginn und während der Blüte vorbeugend bis zweimal wöchentlich Pflanzenpflegemittel mit Schwefelzusatz eventuell mit Wasserglas oder bei kalter Witterung mit einem Kupfermittel kombiniert spritzen.

Obstbaumkrebs *(Nectria galligena)*

Die Infektion erfolgt ganzjährlich (vor allem jedoch im Winter) über Lentizellen, Knospen und verletztes Holz. Gefährlich ist diese Krankheit vor allem in niederschlagsreichen Jahren. Im Winter sind die roten, im Sommer die weißen Sporenpusteln in Rindenrissen junger Krebswunden leicht zu erkennen. Der Pilz tötet das Bast- und Kambiumgewebe ab, wobei sich die Rinde löst. Der Baum versucht, die Wunde zu überwachsen.

Ähnliche krebsartige Schäden verursacht auch der Erreger des **Gloeosporium-Rindenbrandes** *(Pezicula malicorticis)*. Gegen diesen Pilz sind Kupfermittel wirkungslos.
Vorkommen: An Kern- und Steinobst.
Schadbild: Eingesunkene, abgestorbene Rindenpartien mit aufgesprungener Oberfläche. Häufig starke Wucherungen. Befall von jungen Trieben kann zu Spitzendürre führen.

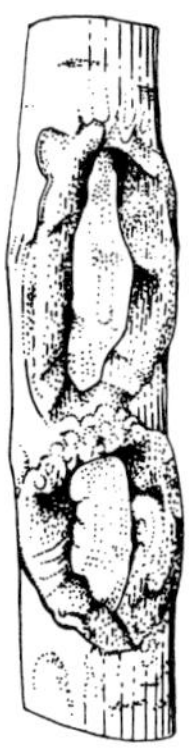
Obstbaumkrebs

Abwehr
Vorbeugend:
- Wichtig ist die Verhinderung stauender Nässe im Boden (eventuell ist Dränage erforderlich) sowie die Vermeidung jeglicher Überdüngung.
- Rindenverletzungen verhüten.
- An ungünstigen Lagen (hoher Grundwasserstand, in Mulden) keine anfälligen Sorten pflanzen, wie zum Beispiel 'Cox Orange', 'Sauergrauech', 'Berlepsch', 'James Grieve', 'McIntosh', 'Spartan'.
- Baumpflege mit Stammanstrich und Winterspritzung mit Lehm-Schachtelhalm-Brühe oder Bentonit-Wasserglas (eventuell noch Algenkalk und Asche beimischen). Auch als Handelsprodukt erhältlich.

Direkt:
- Sauberes Ausschneiden der Wunden (Messer desinfizieren), nachher die Wunde gut mit Wundsalbe verstreichen (siehe Kapitel 6.3). Bei starkem Befall muß der ganze Ast mindestens 15 cm unterhalb der Wunde abgesägt werden.
- Bei gefährdeten Obstbäumen und viel Niederschlag Kupfermittel bei beginnendem Blattfall (Oktober) spritzen (zweimal innerhalb von 2 bis 3 Wochen).

Regenfleckenkrankheit *(Gloeodes pomigena* und *Schizothyrium pomi)*

Diese Krankheit, die ähnlich wie der Rußtau aussieht, wird durch verschiedene Pilze verursacht. Sie entwickelt sich auf den Kernobstfrüchten im Spätsommer oder während der Lagerung, vor allem bei großer Luftfeuchtigkeit und hohen Temperaturen.
Vorkommen: An Apfel, Birne.
Schadbild: Braunschwarze, schwer abreibbare Flecken auf der Haut, welche das Aussehen der Früchte beeinträchtigen. Die Lagerfähigkeit bleibt erhalten.
Abwehr
Vorbeugend:
- Keine feuchten Früchte ernten und einkellern.
- Gepflückte Früchte nicht im Baumgarten stehen lassen.

Direkt:
- Spätschorfspritzung im August bei Lagersorten (siehe Schorf).

Ein geringer Schorfbefall an Äpfeln kann im Hausgarten toleriert werden.

Die Aufnahme aus dem Raster-Elektronenmikroskop zeigt ein Schorfmyzel.

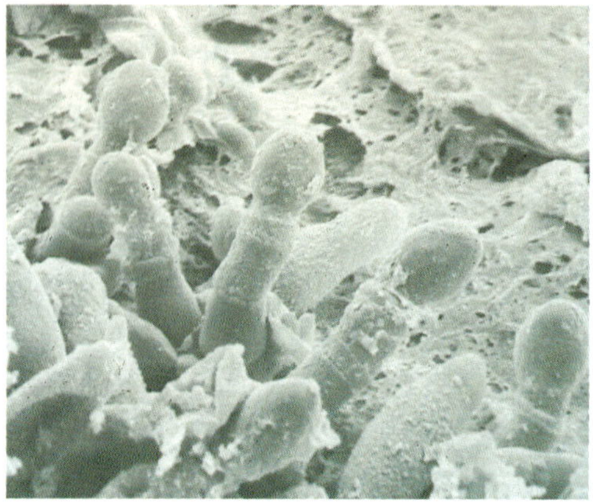

Schorf

Apfelschorf *(Venturia inaequalis)*
Birnenschorf *(Venturia pirina)*
Die Hauptfruchtform des Pilzes überwintert auf Blättern am Boden und an jungen, nicht verholzten Trieben. Ab Austriebsbeginn werden die Sporen bei Regen ausgeschleudert und vom Wind auf die Bäume getragen. Bei der Bildung neuer Sporenlager erscheinen nach ungefähr 18 Tagen die typischen braunen Flecken. Sofern genügend Feuchtigkeit vorhanden ist, wachsen dort innerhalb 9 bis 17 Tagen die Sommersporen aus. Zu beachten ist, daß auch bei tieferen Temperaturen Sporen keimen können. Allerdings braucht es dann eine länger anhaltende Blattnässe. Bei 15 °C dauert die Keimung 9 Stunden, bei 10 °C etwa 14 Stunden und bei 5 °C etwa 33 Stunden. Vor allem in nassen, warmen Jahren erfolgen Neuinfektionen während der ganzen Vegetationsperiode. Die Sommersporen entwickeln sich bereits nach 8 bis 15 Tagen zu Schorfflecken. Erfolgt die Infektion kurz vor der Ernte, so wird das Schadbild erst im Laufe der Lagerung sichtbar (Lagerschorf).

Vorkommen: An Apfel und Birne, seltener an Pfirsich.

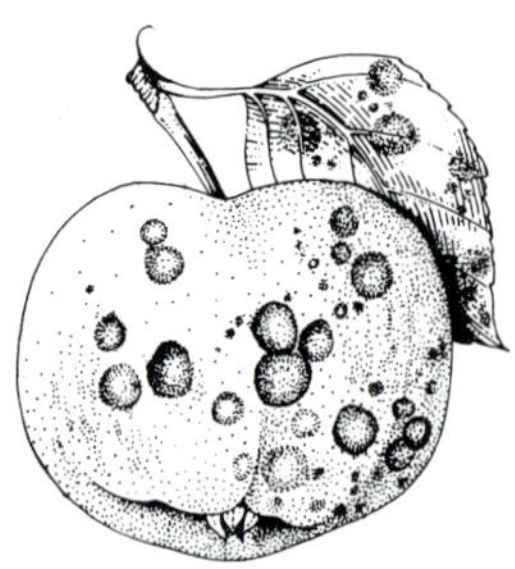

Schorf an Früchten und Blättern

Schadbild: Olivgrüne (Frühstadium) bis grauschwarze (Spätstadium) Flecken an Blättern, Trieben (eher selten) und Früchten. Bei Apfelschorf auf der Blattober- und Blattunterseite. Die befallenen Stellen trocknen aus, und es bilden sich Risse, die Infektionen durch Fäulnispilze begünstigen. Starker Befall kann zu Blattfall und Spitzendürre führen. Früh befallene Früchte zeigen starke Deformationen (Höckerbildung). Bei Spätschorf an Lagersorten schrumpfen die Früchte während der Lagerung.

Abwehr

Die Bekämpfung erfolgt vorbeugend. Sind die Pilzfäden einmal in die Gewebe eingedrungen, so ist eine Bekämpfung kaum mehr möglich.

Vorbeugend:

- Durch Schnitt und Standortwahl für ein gutes Abtrocknen des Blattwerkes und der Früchte sorgen.
- Triebige Stickstoffdüngung vermeiden.
- Anfällige Sorten meiden oder nur wenige davon anpflanzen ('Golden Delicious', 'Sauergrauech', 'Glockenapfel'). Wenig anfällig sind 'Boskoop', 'Spartan', 'James Grieve', 'Priam', 'Flurina', 'Liberty'. Bei Birnen sind die Sorten 'Conférence', 'Clapps Liebling', 'Williams Christ' und 'Gellerts Butterbirne' weniger anfällig.
- Auf den Boden fallendes Laub entfernen und gut kompostieren.
- Baumscheibe mit Kompost abdecken und diesen wiederum mit Stroh, Heu oder Gras zudecken.
- Schnittlauch auf Baumscheibe pflanzen.
- Düngung im Herbst mit rasch wirkendem organischen Dünger, wie Rhizinusschrot oder Brennesseljauche, fördert die Laubverrottung am Boden und vermindert dadurch die Schorfgefahr im Frühling.
- Eine Blattspritzung mit verdünnter Brennnesseljauche zu Beginn des Blattfalles fördert die Verrottung des Laubes.
- Gründüngung und Mulchen. Gras abmähen und liegen lassen.
- Zur Blattstärkung Brennessel, Schachtelhalm, Algenmehl, Algenextrakte, Bentonit oder Handelsmischungen spritzen.

Direkt:

- Regelmäßige Behandlungen mit saponinhaltigen Pflanzenextrakten, zum Beispiel Efeublätter-Extrakt, zeigen bei nicht extrem anfälligen Sorten aufgrund neuerer Versuche eine gute Verminderung des Schorfbefalls.
- Bei stark anfälligen Sorten je nach Witterung vorbeugend Netzschwefel oder ein Pflanzenpflegemittel mit Schwefelzusatz alle 8 bis 14 Tage vor und nach der Blüte spritzen, eventuell kombiniert mit Wasserglas. Bei anhaltendem Regenwetter sollte nicht länger als 8 Tage bis zur nächsten Spritzung gewartet werden. Der Schutzbelag wird bei mehr als 25 mm Niederschlag abgewaschen. Bei trockener Witterung, besonders ab Ende Juni, können längere Spritzintervalle von 2 bis 3 Wochen eingehalten werden. Die Gefahr von Infektionen ist von April bis Juni, der Zeit des stärksten Triebwachstums, am größten.

  Vorsicht bei schwefelempfindlichen Sorten ('Berlepsch', 'Cox Orange'). Lagersorten sollten bis 4 bis 5 Wochen vor der Ernte behandelt werden.
- Bei kalter Witterung (unter 15 °C) können vor der Blüte Kupfermittel eingesetzt werden (zum Beispiel maximal 0,05%iges Kupferoxychlorid).
- Im biologisch-dynamischen Anbau wird, wenn die Früchte walnußgroß sind, das Hornkiesel-Präparat zur Förderung der Reifeprozesse gespritzt.

Die hellen Blattpartien deuten auf Chlorose hin, meist verursacht durch verdichteten Boden und stauende Nässe.

Triebige Stickstoffdüngung und eine verspätete Ernte fördern das Erscheinungsbild der Glasigkeit.

Physiologische Schäden

Neben pilzlichen Erkrankungen können auch verschiedene physiologische Störungen Schäden verursachen (siehe Kapitel 4.1).

Fleischbräune

Morschwerden, Kältefleischbräune

Diese Erscheinung zeigt sich bei schwachem Behang, zu später Ernte und zu kalten Lagertemperaturen.

Vorkommen: An Kernobst, vor allem an Apfelsorten: 'James Grieve', 'McIntosh', 'Jonathan', 'Boskoop'.

Schadbild: Weichwerden und Bräunung im Fruchtfleisch.

Abwehr

Vorbeugend:
- Rechtzeitiges Durchpflücken.
- Verdächtige Früchte bei 20 °C nachreifen lassen und sofort konsumieren.
- Keine zu tiefen Lagertemperaturen.

Glasigkeit

Wassersucht

Diese Störung tritt bei triebiger Stickstoffdüngung, zu starkem Wuchs und zu später Ernte auf.

Vorkommen: An Kernobst, vor allem an den Apfelsorten 'Gloster' und 'Goldparmäne'.

Schadbild: Das Fruchtfleisch wirkt schon am Baum stellenweise glasig.

Abwehr

Vorbeugend:
- Fruchtbehang verbessern durch Bremsen des Triebwachstums (zum Beispiel durch Herunterbinden von Ästen, zurückhaltende Düngung).
- Befallene Früchte früh ernten und bei 15 bis 20 °C nachreifen lassen.

Jonathanflecken

Jonathan Spot

Diese sortentypischen Flecken werden durch zu späte Ernte gefördert.

Bei der Stippigkeit entstehen unter der Schale braune, bitter schmeckende Zellpartien.

Vorkommen: An 'Jonathan', 'Idared' und anderen Apfelsorten.
Schadbild: Braune bis schwarze Punkte, verteilt auf der Haut.
Abwehr
Vorbeugend:
– Frühzeitig pflücken und sofort bei tiefer Lagertemperatur einlagern.
– Früchte konsumieren, bevor die Punkte stärker in Erscheinung treten.

Stippigkeit
Diese Störung wird durch zu späte und zu hohe Stickstoffdüngung, zu viel Kalium, zu wenig Humus sowie durch einen geringen Fruchtansatz mit großen Früchten verursacht. Starke Temperatur- und Feuchtigkeitsschwankungen vor der Ernte fördern diese Erscheinung.
Vorkommen: An Kernobst, vor allem an 'Boskoop', 'Glockenapfel', 'Maigold', 'Gravensteiner', 'Cox Orange'.
Schadbild: Braune, umgrenzte, bittere Zellpartien unter der Fruchthaut.
Abwehr
Vorbeugend:
– Zurückhaltende, ausgeglichene Düngung und gute Humuspflege.
– Gleichmäßige Wasserzufuhr.
– Fruchtbehang verbessern.
– Flüssigalgen-Behandlung bei schlechtem Fruchtbehang 1 bis 2 Monate vor der Ernte.

Frucht- und Lagerkrankheiten

An Äpfeln und zum Teil an Birnen können während der Lagerung verschiedene Krankheiten auftreten, die durch Pilze verursacht werden.
Abwehr
Vorbeugend:
– Für ausgeglichenes Wachstum der Bäume sorgen.
– Gut belichtete Baumkronen anstreben.
– Frucht- und Hautverletzungen vermeiden.
– Kontrolle bei der Einlagerung.
– Auf saubere Gebinde und saubere Lagerräume achten.
– Rechtzeitige Ernte der Früchte. Der optimale Pflückzeitpunkt läßt sich an folgenden Merkmalen erkennen: gutes Ablösen des Fruchtstieles vom Fruchtholz, typische Ausfärbung, breite und tiefe Kelchgrube, Verschwinden des grünen Farbstoffes im Fruchtfleisch.

Grünfäule (*Penicillium* spec.)
Dieser sekundäre Parasit dringt durch Verletzungen in der Fruchthaut in die Früchte ein.
Vorkommen: An Kernobst.

Erst wenn man den Apfel aufschneidet, zeigt sich die Kernhausfäule.

Schadbild: Zuerst bilden sich gelblichbraune Flecken, dann ein grünlicher Sporenrasen auf den Lagerfrüchten. Das befallene Fruchtfleisch wird weich und riecht muffig bis vergoren.

Abwehr

Vorbeugend:

– Sorgfalt bei der Baumpflege, beim Pflükken und beim Transport. Verletzte Früchte aussortieren.
– Saubere Gebinde und Lagerräume.

Kernhausfäule ((*Fusarium* spec.)

Die Infektion kann schon nach der Blüte, aber auch später erfolgen. Sie wird durch triebiges Wachstum gefördert.

Vorkommen: An Kernobst.

Schadbild: Die Fäule bleibt äußerlich meist unsichtbar. Beim Aufschneiden der Früchte zeigen sich die gelbroten Pilzfäden. Befallen wird vor allem das Kerngehäuse, im Spätstadium die ganze Frucht.

Abwehr

Vorbeugend:

– Zurückhaltende Düngung (wenig Stickstoff).
– Vor der Einlagerung einzelne Früchte durch Schnittproben kontrollieren.

Lentizellenfäule

(*Pezicula* und *Alternaria* spec.)

Diese Krankheit tritt am Lager häufig auf. Die Infektion erfolgt aber schon im Sommer an den Bäumen. Die Fäule wird durch zu spätes Pflücken gefördert.

Vorkommen: An Kernobst.

Schadbild: Fäulnisstellen treten zuerst punktweise auf, später verschmelzen diese ringförmigen Befallsherde miteinander.

Abwehr

Vorbeugend:

– Nicht zu spät pflücken.
– Nicht zu lange lagern.
– Optimale Lagerbedingungen einhalten: 3 bis 4 °C, 90 bis 94 % relative Luftfeuchtigkeit, Lüftung. Dies verzögert die Alterung des Obstes.

Schwarzfäule *(Monilia fructigena)*

Monilia-Fruchtfäule

Diese Fäule wird durch den Monilia-Pilz verursacht. Die Fäule zeigt sich bei spätbefallenen Früchten erst bei der Lagerung (siehe Monilia, Seite 135).

Vorkommen: An Kernobst, an Kirschen und Zwetschgen im wesentlichen bereits am Baum.

Schadbild: Die Früchte werden glänzendbraunschwarz.

Abwehr

Siehe Abwehr von Monilia, Seite 136.

Vorbeugend:

- Verletzungen an der Fruchtschale vermeiden. Beschädigte Früchte müssen unbedingt vor der Einlagerung aussortiert werden.

Steinobst
Kirsche (Rosengewächse)

Kirschen sind spätfrostempfindlich. Sie bevorzugen gut durchlüftete, tiefgründige Böden. Die Düngung hat zurückhaltend zu erfolgen.

Schadbilder an Kirsche	Schädling oder Krankheit	Seite
Zweige, Triebe		
Wachstum gehemmt, schwarze Läuse, Rußtau	Kirschenblattlaus	144
Triebe verwelken, Spitzendürre	Monilia	135
Eingesunkene Stellen an der Rinde mit Gummifluß; Absterben ganzer Astpartien	Bakterienbrand	145
Blätter		
Stark gekräuselt und gerollt, schwarze Läuse, Rußtau	Kirschenblattlaus	144
Minierte Blätter	Obstbaumminiermotte	131
Erst hellgrüne, dann braune Flecken	Bakterienbrand	145
Erst kleine rotbraune Flecken, dann schrotschußartige Löcher, vorzeitiger Blattfall	Schrotschuß	147
Rundliche, rotviolette Flecken längs der Mittelrippe	Sprühfleckenkrankheit	148
Schwarzer Belag	Rußtau	57
Knospen, Blüten		
Schwache Knospen, schlechter Blütenansatz	Bitterfäule	146
Blüten verwelken	Monilia	135, 144*
Früchte		
Zerfressenes Fruchtfleisch, Fäulnis	Kirschfruchtfliege	144
Früchte angefressen	Frostspanner	129
Runde, braune, eingesunkene Flecken, bitterer Geschmack	Bitterfäule	146
Schwarze Flecken	Bakterienbrand	145
Vorzeitiger Fruchtfall	Rötel (nicht parasitär)	147

Oben: Monilia an Kirschblüten.
Der Pilz breitet sich hauptsächlich während der Blütezeit aus.
Unten: Eine Schwebfliege hat zwei Eier in eine Kirschblattlauskolonie abgelegt.

Kirschenblattlaus *(Myzus cerasi)*

Diese Blattlaus ist glänzend-schwarz. Sie befällt besonders Jungbäume an den Blattunterseiten. Ab Juli wandern die Blattläuse auf Kräuter ab. Ameisenbesuch. Die Wintereier werden in Rindenrisse und an das Fruchtholz gelegt.
Vorkommen: Hauptwirt und Winterwirt: Kirsche. Nebenwirt: Labkraut und Ehrenpreis.
Schadbild: Die Blätter sind gerollt. Triebstauchungen. Durch starke Honigtauabsonderung und Rußtaubildung werden Blätter und Triebe beschmutzt.
Abwehr
Siehe Blattläuse Kapitel 4.4 und Blattläuse an Kernobst Seite 125.

Kirschfruchtfliege *(Rhagoletis cerasi)*

Kirschenfliege
Die Kirschfruchtfliege wird bis 5 mm groß. Typisch ist das Flügelmuster und das gelbe Schildchen hinten an der Brustplatte. Sie fliegt ab Mitte Mai bis Juli.

Die Eier werden an reifende Kirschen gelegt. Die Maden ernähren sich vom Fruchtfleisch. Sie verpuppen sich ab Juli in 4 mm langen Tönnchen im Boden und überwintern dort.
Vorkommen: An allen Kirschensorten, vor allem in warmen, tiefer gelegenen Lagen. Frühsorten sind weniger stark gefährdet, ebenso wie Bäume an luftigen Standorten. Nebenwirt der Kirschfruchtfliege ist die Rote Heckenkirsche.
Schadbild: Die Maden fressen das Fleisch, die verwurmten Kirschen faulen.

Die Made der Kirschfruchtfliege frißt im Innern der Kirsche.

Abwehr

Vorbeugend:

- Vorzeitig herabfallende Früchte auflesen.
- Bäume frühzeitig und vollständig leerpflücken.
- Hühner in den Obstgarten treiben, sobald die ersten wurmstichigen Früchte vom Baum fallen.
- Das Schlüpfen der Fliege erfolgt im Boden bei genügender Bodenerwärmung. Unter Bäumen diese Erwärmung durch Bodenbedeckung verzögern, bis die Früchte genügend gereift sind.
- Wermuttee 4 bis 5 Wochen nach der Blüte mehrmals spritzen, um die Kirschenfliege von der Eiablage abzuhalten.

Direkt:

- Eine biotechnische Methode zum Fang der Fliegen besteht im Aufhängen von Kirschfruchtfliegenfallen im Mai. Das Verfahren wirkt gut bei isoliert stehenden Bäumen. Die Fallen müssen nach der Ernte sofort entfernt werden, da sonst viele andere Insekten gefangen werden (siehe Kapitel 5.5).

Die Kirschfruchtfliege legt ihre Eier auf die Kirschen ab, die sich gerade von Grün nach Gelb verfärben.

Bakterienbrand *(Pseudomonas morsprunorum* und *P. syringae)*

Der Bakterienbrand ist in den letzten Jahren besonders in Junganlagen zum Problem geworden. Schon im Herbst kommt es zur Infektion der Knospen und Fruchttriebe über die Blattnarbe. Auch die Rinde wird über Risse und Wunden befallen.

Vorkommen: An Kirsche sowie an Pflaume, Aprikose und Pfirsich.

Schadbild: Hellgrüne Flecken auf Blättern, die nach kurzer Zeit braun werden. Schwarze Flecken an Früchten. Eingesunkene Stellen an der Rinde (Nekrose) mit Gummifluß. Absterben ganzer Astpartien oder Bäume, besonders im Frühsommer.

Der Bakterienbrand verursacht bei der Kirsche Harzausscheidungen am Holz (links) sowie Flecken und später Löcher an den Blättern, die von einem hellen Hof umgeben sind (rechts).

Abwehr

Vorbeugend:

- Anfällige Sorten meiden, wie 'Basler Adler'.
- Treibende, übermäßige Düngung vermeiden.
- Nicht zu stark auslichten. Schnitt im Sommer oder Spätwinter.
- Schnittwerkzeug desinfizieren mit Alkohol oder 2%igem Formalin.

Direkt:

- Rückschnitt der befallenen Teile bis 10 cm ins gesunde Holz direkt nach der Ernte. Wundverschlußmittel anbringen. Befallene Äste verbrennen.
- Zweimal im Abstand von 3 Wochen bei Blattfall Bordeauxbrühe oder anderes Kupfermittel spritzen, zur Zeit des Knospenschwellens zwei weitere Behandlungen durchführen.

Bitterfäule *(Glomerella cingulata)*

Während der Vegetationsperiode dringt der Pilz durch die Haut in die Früchte ein. Erst wenn die Früchte ein gewisses Reifestadium erreicht haben, wachsen die Sporen aus. Es gibt zum Teil kälteresistente Pilzarten, die sich auch in gekühlten Lagerhäusern weiterentwickeln können. Die Pilzsporen überwintern in Fruchtmumien und an Trieben.

Vorkommen: An Kirsche.

Schadbild: Runde, braune, eingesunkene Flecken, die tief ins Fleisch dringen. Darauf bilden sich meist ringförmige, weiße, rötliche oder schwarze Pilzpusteln. Das Fleisch erhält einen bitteren Geschmack (Bitterfäule). Auch junge Triebe werden befallen. Im darauffolgenden Jahr zeigt sich schlechter Blütenansatz.

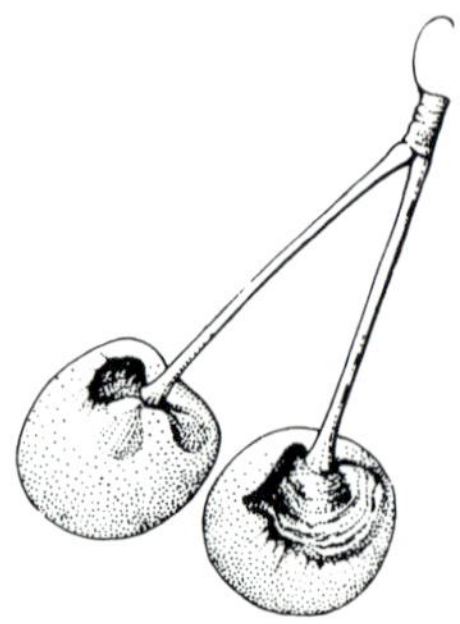

Bitterfäule

Abwehr
Vorbeugend:
- Befallene Früchte vor der Ernte vernichten.
- Windoffenen Standort wählen.
- Sortenanfälligkeit beachten.
- Sorgfältiges Wegschneiden und Vernichten befallener Pflanzenteile.
- Bei häufigem Befall zweimal Pflanzenpflegemittel mit Schwefelzusatz oder Netzschwefel 4 Wochen vor der Ernte (Juni) einsetzen (schwache Wirkung).

Rötel

Mit Rötel wird das vorzeitige und übermäßige Abfallen noch unentwickelter Früchte bezeichnet. Wechselhafte Witterung während und kurz nach der Blüte fördert diese physiologische Störung.
Vorkommen: An bestimmten Kirschensorten, wie 'Basler Adler', 'Schumacher'.
Schadbild: Fruchtfall, der zu großem Ertragsverlust führt.
Abwehr
Vorbeugend:
- Baumscheiben gegen Witterungsschwankungen mit Mulch schützen.
- Mäßige Stickstoffdüngung.
- Stammanstrich (siehe Kapitel 6.2).
- Beim Abblühen mit Algenextrakt behandeln.
- Weniger anfällige Sorten setzen.

Schrotschußkrankheit
(Clasterosporium carpophilum)

Der Pilz überwintert in abgestorbenem Laub oder an befallenen Zweigen. Die Sommersporen sind auf der Blattunterseite erkennbar.
Vorkommen: An allen Steinfrüchten, vor allem an Kirsche und Pfirsich in niederschlagsreichen Gegenden.
Schadbild: Auf jungen Blättern zeigen sich kleine, rotbraune, runde Flecken. Diese trocknen später ein und es entstehen kleine, rotumrandete Löcher (die Blätter sehen wie mit Schrot durchschossen aus). Die erkrankten Blätter vertrocknen vorzeitig und fallen schon im Juli ab. Zum Teil kommt es auch zum Befall von Früchten und Trieben (leichter Gummifluß). Es kann bei einem starken Befall zu erheblichen Ertragsausfällen kommen.

Schrotschußkrankheit

Abwehr
Vorbeugend:
- Abgefallene Blätter entfernen.
- Frühzeitiger Rückschnitt befallener Triebe (besonders bei Pfirsich).

Direkt:
- Beim Austrieb Spritzungen mit Schachtelhalmbrühe, bei stärkerem Befall Pflanzenpflegemittel kombiniert mit Netzschwefel oder Netzschwefel allein spritzen. Vor dem

Knospenschwellen Kupfermittel (maximal 0,05 %) einsetzen.
- Bei starkem Befall an Pfirsich nach dem Laubfall Pflanzenpflegemittel mit Schwefelzusatz oder Kupfermittel spritzen.

Sprühfleckenkrankheit
(Blumeriella jaapii)

Diese Pilzkrankheit tritt besonders bei nasser Witterung verstärkt auf. Auf der Blattunterseite treten große Massen von Konidien aus, die sich beim Austrocknen verhärten.
Vorkommen: An Kirsche, seltener an Zwetschge, Aprikose.
Schadbild: Rundliche, rotviolette Flecken, besonders längs der Mittelrippe des Blattes. Tritt vor allem im Sommer auf.

Bei starkem Befall vergilben die Blätter und fallen ab.
Abwehr
Siehe Schrotschußkrankheit.

Pflaume, Zwetschge
(Rosengewächse)

Pflaumen und Zwetschgen sind anspruchslos. Sie bevorzugen feuchte Böden, die auch flachgründig sein können.

Schadbilder an Pflaume, Zwetschge	Schädling oder Krankheit	Seite
Zweige, Triebe		
Gepuderte Läuse, Rußtau	Mehlige Zwetschgenblattlaus	149
Wachstum gehemmt, stark verformte Triebspitzen, grüne Läuse	Grüne Zwetschgenblattlaus	149
Absterben ganzer Zweige, eingesunkene Rinde, Gummifluß	Bakterienbrand	145
Blätter		
Grüne Läuse, starke Deformation	Grüne Zwetschgenblattlaus	149
Unterseits gepuderte Läuse	Mehlige Zwetschgenblattlaus	149
Verfärbung, früher Blattfall	Spinnmilbe	63
Kahlfraß, Gespinst mit Räupchen	Gespinstmotten	130
Kleine gelbe Flecken oberseits, Pilzpusteln unterseits	Zwetschgenrost	151
Braunschwarzer Belag	Rußtau	57
Früchte		
Larven bohren sich in Früchte, Kot, Wanzengeruch. Früchte fallen vorzeitig ab	Pflaumensägewespe	149
Fruchtfleisch zerfressen, Safttropfen an Bohrloch, Kot	Pflaumenwickler	150
Blüten sterben ab, reifende Früchte faulen	Monilia	135, 149*

Monilia tritt auch an Zwetschgen häufig auf. Um die Ansteckungsgefahr zu mindern, sollten befallene Früchte nicht am Baum hängenbleiben.

Grüne Zwetschgenblattläuse

(Brachycaudus helichrysi, B. cardui)

Die ungeflügelten Tiere sind hellgrün.
Vorkommen: Hauptwirte: Pflaume, Zwetschge (vor allem zur Blütezeit). Nebenwirte: Kräuter, Löwenzahn, Schafgarbe, Aster und Kornblume.
Schadbild: Schaden entsteht durch Saugen und Ausscheiden von Giftstoffen. Blattkräuselung, Triebstauchung, Verdorren der Blätter sind die Folge.

Mehlige Zwetschgenblattlaus

(Hyalopterus pruni)

Diese hellgrüne Laus ist durch Wachsbildung mehlig.
Vorkommen: Haupt- und Winterwirt: Steinobst. Nebenwirt: Schilfgräser.
Schadbild: Sehr starke Kolonien gepuderter Läuse blattunterseits. Auf dem Honigtau kommt es zu Rußtaubildung.
Abwehr
Siehe Blattläuse Kapitel 4.4 und Blattläuse an Kernobst, Seite 125.

Oben: Die Kolonie der Zwetschgenblattlaus wird von einer Schwebfliegenlarve heimgesucht. Unten: Ein starker Befall der Grünen Zwetschgenblattlaus schadet der Entwicklung von Trieben und Früchten.

Schwarze und Gelbe Pflaumensägewespe *(Hoplocampa minuta* und *H. flava)*

Die Sägewespe ist 4 bis 6 mm groß und hat geäderte Flügel. Die Farbe ist, je nach Art, schwarz oder gelb. Die Raupen sind weißlich und haben Wanzengeruch. Der Kokon ist bräunlich.

Beide Sägewespenarten fliegen von April bis Mai. Die Eier werden einzeln mit Hilfe der Legesäge unter die Haut der Blütenkelch-

Die Larven der Pflaumensägewespe bohren sich seitlich in die jungen Früchte ein.

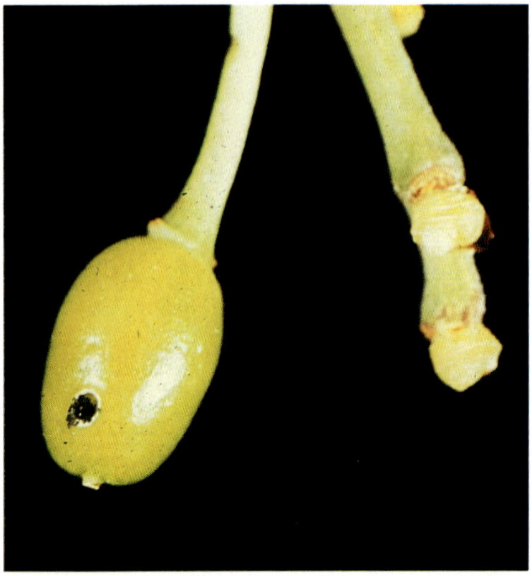

zipfel geschoben. Die vom Legebohrer abgehobenen Hautpartien verfärben sich braun und sind gut erkennbar. Da die Wespen die Bäume in Vollblüte anfliegen, ist die Eiablage an Bäumen mit verschiedenen Blütezeiten sehr unterschiedlich. Mit den letztbefallenen Früchten fallen die Larven auf den Boden und verpuppen sich 8 bis 10 cm tief in der Erde in Kokons.

Sägewespe

Vorkommen: An Zwetschge, Pflaume, Mirabelle und Apfel (andere Sägewespenart). Auftreten nur örtlich in größerem Ausmaß.

Schadbild: Die ausschlüpfenden Larven bohren sich, immer seitlich, in die jungen Früchte ein und fressen das Innere aus. Eine Larve befällt drei bis vier Früchte. Beim Öffnen der befallenen Früchte, die voll Kot sind, stellt man Wanzengeruch fest.

Abwehr

Bei reichem Fruchtbesatz soll man die Sägewespe zuerst als natürlichen Ausdünner gewähren lassen. Die Bäume sind aber nach der Blüte gut zu kontrollieren. Zur Prognose des Fluges gibt es spezielle Leimfallen im Handel.

Vorbeugend:

- Vogelschutz.

Direkt:

- Abgefallene Früchte einsammeln. Ein Zuflug von außen kann aber trotzdem stattfinden.
- Bei starkem Befall Spritzungen mit Rainfarn- oder Wermuttee, Quassiabrühe, Pyrethrum- oder Rotenon-Mitteln unmittelbar nach Blütenblätterfall zwei- bis dreimal (möglichst mit warmem Wasser).

Pflaumenwickler *(Laspeyresia funebrana)*

Der Falter hat eine Spannweite von etwa 15 mm. Die Vorderflügel sind grauschwarz mit undeutlicher Zeichnung. Die Raupe ist

Pflaumenwickler

Der Safttropfen am Einfraßloch der Pflaumenwicklerlarve zeigt schon an, daß der »Wurm« drinsitzt.

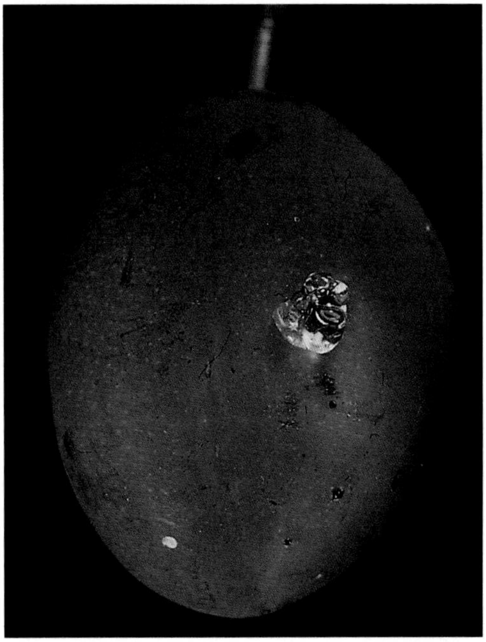

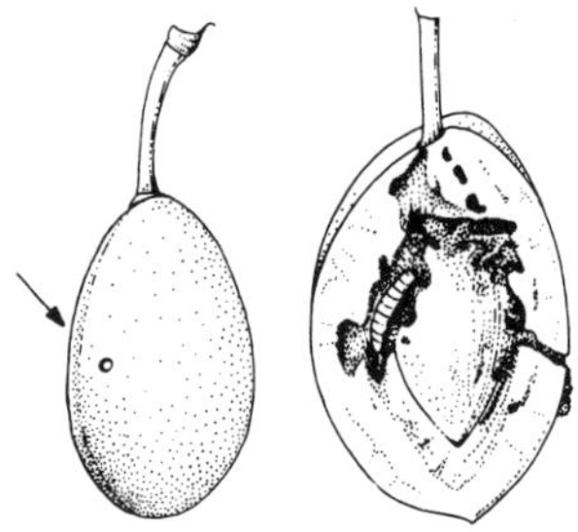

Pflaumenwickler. Einbohrloch und Madenfraß

karminrot mit bräunlichem Kopf. Der Pflaumenwickler fliegt von Mai bis Juni und von Juli bis August an warmen Tagen in der Morgendämmerung. Die Eier werden an die Früchte gelegt. Die Raupe überwintert im Gespinst an der Rinde. Sie verpuppt sich im Frühjahr bis Vorsommer.

Vorkommen: An Pflaume, Zwetschge (vor allem Spätsorten wie 'Fellenberg'). Befall unterschiedlich, vor allem in warmen Lagen.

Schadbild: Die Raupe miniert zuerst unter der Fruchthaut und frißt sich danach ins Fruchtinnere ein. Befallene Früchte verfärben sich und fallen ab. Das Fruchtfleisch um den Stein ist ausgefressen und voll Kot. Außen an der Frucht ist das Einfraßloch mit einem Safttröpfchen zu sehen.

Abwehr

Vorbeugend:

- Vogelschutz.
- Hühner in den Obstgarten treiben, sobald wurmstichige Früchte vom Baum fallen.
- Ohrwürmer fressen die Räupchen.
- Baumpflege mit Stammanstrich.

Direkt:

- Fanggürtel (siehe Kapitel 5.4) im Juli bis September anbringen, danach entfernen und verbrennen. Die Wirkung ist aber ungenügend.
- Befallene Zwetschgen auflesen und entfernen.
- Bei starkem Befall im Abstand von 10 Tagen während der Eiablage der zweiten Generation mit Pyrethrum- oder Rotenon-Mittel spritzen (zwei- bis dreimal).

Zwetschgenrost *(Tranzschelia discolor)*

Der Pilz überwintert als Myzel an Wurzeln verschiedener Anemonenarten. Im Frühjahr kommt es zur Infektion der Obstbaumblätter. Es entwickeln sich, vor allem von Juli bis August, mehrere Generationen. Im Herbst erfolgt die Bildung von schwarzen Wintersporen, die im nächsten Frühjahr nicht mehr

Der Zwetschgenrost entwickelt sich besonders im Juli und August. Auf der Blattunterseite zeigen sich braune Pilzpusteln.

auf Obstbaumblättern, sondern nur noch auf Anemonenarten auskeimen können. Somit hat der Pilz einen zweijährigen Entwicklungszyklus.

Vorkommen: Besonders an Pflaume, seltener an Pfirsich, Aprikose und Mandel. Die Sorten sind unterschiedlich anfällig. Zwischenwirt: Einige Anemonenarten.

Schadbild: Kleine gelbe Flecken auf der Blattoberseite, auf der Blattunterseite braune Pilzpusteln. Starker Befall führt zum Absterben und vorzeitigen Abfall der Blätter.

Abwehr

Vorbeugend:

- Pflanzenpflegemittel kombiniert mit Netzschwefel spritzen (Ende Juni ein- bis zweimal).
- Abgefallene Blätter einsammeln.

Pfirsich, Aprikose
(Rosengewächse)

Pfirsich- und Aprikosenbäume sind sehr wärmebedürftig und bevorzugen geschützte Lagen. Sie lieben tiefgründige, kalkreiche und gut versorgte Böden.

Grüne Pfirsichblattlaus *(Myzus persicae)*

Die ungeflügelten Insekten sind mattoliv bis gelblich-grün. Weil diese Blattlausart sehr viele Pflanzen als Sommerwirt benützt, ist sie sehr schädlich. Am Pfirsich überwintert die Blattlaus als Ei. Bei milder Witterung können aber auch Sommerkolonien an Sommerwirten oder in Gewächshäusern überwintern.

Die erste Generation schlüpft beim Öffnen der Knospen. Der Befallshöhepunkt ist an den Sommerwirten im Juli bis August. Kein Ameisenbesuch.

Vorkommen: Winterwirt: Pfirsich, eventuell auch Sommerwirt. Sommerwirt: über 400 Arten, zum Beispiel Kartoffel, Kopfsalat und Peperoni.

Schadbild: Die Laus verursacht Blattaufhellungen, Blattkräuselung und frühen Blattfall. Sie überträgt Viruskrankheiten an Kartoffeln.

Abwehr

- Eine Abwehr ist schwierig.
- Siehe Blattläuse Kapitel 4.4 und Blattläuse an Kernobst.

Aprikosensterben

Diese Erscheinung hat verschiedene Ursachen und kann oft nicht auf einen bestimmten Schaderreger oder Umstand zurückgeführt werden.

Schäden, die durch die Witterung (Sonnenbrand, Frostschaden) verursacht werden, oder auch Verletzungen durch unsorgfältigen Schnitt bilden oft den Ausgang des Aprikosensterbens. Auch diverse Pilz-, Bakterien- und Viruskrankheiten führen zum Absterben.

Vorkommen: An Aprikose.

Schadbilder an Pfirsich und Aprikose	Schädling oder Krankheit	Seite
Zweige, Triebe		
Auf der Rinde Schildchen	Schildlaus	131
Zweigspitzen mit verdorrten Blüten	Monilia	135
Weißer Überzug, Triebe verkümmert	Echter Mehltau	73
Triebe verformt und gedreht	Kräuselkrankheit	153
Absterben der Zweigspitzen, eingesunkene Rindenpartien, Gummifluß	Bakterienbrand	145
Verdorren einzelner Äste, Absterben des Baumes	Aprikosensterben	152
Blätter		
Gekräuselt, grüne Läuse, früher Blattfall	Grüne Pfirsichblattlaus	152
Nicht gekräuselt, unterseits mehlige Läuse, Rußtau	Mehlige Zwetschgenblattlaus	149
Verdickt, oft rötlich, gekräuselt, Blattfall	Kräuselkrankheit	153
Weißer Überzug, Blätter fallen ab	Echter Mehltau	73
Früchte		
Hellrote Räupchen in Aprikosen	Apfelwickler (in warmen Lagen, selten)	123
Runde, eingesunkene Flecken, rot umrandet	Schrotschuß	147
Schwarze Flecken, oft aufgeplatzt	Schorf	138
Schimmeliger Belag am Stein, Fruchtfleisch mehlig	Bormangel	50

Schadbild: Der Baum macht einen ungesunden Eindruck, die Blätter sind leicht vergilbt. An den Zweigen zeigen sich zahlreiche Schwellungen, die Zweige vertrocknen schon beim Austrieb oder bald nach der Blüte. Manchmal vertrocknen plötzlich einzelne oder mehrere Äste während des Sommers.

Abwehr

Vorbeugend:

– Geschützter Standort.
– Für ausgewogene Düngung und gute Bodenbedingungen sorgen.
– Sorgfältiger Schnitt, Schnittflächen mit Wundverschlußmittel schützen.
– Stammanstrich, auch an Leitästen, im Spätherbst anbringen.
– Pflegespritzungen mit Pflanzenpflegemitteln durchführen.

Direkt:

– Sofort befallene Pflanzenteile entfernen.

Kräuselkrankheit *(Taphrina deformans)*

Der Pilz überwintert unter den Knospenschuppen, von wo aus die jungen Blätter und Triebe befallen werden. Ältere Pflanzenteile werden kaum befallen. Nasses und kaltes Wetter während des Austreibens der Blätter

Bei naßkaltem Frühlingswetter entwickelt sich die Kräuselkrankheit an Pfirsich sehr rasch.

begünstigt die rasche Ausbreitung des Pilzes. Bei überdachten Spalierbäumen tritt er selten auf.

Vorkommen: An Pfirsich (vor allem an gelbfleischigen, späteren Sorten).

Schadbild: Befallene Blätter zeigen bauchige, gelbe Flecken; die Blattoberfläche kräuselt sich auf.

Später verfärben sich die Blätter bis rotviolett und fallen vorzeitig ab. Junge Triebe sind deformiert und verdreht. Gummifluß. Runzelige Stellen auf Früchten. Der Baum wird geschwächt.

Abwehr

Vorbeugend:

- Wichtig ist eine gute Kompostgabe im Herbst und Bodenbedeckung.
- Knoblauch und Kapuzinerkresse unter Pfirsichbäumen pflanzen.
- Im Herbst Baum und Boden mit Schachtelhalmbrühe überbrausen.
- Pflegespritzung beim Austrieb mit 2% Algenkalk und 5% Brennesseljauche (zweimal in 3 Wochen) oder dreimal innerhalb von 10 Tagen Schachtelhalmbrühe spritzen.
- Im Winter ein bis zwei vorbeugende Spritzungen mit 2% Wasserglas und 2 bis 3% feingemahlenem Algenkalk.
- Im biologisch-dynamischen Anbau erfolgt bei Walnußgröße der Früchte eine Hornkiesel-Spritzung zur Reifeförderung.
- Fruchtmumien entfernen und verbrennen.

Direkt:

- Erste befallene Blätter entfernen und verbrennen.
- Bei starkem Befall zur Zeit des Knospenschwellens Kupfermittel spritzen, ebenfalls im darauffolgenden Herbst.

4.8 Schädlinge und Krankheiten an Beeren

Erdbeere (Rosengewächse)

Erdbeeren sind licht-, wärme- und feuchtigkeitsbedürftig. Sie wachsen gut in humusreichen, gut dränierten Böden.

Stauende Nässe führt zu Wurzelfäule und Pilzbefall. Eine Bodenbedeckung erweist sich als günstig.

Ausreichend großer Pflanzabstand vermindert die Pilzinfektionen.

Die Düngung sollte vorwiegend im Herbst erfolgen.

Erdbeeren werden häufig vom Grauschimmel befallen.

Der Erdbeerblütenstecher verursacht selten größeren Schaden.

Schadbilder an Erdbeere	Schädling oder Krankheit	Seite
Wurzeln, Rhizom		
Abgefressen	Maulwurfsgrille, Engerlinge, Dickmaulrüßlerlarven, Mäuse	62, 61, 58, 71
Braunschwarz verfärbt	Wurzelfäule	157
Blätter		
Gekräuselt, gebräunt, winzige weiße Milben	Erdbeermilbe	156
Weiß gesprenkelt, später graubraune Verfärbung, winzige, helle Spinnentiere	Gemeine Spinnmilbe	63
Weißer Belag, unterseits rötlich, Einrollen	Echter Mehltau	73
Kleine braune Flecken, oft mit rotem Saum	Blattfleckenkrankheit	157
Verformte Blattspreiten, Absterben der Haupttriebe	Nematoden (selten)	65
Blüten		
Angenagt, Stiele geknickt	Erdbeerblütenstecher (selten)	155*, 156, 194*
Früchte		
Angefressen	Schnecken	67
Grauer Belag, Früchte faulen	Grauschimmel	75, 155*

Erdbeerblütenstecher *(Anthonomus rubi)*

Himbeerblütenstecher
Dieser schwarze Rüsselkäfer ist 3 bis 4 mm groß. Die Eiablage erfolgt im Mai in die Blütenknospen. Die weiße, fußlose Larve verpuppt sich in der abgefallenen Blüte oder im Boden. Der Käfer überwintert im Boden oder unter abgestorbenem Pflanzenmaterial.

Der Blütenstecher wird erst ab Temperaturen über 18 °C aktiv. Er tritt in manchen Jahren sehr stark auf und verschwindet dann wieder.

Vorkommen: Vor allem an Erdbeere, besonders an großfruchtigen Sorten, aber auch an Himbeere und Brombeere (in wärmeren Regionen).

Schadbild: Die Stengel der Blütenknospen werden bei der Eiablage angebissen, so daß diese nach etwa 3 Tagen vertrocknen und abbrechen. Der Schaden ist selten groß.

Abwehr

Vorbeugend:
- Bodenbedeckung.
- Boden im frühen Frühling oder nach der Ernte mit Farnkraut abdecken.

Direkt:
- Eine direkte Abwehr ist meist unnötig.
- Angestochene Knospen mit dem Stiel entfernen und vernichten, bevor die Larve ausschlüpft.
- Sofort nach der Beerenernte Pflanzen und Boden mit Rainfarntee spritzen.
- Bei starkem Auftreten sofort nach Sichtbarwerden der Schäden ein Pyrethrum- oder ein Rotenon-Mittel einsetzen. (Pyrethrum ist nur vor der Blüte und nach der Ernte zugelassen.)

Erdbeermilbe *(Steneotarsonemus pallidus)*

Diese Milbe ist nur 0,3 mm groß. Sie ist durchscheinend weißlich, nach der Nahrungsaufnahme wird sie bräunlich. Das Weibchen überwintert tief an Blattachseln und -scheiden der Erdbeeren. Schon im März werden die Eier an die jungen Herzblätter abgelegt. Es bilden sich mehrere Generationen. Verschleppung durch befallene Setzlinge. Mehrjährige Pflanzen werden stärker befallen.

Vorkommen: Befallen werden außer Erdbeeren auch Zierpflanzen im Gewächshaus. Tritt im allgemeinen selten massiv auf.

Schadbild: Blattspreitenkräuselung, Stengelverbiegen, Bräunung der Blattflächen, Verkrüppelung und Verdorren der Knospen und Blüten. Die Pflanzen entwickeln sich schlecht.

Abwehr

Vorbeugend:
- Gesunde Setzlinge kaufen. Keine Jungpflanzen aus befallenen Beständen verwenden.
- Alle 2 Jahre neue Pflanzung anlegen.
- Wichtig ist das frühzeitige Erkennen des Befalls.
- Mischkultur mit Knoblauch, Zwiebeln oder Lauch.
- Mit Zwiebelschalen- oder Knoblauchtee vom Frühling bis zur Blüte öfters überbrausen.

Direkt:
- Dreimalige Spritzung im zeitigen Frühjahr bei Temperaturen über 10 °C im Abstand von 3 Tagen mit Rainfarnbrühe oder Pflanzenpflegemittel ins Herz der Pflanze und auf die Blattunterseiten.
- Für weitere Abwehrmaßnahmen siehe Milben Kapitel 4.4.

Blattfleckenkrankheit

Weißfleckenkrankheit *(Mycosphaerella fragariae)*
Rotfleckenkrankheit *(Diplocarpon earliana)*
Diese Pilzarten überwintern auf den Blättern. Sie vermehren sich während der ganzen Vegetationszeit. Die Blätter verfärben sich. Der Stoffwechsel der Pflanze ist behindert.
Vorkommen: An Erdbeere vor allem bei großer Feuchtigkeit. Sortenbedingt.
Schadbild: Rotviolette oder braune Flecken, das tote Gewebe wird gräulich. Der Schaden sollte nicht überschätzt werden.
Abwehr
Vorbeugend:
- Sofort nach der Ernte befallene Blätter und Ranken abschneiden und verbrennen.
- Anfällige Sorten meiden (wie 'Hummi Grande').
- Pflanzenpflegemittel wie Schachtelhalmbrühe spritzen.
- Weite Pflanzabstände einhalten, damit die Pflanzen gut abtrocknen können.
- Keine triebige Düngung.

Direkt:
- Bei starkem Auftreten vor der Blüte und nach der Ernte ein Kupfermittel spritzen. (In der BRD dafür nicht ausgewiesen.)

Wurzelfäulen

(*Phytophthora fragariae, P. cactorum* u. a.)

Rote Wurzelfäule
Verschiedene Pilzarten können im Frühjahr oder Sommer Wurzeln und Rhizom schädigen. Sie treten besonders bei stauender Nässe und auf zur Verdichtung neigenden Böden auf.

Verschiedene Pilzarten verursachen die Wurzelfäule an der Erdbeere.

Vorkommen: An Erdbeere.
Schadbild: Rote oder braunschwarze Verfärbung der Wurzeln.
Abwehr
Vorbeugend:
- Anfällige Sorten meiden, wie 'Senga Sengana', 'Red Gauntlet', 'Gorella'.
- Für gute Dränage sorgen und durch reichliche Kompostgaben den Boden verbessern. Auf Dämme pflanzen.
- Fruchtwechsel. (Die Pilze bleiben bis zu 20 Jahre im Boden lebensfähig.)
- Befallene Pflanzen entfernen und verbrennen.
- Nach dem Einsatz auf befallenen Flächen sind Gartengeräte sorgfältig zu säubern.
- Keine Jungpflanzen aus befallenen Beständen vermehren.

Himbeere, Brombeere
(Rosengewächse)

Diese ursprünglichen Waldpflanzen bevorzugen leicht saure, humose, tiefgründige Böden, die eine gute Wasserführung haben, in geschützter, sonniger Lage.

Eine Mulchschicht mit organischem Material wird bevorzugt und schützt vor Kälteschäden.

Die Brombeermilbe verhindert durch ihre Saugtätigkeit das Ausreifen der Beeren.

Schadbilder an Himbeere und Brombeere	Schädling oder Krankheit	Seite
Ruten, Triebe		
Helle Verfärbung unterer Rutenteile, rotbraune bis violette Flecken, Triebe sterben ab	Rutenkrankheit	160
Im Frühjahr abgestorbene Triebe	Frostschaden	53
Blätter		
Blattkräuselung	Blattlaus	55
Blätterfraß	Maikäfer, seltener Himbeerkäfer	61, 159
Blattverformung, Vergilben, kleine gelbe Flecken	Virus	76
Im Sommer Vergilben und Welken der Blätter und Triebspitzen, bei Trockenheit rasches Verdorren der Ruten. Jungpflanzen sterben ab	Wurzelsterben	160
Knospen, Blüten		
Zerfressen	Himbeerkäfer	159
Blütenstiele angenagt, Knospen welken	Himbeer- bzw. Erdbeerblütenstecher	156, 194*
Früchte		
Fraß an unreifen Früchten	Himbeerkäfer (selten)	159
Fraß am Fruchtfleisch	Made des Himbeerkäfers	159
Brombeeren bleiben hellrot, sauer	Brombeermilbe	158*, 159
Fäulnis, Schimmel	Grauschimmel	75

Brombeermilbe

(Eriophyes essigi syn. *Acalitus essigi)*

Diese 0,15 mm große Milbenart überwintert unter der Rinde und in den Knospen der Pflanze, gelegentlich auch in den vertrockneten vorjährigen Beeren. Bei Austrieb wandert sie auf die Blätter und von dort auf die Blüten und Früchte.

Vorkommen: An Brombeere.

Schadbild: Beeren bleiben hellrot, hart und schmecken sauer.

Abwehr

Vorbeugend:

- Bodenbedeckung mit Laubkompost.
- Abgeerntete Triebe sofort zurückschneiden und entfernen.

Direkt:

- Nach Schnitt und im Frühling junge Blätter mit Rainfarn und Bentonit oder Rainfarn und Algenkalk spritzen.
- Ab 10 cm Trieblänge an warmen Tagen Netzschwefel (1 %) oder Pflanzenpflegemittel mit Schwefelzusatz spritzen.

Der Himbeerkäfer frißt an Blättern, Blüten und Beeren. Die Larven fressen sich in die Früchte ein.

Himbeerkäfer *(Byturus tomentosus)*

Der graubraune Käfer ist oval und 4 bis 5 mm groß. Er fliegt von Mai bis Juni. Ab Blühbeginn werden die Eier an die Blüten gelegt. Die gelbliche Larve verpuppt sich in einem länglichen Gespinst an der Rinde oder in Rissen der Stützpfähle. Der Käfer überwintert im Boden.

Vorkommen: An Himbeere und Brombeere.

Schadbild: Der Käfer frißt Blüten, Knospen, Blätter, Blütenboden und unreife Früchte. Die schlüpfende Larve ernährt sich von Fruchtfleisch.

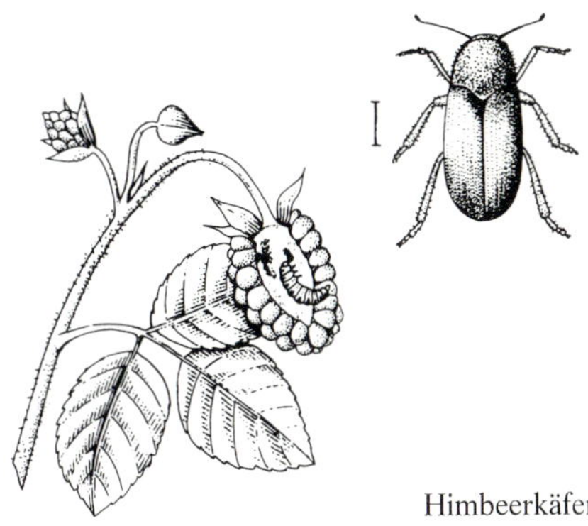

Himbeerkäfer

Abwehr
Vorbeugend:
- Hühner eintreiben.
- Gute Bodenbedeckung.
- Vergißmeinnicht zwischensäen.

Direkt:
- Die Käfer abklopfen, in Schüsseln auffangen und mit heißem Wasser abbrühen.
- Bei starkem Auftreten abends oder frühmorgens in die Blüte ein Pyrethrum-Rotenon-Mittel spritzen oder stäuben.

Himbeerwurzelsterben
(*Phytophthora* spec. u. a.)

Diese Krankheit wird vornehmlich durch *Phytophthora*-Pilze verursacht, die in die Wurzeln und in den Wurzelhals eindringen. Sie überleben jahrelang im Boden. Baumschulen können nicht mit Sicherheit für gesundes Material garantieren, da Jungpflanzen oft gesund aussehen, obschon sie befallen sind. Pflanzungen in schweren, verdichteten Böden sind besonders anfällig.

Vorkommen: An Himbeere.

Schadbild: Jungpflanzen kränkeln und sterben bald nach der Pflanzung ab. Die Ruten treiben nur schlecht aus. An tragenden Ruten vergilben und welken im Sommer Blätter und Triebspitzen. Bei trockenem Wetter verdorren die Ruten in kurzer Zeit.

Abwehr
Vorbeugend:
- Gute Humusversorgung durch Kompost und Mulch ist sehr wichtig.
- Gesunde Jungpflanzen, eventuell aus gesunden alten Beständen, pflanzen.
- Nie in Boden pflanzen, wo die Krankheit aufgetreten ist.

Die Himbeerrutenkrankheit ist weit verbreitet und schwierig zu bekämpfen.

Direkt:
- Auch mit chemischen Mitteln ist keine direkte Abwehr möglich.
- Befallene Ruten mitsamt den Wurzeln verbrennen.

Rutenkrankheit (*Didymella applanata, Leptosphaeria coniothyrium* u. a.)

Es sind verschiedene Pilze, die das Rutensterben verursachen (meist zusammen mit der Himbeergallmücke). Die Pilze dringen durch Rindenrisse und Verletzungen ein, die leicht als Folge starker Schwankungen der Wasserzufuhr auftreten. Sie entwickeln sich

während der ganzen Vegetationsperiode. Die Pilze überwintern an den befallenen Ruten.
Vorkommen: An Himbeere.
Schadbild: Es entstehen rotbraune bis violette Flecken auf den Ruten, vor allem um die Knospen, und helle Verfärbungen an unteren Rutenteilen. Das befallene Gewebe reißt auf, und der ganze Trieb trocknet allmählich ein. Im Frühjahr treiben befallene Ruten nur schlecht oder gar nicht aus.
Abwehr
Vorbeugend:
- Himbeeren sind Waldpflanzen, sie bevorzugen leicht sauren Boden und windgeschützte Lagen.
- Beschädigung der Ruten bei Bodenbearbeitung vermeiden.
- Für gute gleichmäßige Wasserzufuhr sorgen.
- Gute Bodenbedeckung (Stroh, Torf, Sägemehl).
- Keine triebige Düngung.
- Bestand schon im Vorsommer lichten.
- Nach der Ernte alle abgetragenen Ruten bodennah abschneiden.
- Gesunde Jungpflanzen setzen.
- Herbst- und Frühjahrsspritzung mit Tonerdemehl (5%) und Wasserglas (2%), auch als Handelspräparat Ledax-stamm (Preicobact) erhältlich.

Direkt:
- Rigoroses Ausschneiden und Verbrennen erkrankter Ruten.
- Beim Auftreten der Krankheit Pflanzen beim Austrieb und nach der Ernte mit Kupfermittel spritzen. (In der BRD für diese Kultur nicht mehr ausgewiesen.)
- Bei hartnäckigem Auftreten des Rutensterbens den Standort wechseln.

Johannisbeere, Stachelbeere
(Steinbrechgewächse)

Johannisbeere und Stachelbeere sind in Bezug auf das Klima anspruchslos. Sie bevorzugen durchlässige Böden mit gleichmäßiger Bodenfeuchte. Eine Bodenbedeckung mit organischem Material oder niedrigwachsender Gründüngung ist günstig.

Johannisbeerblattgallmücke
(Dasyneura tetensi syn. *Perrisia tetensi)*

Diese Gallmückenart ist in den letzten Jahren vermehrt aufgetreten. Es entwickeln sich jährlich 3 Generationen. Die Gallmücke fliegt

Johannisbeerblattgallmücke

von Ende April bis Ende August. Sie legt ihre Eier an die Spitzen der Blättertriebe ab, wo sich die erst weißlichen, dann gelblichen, kopf- und fußlosen Maden entwickeln. Man findet sie in großer Zahl zwischen den noch eingerollten Blättchen. Sie verpuppen sich, wenn sie 2 bis 3 mm groß sind. Die Generationen überschneiden sich. Diese Gallmücke überwintert als Puppe im Boden.

Vorkommen: An Schwarzer Johannisbeere.
Schadbild: Die Triebspitzenblätter kräuseln sich, werden braun und sterben ab. Das Wachstum ist gestört. Zwischen den Blättchen findet man weiße bis gelbliche Maden.

Abwehr

Vorbeugend:

– Gute Bodenbearbeitung, Bodenbedeckung oder Einsaaten machen.

Schadbilder an Johannisbeere und Stachelbeere	Schädling oder Krankheit	Seite
Stock, Wurzeln		
Braune oder graue Schildchen	Schildlaus	131
Knospen, Triebe		
Knospen abgefressen	Vögel	28
Triebe verkümmern, Läuse	Johannisbeertrieblaus	163
Triebspitzenblätter kräuseln sich, sterben ab, gelbe Maden	Johannisbeergallmücke	161
Welkende, brüchige Triebe, im Innern hohl	Johannisbeerglasflügler	163
Bei Stachelbeere filziger weißer Belag, später braun	Stachelbeermehltau	166
Blätter		
An Schwarzer Johannisbeere unterseits gelbe Flecken, Pusteln	Johannisbeersäulenrost	165
Starkes Einrollen, Läuse	Johannisbeertrieblaus	163
Skelettierfraß	Stachelbeerfliege	164
Raupen fressen an Blättern, Kahlfraß	Stachelbeerspanner	164
Kleine gelbliche, später dunkle Flecken, Blätter fallen ab	Blattfallkrankheit	165
Brennesselartige Blätter	Virus	76
Vergilben zwischen den Blattadern	Chlorose	
Früchte		
Zunächst weißer, später brauner filziger Belag, Früchte verkümmern, platzen	Stachelbeermehltau	166
Beeren fallen vorzeitig ab (Rieseln)	Witterungsschwankungen	51

Die Larve des Johannisbeerglasflüglers frißt sich in den Trieb ein und höhlt ihn von innen her aus.

- Ab Anfang April zur Geruchsüberdeckung starken Rainfarntee spritzen.

Direkt:

- Befallene Triebspitzen ausknipsen und vernichten.
- Während der Flugzeit (im Frühjahr) Schmierseifenwasser oder ein Pyrethrum-Mittel spritzen. Wartezeiten einhalten!

Johannisbeerglasflügler *(Synanthedon tipuliformis* syn. *Aegeria tipuliformis)*

Der Falter hat glasklare Flügel mit einer Spannweite von 15 bis 20 mm. Er fliegt im Mai und legt bis 70 Eier einzeln in Rindenritzen in Knospennähe ab. Nach 7 bis 14 Tagen schlüpfen die Räupchen, bohren sich in den Trieb ein und höhlen ihn aus. Die Raupen überwintern in diesen Gängen. Ende April des folgenden Jahres verpuppen sie sich.

Vorkommen: An Johannisbeere, seltener an Stachelbeere.

Schadbild: Die welkenden, brüchigen oder abgestorbenen Triebe sind im Innern hohl und schwarz. In diesen Gängen findet man die Raupe oder Puppe. Aus einem Löchlein dringt der schwarzbraune Kot nach außen. Mehrjähriger Befall kann einen Ertragsausfall bringen. Im allgemeinen ist der Schaden aber nicht groß.

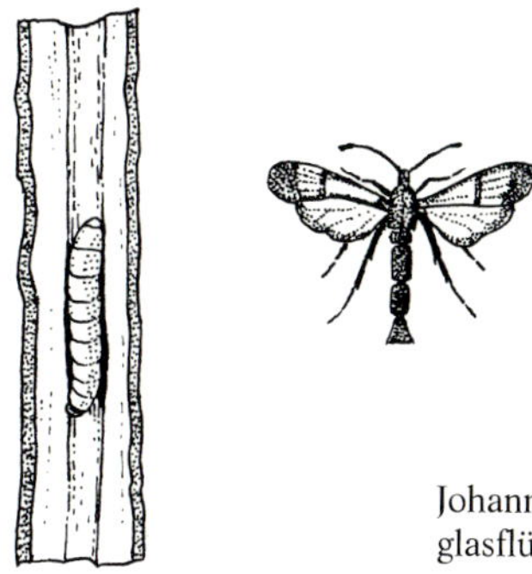

Johannisbeerglasflügler

Abwehr

Vorbeugend:

- Regelmäßiger Winterschnitt und Pflege.
- Im Mai Rainfarntee zur Geruchsüberdekkung spritzen.

Direkt:

- Befallene Triebe ausschneiden und verbrennen.
- In der ersten Junihälfte zweimal Schmierseifenwasser oder ein Pyrethrum-Mittel spritzen. Wartefristen einhalten.

Johannisbeertrieblaus
(*Aphis schneideri* u. a.)

Die Larven und ungeflügelten Läuse sind dunkelgrau bis grün. Sie sind leicht gepudert. Kein Wirtswechsel.

Vorkommen: An Roter und Schwarzer Johannisbeere.

Ein Marienkäferweibchen hat seine Eier in eine Kolonie von Johannisbeertriebläusen abgelegt.

Schadbild: Starkes Einrollen der Blätter, Triebe verkümmern.

Abwehr

Siehe Blattläuse Kapitel 4.4 und Blattläuse an Kernobst Seite 125.

Stachelbeerfliege

(Nematus ribesii)

Die kleine schwarz-orange Fliege schlüpft ab April aus dem Kokon, der im Boden überwintert hat. Die Weibchen legen ihre Eier in Einschnitte, die sie an der Blattunterseite längs der Hauptadern der Blätter gemacht haben. Die grünen Larven schlüpfen nach einer Woche und werden bis 40 mm groß. Sie fressen ungefähr einen Monat lang und verpuppen sich dann im Boden. Es bilden sich drei Generationen im Laufe der Vegetationszeit.

Vorkommen: An Stachelbeere. Verwandte Arten treten auch an Johannisbeere auf.

Schadbild: Skelettierfraß an den Blättern. Es kann zu erheblichen Schäden kommen.

Abwehr

Vorbeugend:

- Vögel im Garten fördern.

Direkt:

- Büsche ab Mai wöchentlich kontrollieren. Sie werden zuerst im Innern befallen. Raupen ablesen.
- Mit Schmierseife-Lösung gründlich spritzen: 100 bis 300 g Schmierseife, 0,5 l denaturierter Spiritus, 1 Eßlöffel Kalk und 1 Eßlöffel Salz in 10 l heißem Wasser gut auflösen und die noch warme Lösung auf die befallenen Pflanzen spritzen.
- Bei stärkerem Befall die Sträucher mit einem Rotenon-Mittel oder mit dem Bakterienpräparat *Bacillus thuringiensis* behandeln.

Stachelbeerspanner

(Abraxus grossularia)

Dieser Spannerfalter tritt nur lokal in größerer Zahl auf. Die Motte und die Raupe sind weiß mit schwarzen Flecken. Die bis zu 40 mm lang werdenden Raupen haben zusätzlich gelbe Längsstreifen und bewegen sich buckelartig fort. Die Motte fliegt im Juli–August. Die Eier werden einzeln oder in kleinen Häufchen auf die Blattunterseite abgelegt. Die Räupchen schlüpfen nach ungefähr 14 Tagen und fressen bis im Herbst an den Blättern. Sie überwintern in Rindenrissen, unter Blättern oder anderweitig geschützten Orten und führen ab April ihren Reifungsfraß fort. Im Mai–Juni verpuppen sie sich in auffälligen gelb und schwarz gestreiften Kokons an den Wirtspflanzen, an Wänden, Gartenzäunen usw.

Vorkommen: An Stachel- und Johannisbeere,

Aprikose, Kirsche, Pflaume, Haselnuß, Weißdorn, Holzapfel, Pfaffenhütchen *(Euonymus)*, Lorbeer.
Schadbild: Die Raupen fressen im Spätsommer und April bis Juni an den Blättern. Es kann zu Kahlfraß kommen.
Abwehr
Vorbeugend:
- Vögel im Garten fördern.

Direkt:
- Im April die Büsche auf erste Raupen kontrollieren und ablesen. Sie treten zuerst im Buschinnern auf.
- Gegen die jungen Raupen mit Schmierseife-Lösung gründlich spritzen: 100 bis 300 g Schmierseife, 0,5 l denaturierter Spiritus, 1 Eßlöffel Salz, 1 Eßlöffel Kalk in heißem Wasser gut auflösen und noch warm spritzen.
- Eine Winterspritzung mit Mineralöl kann überwinternde Raupen reduzieren.
- Vor der Blüte Rotenon-Mittel oder das Bakterienpräparat *Bacillus thuringiensis* spritzen.

Blattfallkrankheit
(Drepanopeziza ribis)

Dieser Pilz entwickelt sich hauptsächlich in feuchten Jahren. Er befällt die Blätter, manchmal werden auch Triebe und Früchte nicht verschont. Der Pilz überwintert im abgefallenen Laub.
Vorkommen: An Roter und Schwarzer Johannisbeere, Stachelbeere.
Schadbild: Gegen Ende des Frühlings bilden sich auf den Blättern zunächst gelbliche, später dunkle Flecken. Die Blätter fallen frühzeitig ab.
Abwehr
Vorbeugend:
- Weniger anfällige Sorten *(Ribes petraeum)*, zum Beispiel 'Jonkheer van Tets', pflanzen.
- Laub einsammeln und verbrennen.
- Mit Zwiebelschalen-Wasser spritzen.

Direkt:
- Beim ersten Auftreten mit Schachtelhalmbrühe- und Brennesseljauche-Gemisch gründlich spritzen.
- Bei starkem Auftreten ein Kupfermittel kurz nach der Blüte (zweimal im Abstand von 10 bis 15 Tagen), eventuell ein drittes Mal nach der Ernte spritzen. (In der BRD sind Kupfermittel für diese Kultur nicht ausgewiesen.)

Johannisbeersäulenrost
(Cronartium ribicola)

Säulchenrost
Diese Pilzkrankheit benötigt für ihre Entwicklung zwei Arten von Wirtspflanzen. Die Ausbreitung auf Schwarze Johannisbeeren sowie Stachelbeeren erfolgt während der Vegetationsperiode durch die Sommersporen. Später entwickeln sich die Wintersporen, diese befallen die Triebe von fünfnadeligen Kiefern. Diese Triebe werden spindelförmig aufgerauht (ähnliches Krankheitsbild wie bei Krebs), später entstehen blasige, orangefarbene Pusteln. Nach dem zweiten Winter erfolgt von hier aus wiederum die Infektion der Johannisbeeren.
Vorkommen: An Schwarzer Johannisbeere, selten Stachelbeere, Kiefer.
Schadbild: Ab Juli zeigen sich auf der Blattunterseite kleine gelbe Flecken, auf denen

Die Sporenlager des Johannisbeersäulenrostes erscheinen auf der Blattunterseite. Die Wintersporen können sich nur auf Kiefern entwickeln.

Der Stachelbeermehltau verursacht einen weißlichen Belag auf Blättern und Beeren.

sich winzige ockergelbe Pusteln bilden. Die Blätter fallen frühzeitig ab. Große Schäden sind im allgemeinen selten.

Abwehr

Vorbeugend:

- Johannisbeeren nicht in die Nähe von fünfnadeligen Kiefern anpflanzen.
- Zwei- bis dreimal vor und nach der Blüte Pflanzenpflegemittel oder Schachtelhalmbrühe, eventuell kombiniert mit (0,03 %) Kaliumpermanganat, einsetzen.

Direkt:

- Bei starkem Auftreten ein Kupfermittel spritzen. (In der BRD nicht für diese Kultur ausgewiesen.)

Stachelbeermehltau

(Sphaerotheca mors-uvae)

Amerikanischer Stachelbeermehltau
Der Pilz entwickelt sich auf den Stachelbeersträuchern. Er überwintert auf der Pflanze und im Boden. Diese bedeutsamste Krankheit der Stachelbeere tritt besonders nach kalten Wintern, bei feuchter Witterung und bei zu starker Stickstoffdüngung auf.

Vorkommen: An Stachelbeere und einigen Sorten der Schwarzen Johannisbeere.

Schadbild: Die Krankheit zeigt sich schon im Winter. Die Triebe sind gestaucht und die Triebspitzen verkümmern.

Im Frühling zeigen Blätter, Triebspitzen und Früchte einen filzigen, weißen Belag, der später braun-ledrig wird. Die Früchte verkümmern und platzen. Die Sträucher sind im Wuchs gehemmt und werden frostempfindlich.

Abwehr

Vorbeugend:

- Hoch- und Halbstammbäumchen werden weniger stark befallen.
- Luftiger Standort.
- Regelmäßiger Schnitt, Triebe einkürzen.
- Bodenspritzungen mit Farnkraut-Extrakt und Mulchen mit Farnkraut.
- Bei Frostgefahr Baldrian spritzen.
- Vor dem Austrieb, in nassen Jahren auch noch ins Laub, Rainfarn-Schachtelhalm-Brennessel-Gemisch spritzen.

Direkt:

- Befallene Teile sofort ausschneiden und verbrennen.
- Bei starkem Auftreten zu Beginn des Knospenaustriebs Pflanzenpflegemittel mit Schwefelzusatz oder Netzschwefel spritzen.

4.9 Schädlinge und Krankheiten an der Weinrebe (Rebengewächse)

Die Reben brauchen einen sehr warmen Standort in geschützter, möglichst frostarmer Lage.

Sie bevorzugen durchlässige, humose, sich rasch erwärmende Böden.

Schadbilder an Weinrebe	Schädling oder Krankheit	Seite
Blätter, Triebe		
Schildchen, Rußtau an Trieben und Blättern	Schildlaus (selten)	131
Gehemmtes Triebwachstum, Bleiglanzfärbung, mit winzigen Spinnentieren	Spinnmilbenarten	63
Ölflecken oberseits, unterseits weißer Pilzrasen, Blätter fallen ab	Falscher Mehltau	169
Pilzrasen oberseits, rasches Welken	Echter Mehltau	168
Stielfäule	Grauschimmel	170
Knospen, Blüten		
Gescheine (= Blütenstände) angefressen, Gespinst	Heuwurm (Traubenwickler)	167
Beeren		
Raupe bohrt sich in Beeren ein und frißt sie an	Sauerwurm (Traubenwickler)	167
Einschrumpfen (Lederbeeren)	Falscher Mehltau	169
Platzen	Echter Mehltau	168
Verschimmeln	Grauschimmel	170

Heu- und Sauerwurm

Raupe des Einbindigen Traubenwicklers
(Eupoecilia ambiguella)
Raupe des Bekreuzten Traubenwicklers
(Lobesia botrana)
Die Falter haben eine Flügelspannweite von 12 bis 15 mm. Die Vorderflügel sind gelblich mit schwarzem Querband. Die rötliche Raupe mit schwarzem Kopf ist 9 bis 12 mm, die Puppe 5 bis 8 mm lang. Der Falter fliegt nachts ab Ende April und von Juli bis August in schwerfälligem Flug. Die Eier werden auf die Gescheine und die jungen Weinbeeren gelegt. Die träge Raupe frißt in einer Gespinströhre an versponnenen Gescheinen. In diesem Stadium nennt man sie Heuwurm. Die zweite Raupengeneration frißt als sogenannter Sauerwurm (grünlich-brauner Kopf) an den Beeren. Sie verpuppt sich im Juli an Blättern und im Herbst zur Überwinterung in Rindenritzen und an Stützpfählen. Das Gespinst ist mit Zernagtem zersetzt. Feuchtwarme Witterung fördert die Massenvermehrung.

Der Sauerwurm frißt an Weinbeeren, die in der Folge verfaulen.

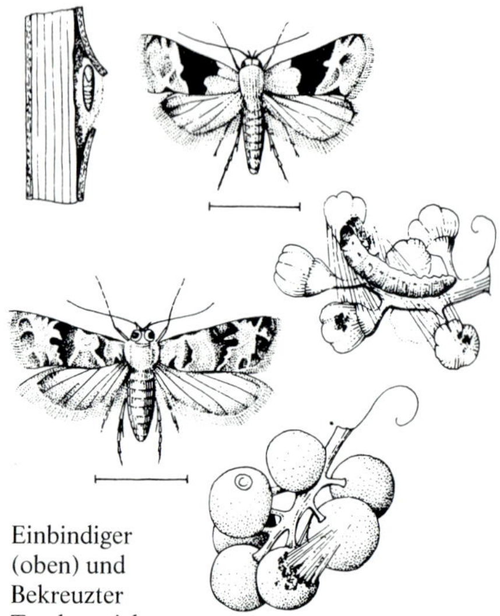

Einbindiger (oben) und Bekreuzter Traubenwickler (unten)

Vorkommen: An Weinrebe (im Garten selten).

Schadbild: Der Heuwurm frißt an Gescheinen, der Sauerwurm an Beeren, die platzen und vertrocknen.

Abwehr

Vorbeugend:

- Eine vielfältige Bodenbegrünung mit stets blühenden Pflanzen zur Nützlingsförderung einsäen und im Wechsel schneiden.
- Nistkästen aufhängen für Vögel (Meisen) und Fledermäuse.

Direkt:

- Feststellen des Falterfluges durch Köderfang mit Trester-Essig-Zuckerlösung.
- Bei starkem Falterflug ein Pyrethrum- oder Rotenon-Mittel einsetzen (wirkt nur bedingt, darum offiziell nicht empfohlen).
- Gegen den Sauerwurm Bakterienpräparat *Bacillus thuringiensis* mit 1 % Zucker oder Melasse spritzen.

Echter Mehltau *(Uncinula necator)*

Der Pilz überwintert als Myzel in Knospen und Trieben. Die erste Infektion findet schon kurz nach dem Austrieb statt, der Hauptbefall jedoch erst im Juni bei warmer, wechselhafter Witterung. Es werden Blätter, Früchte und Triebe befallen.

Vorkommen: An Weinrebe.

Schadbild: Oberflächlicher Pilzrasen (bei Blättern nur auf der Oberseite), bald darauf sind die ersten dunklen Flecken von abgestorbenem Gewebe erkennbar. Die Blätter welken meist rasch, ohne jedoch ganz abzusterben. Vorzeitiger Blattfall. Die befallenen Beeren platzen auf; durch die entstandenen Wunden kommt es meist zu Infektionen durch andere Krankheiten.

Die von Echtem Mehltau befallenen Weintrauben platzen und verfaulen.

Ist die Weinrebe von Falschem Mehltau befallen, erscheint ein weißer Pilzrasen auf der Blattunterseite.

Abwehr

Vorbeugend:

- Reichliche Humusgaben.
- Keine zu triebige Düngung geben.
- Bodenbedeckung.
- Sortenwahl.
- Mehrmalige Schachtelhalmbrühe-Spritzungen während des Triebwachstums.
- Lehm-Schachtelhalmbrühe-Anstrich des ganzen Rebholzes sowohl im Herbst als auch im Frühjahr.

Direkt:

- Pflanzenpflegemittel mit Schwefelzusatz oder Netzschwefel (0,2 %) ab Austrieb regelmäßig alle 8 bis 14 Tage, eventuell kombiniert mit 0,5 % Wasserglas spritzen (nicht bei heißem Wetter: Verbrennungsgefahr für die Blätter).

Falscher Mehltau *(Plasmopara viticola)*

Die Pilzsporen überwintern auf Blattresten. Sie werden durch den Wind verbreitet. Auskeimung durch Spaltöffnungen nur bei Regen oder starkem Tau. Befallen werden alle grünen Pflanzenorgane. Bei nasser Witterung kommt es zu sehr rascher Verbreitung.

Vorkommen: An Weinrebe (Frühjahr bis August).

Schadbild: Erste Merkmale sind sogenannte »Ölflecken« auf der Blattoberseite; später ist auf der Blattunterseite ein weißer Pilzrasen sichtbar. Befallene Beeren trocknen ein (sogenannte Lederbeeren).

Schadbild des Falschen Mehltaus

Abwehr
Vorbeugend:
- Gute Kompostdüngung mit Steinmehl fördert die Verrottung der befallenen Blätter.
- Sortenwahl (Direktträger sind weniger empfindlich).
- Mehrmals während des Triebwachstums mit Schachtelhalmbrühe spritzen.
- Triebe gut aufbinden und schneiden, damit sie rasch trocknen.
- Blätter einsammeln und verbrennen oder gut kompostieren.

Direkt:
- Bei mäßiger Befallsgefahr Pflanzenpflegemittel, eventuell mit Wasserglas, regelmäßig vorbeugend alle 8 bis 14 Tage spritzen.
- In ersten Versuchen wurden gute Resultate mit 1- bis 1,5%iger aktivierter Tonerde (Ulmasud) erzielt, wenn regelmäßig alle 8 bis 12 Tage, je nach Befallsdruck, gespritzt wurde (siehe Kapitel 5.2).
- Bei starker Befallsgefahr zusätzlich ein Kupfermittel (Kupferoxychlorid oder Kupfersulfat) einsetzen. Vorsicht: Kupfermittel können, besonders während der Blüte, Verbrennungen verursachen.
- Bordeaux-Brühe (pro 100 m^2 maximal 200 g Kupfer/10 l Wasser), bei anhaltender Feuchtigkeit alle 8 Tage, einsetzen. Kupfergehalt im Boden kontrollieren (Bodenanalyse).

Grauschimmel *(Botrytis cinerea)*

Feuchtes Wetter führt zum Befall durch diese Pilzkrankheit, besonders wenn die Beeren von Wespen oder vom Sauerwurm angefressen sind oder die Trauben sehr dicht stehen.

Der Grauschimmel an Weinbeeren bildet einen grauen Belag.

Vorkommen: An Weinrebe, Erdbeere u. a.
Schadbild: Die Beeren sind von grauem Schimmel bedeckt.

Abwehr
Ein leichter Grauschimmel-Befall ist bei trockener Witterung kurz vor der Ernte erwünscht (höherer Zuckergehalt, sogenannte Edelfäule). Spezielle Abwehrmaßnahmen sind selten nötig (siehe Grauschimmel Kapitel 4.4).

Vorbeugend:
- Frühreifende Sorten wählen.
- Zu dichte Trauben ausbeeren.
- Traubenwickler und Wespen bekämpfen.
- Mehrmals mit Algenkalk oder Steinmehl stäuben, solange die Traube locker ist.

Direkt:
- Regelmäßig Pflanzenpflegemittel mit Schwefelzusatz spritzen (siehe Falscher Mehltau) oder von Juli bis Mitte August Schwefelmittel stäuben.

4.10 Schädlinge und Krankheiten im Ziergarten

Im Nutzgarten wird heute oft auf den Einsatz von chemischen Pflanzenschutzmitteln verzichtet, im Ziergarten aber glaubt der Gärtner, nicht ohne diese auskommen zu können. Viele sind sich nicht bewußt, daß jeder Einsatz von Pflanzenschutzmitteln einen Eingriff in und eine Belastung für die Natur bedeutet und daß sich das Problem nicht allein auf Rückstände in Lebensmitteln beschränkt. Der Garten muß als Ganzes und als Teil der Landschaft empfunden werden. Auch sogenannte Unkräuter, meist einheimische und dem Standort bestens angepaßte Pflanzen, gehören als wichtige Nahrungsquelle für viele Insekten dazu und sollten nur dort entfernt werden, wo sie zum Problem werden.

Durch die Wahl von Pflanzenarten, die dem Boden und dem Klima gut angepaßt sind, sowie weniger anfällige Sorten läßt sich auf den Einsatz von direkten Abwehrmitteln weitgehend verzichten. Der Einsatz von Pflanzenschutzmitteln ist bei einjährigen Zierpflanzen nur im Ausnahmefall zu rechtfertigen. Besonders auch der wiederholte Einsatz von kupferhaltigen Mitteln ist auch im Ziergarten zu vermeiden, da sich Kupfer im Boden anreichert und auf Dauer das Bodenleben schädigt. Sorgfältige Bodenbearbeitung, Kompostgaben und eine den verschiedenen Ansprüchen angepaßte Düngung sind grundlegend. Übermäßige Stickstoffdüngung führt auch hier zu Anfälligkeiten gegenüber Schädlingen und Krankheiten. Die Entwicklung von Pilzkrankheiten wird oft durch falsches Wassergeben sehr gefördert. Pflanzen sollten nicht täglich, dafür gründlich, am besten morgens, gewässert werden. Das Überbrausen ist zu vermeiden. Vorbeugende Schachtelhalm-Spritzungen stärken das Blattgewebe.

Aus der großen Vielfalt der Blumen, Ziersträucher und Bäume konnte nur eine kleine Auswahl getroffen werden. Auf Probleme mit allgemeinen Schädlingen (Schnecken, Blattläuse usw.) wird nur in Fällen eingegangen, wo spezielle Hinweise nötig sind. Da an den meisten Zierpflanzen spezifische Probleme nur vereinzelt auftreten, wurde, außer bei Rosen, auf Übersichtstabellen verzichtet.

Ein- und mehrjährige Zierpflanzen

Aster, Chrysantheme (Korbblütler)

Sowohl im Freiland als auch im Gewächshaus werden Astern und Chrysanthemen von verschiedenen Schädlingen, Pilz- und Viruskrankheiten befallen. Besonders wichtig ist der Standortwechsel bei einjährigen Pflanzen und das Verbrennen befallener Pflanzen. Aster und Chrysantheme verlangen nach einem luftigen Standort, damit Boden und Pflanzen rasch abtrocknen, und einem nahrhaften, gut durchlüfteten Boden.

Nematodenschaden

Die Blätter von Chrysanthemen werden häufig durch Minierfliegen beschädigt. Die geschlängelten Fraßgänge sind deutlich zu erkennen.

Blattläuse

Neben der kleinen gelbgrünen **Grünen Zwetschgenblattlaus** *(Brachycaudus helichrysi)* richtet hauptsächlich die **Chrysanthemenblattlaus** *(Pyrethromyzus sanborni)* Schaden an.

Vorkommen: An Chrysantheme, Zwetschge u. a.

Schadbild: Die Blätter sind wellig, gekräuselt und bleiben klein.

Abwehr

Siehe Blattläuse Kapitel 4.4 und Grüne Zwetschgenblattlaus Kapitel 4.7.

Blattminierfliege *(Phytomyza syngenesiae)*

Das unauffällige, 3 mm große, dunkle Insekt fliegt zwischen den Chrysanthemenblättern in ruckartigem Flug. Es sticht das Blattgewebe an und saugt den austretenden Pflanzensaft auf. Es entstehen typische weiße Punkte. Das Weibchen legt ungefähr 100 Eier ins Blattgewebe ab. Die Larven schlüpfen und minieren die Blätter in immer größeren Gängen. Nach 2 bis 3 Wochen verpuppen sie sich, es bilden sich kleine schwarze Aufwölbungen. Hält man die Blätter gegen das Licht, so sind Larven und Puppen meist sichtbar. Im Freiland treten die Fliegen im Mai–Juni auf.

Vorkommen: An Chrysantheme, Cinerarien, Ringelblume, Salat usw.

Schadbild: Die Larven minieren die Blätter und verursachen weiße und braune Verfärbungen. Bei starkem Auftreten können die Pflanzen absterben.

Abwehr

Vorbeugend:
- Wenig anfällige Sorten wählen.

Direkt:
- Die Larven in den Blättern zerdrücken.
- Stark befallene Blätter entfernen und vernichten.

Asternwelke

Asternwelkekrankheiten bedeuten das größte Problem bei Astern und Chrysanthemen. Verschiedene Krankheitserreger verursachen die Welkeerscheinungen. Da die Abwehr bei befallenen Pflanzen sehr schwierig ist, sind vorbeugende Maßnahmen wichtig.

Blattfleckenkrankheiten
(Septoria chrysanthemella und *S. obesa)*

Diese an Winterastern auftretende Krankheit führt bei starkem Befall zum Absterben der Blätter. Der Pilz verursacht schon im Frühsommer, zunächst an den bodennahen Blät-

Die Pflanze rechts im Bild ist von der Asternwelke befallen.

tern, bräunlich-schwärzliche Flecken. Auf ihnen entwickeln sich in unter der Lupe sichtbaren Fruchtkörpern Sporen, welche die Krankheit verbreiten.

Der Pilz überwintert auf abgestorbenen Pflanzenteilen und im Boden. Nasse Witterung fördert die Entwicklung.

Vorkommen: An Winterastern.

Schadbild: Runde, braune bis schwarze, zusammenwachsende Flecken an den Blättern.

Abwehr

Vorbeugend:
- Weite Pflanzabstände einhalten.
- Großblumige Sorten nur unter Witterungsschutz pflanzen.
- Mit Kräuterspritzungen das Blattwerk stärken.

Direkt:
- Kranke Pflanzen entfernen und vernichten.
- Bei Befallsverdacht Bordeauxbrühe oder andere Kupfermittel spritzen (maximal 200 g Kupfer pro 10 l Wasser auf 100 m^2).

Fusarium-Welke

(Fusarium oxysporum und *F. callistephi)*

Die Pilze dringen durch die Wasserleitungsbahnen vom Boden her in die Pflanze ein. Schneidet man den Stengel durch, so sieht man, daß die Gefäße verfärbt und beschädigt sind. Bei feuchtem Wetter greift der Pilz meist auf die Rinde über. Diese verfärbt sich dunkel, rotgelbe Sporenlager breiten sich aus.

Fuß- und Stengelkrankheiten

(Fusarium lateritium und *F. culmorum)*

Diese Pilze greifen vor allem das Rindengewebe an. Der Stengelgrund verfärbt sich dunkel und vermorscht. Die Pflanzen welken schnell.

Gelb-Welke, Verticillium-Welke

(Verticillium albo-atrum, Acrostalagmus vilmorinii)

Diese Welkekrankheit tritt erst im Spätsommer und im Herbst auf. Typisch ist der oft nur einseitige Befall oder das Welken einzelner Pflanzenteile. Die Stengel sind im Innern braun verfärbt, zeigen aber auf der Rinde keine Flecken. Spät ausgepflanzte Astern werden weniger stark befallen. Der *Verticillium*-Pilz überwintert an Unkräutern.

Vorkommen: An Astern, Phlox, Rittersporn.

Abwehr

Vorbeugend:
- Widerstandsfähige Sorten pflanzen wie 'Bukett', 'Herzogin Germaine'. Hochwachsende Sorten sind weniger anfällig.
- Astern immer wieder an einen neuen Ort pflanzen. Bei einem Befall 4 bis 5 Jahre am selben Ort keine Astern setzen.

– Wurzelschäden vermeiden. Direktsaaten sind deshalb weniger anfällig.
– Systematische Pflege mit Kräutermitteln zur Gewebestärkung.

Direkt:
– Einzelne befallene Pflanzen mit der umgebenden Erde sofort entfernen und verbrennen. Keinesfalls auf den Kompost geben.
– Eine Bodenentseuchung ist auch mit chemischen Mitteln nur begrenzt möglich.

Begonie (Begoniengewächse)

Begonien gedeihen in lockerer, saurer Erde. Übermäßige Stickstoffdüngung führt zur Anfälligkeit gegenüber Krankheiten. Besonders Knollenbegonien bevorzugen eine eher kühle Lage. Sie brauchen reichlich Wasser, sollten aber nie naß in die Nacht gehen.

Dickmaulrüßler *(Otiorrhynchus sulcatus)*

Siehe Dickmaulrüßler Kapitel 4.4.

Die Knollen sind im Herbst vor der Lagerung auf Larven hin zu kontrollieren. Bei einem Befall übergießt man sie mit der Nematoden-Suspension (siehe Kapitel 5.5).

Echter Mehltau *(Oidium begoniae)*

Siehe Echter Mehltau Kapitel 4.4.

Trockenheit im Wurzelbereich führt zum Befall.

Vorkommen: An verschiedenen Begonienarten, Chrysanthemen, Cyclamen u. a.

Schadbild: Auf der Ober- und Unterseite der Blätter sowie an Stielen und Blütenstengeln bildet sich ein weißlicher, mehliger Belag. Das darunterliegende Gewebe ist bräunlich verfärbt.

Echter Mehltau

Abwehr

Vorbeugend:
– Bei Begonien stets die Erde gießen, nicht die Pflanzen überbrausen.
– Um das Gewebe zu stärken, Schachtelhalmbrühe spritzen.

Direkt:
– Beim ersten Befallszeichen die befallenen Blätter entfernen und mit Pflanzenpflegemitteln mit Schwefelzusatz wiederholt spritzen.
– Bei starkem Befall Netzschwefelmittel spritzen.

Grauschimmel

Siehe Grauschimmel Kapitel 4.4.

Abwehr

Wie beim Echten Mehltau.

Dahlie (Korbblütler)

Dahlien verlangen einen offenen Standort und beim Pflanzen eine gute gare Komposterde. Man sollte sie im Herbst nur bei trockenem Wetter abräumen. Verletzungen sind zu vermeiden, die Schadstellen reibe man mit Holzkohlenstaub ein.

Blattwanzen

Siehe Blattwanzen Kapitel 4.4.

Dahlien sollten nicht trocken stehen. Weniger empfindliche Sorten mit dunklem Laub pflanzen.

Schaden durch Blattwanzen

Ohrwurm *(Forficula auricularia)*

Siehe Ohrwurm Kapitel 3.5.

Der Ohrwurm frißt mit Vorliebe an den zarten Blüten. Abgeblühte und faulende Blüten sollten entfernt werden. Man kann Blumentöpfchen aufstellen und die tagsüber darin versteckten Ohrwürmer in einen anderen Gartenteil umsiedeln.

Wurzelmilbe (*Rhizoglyphus* spec.)

Siehe Wurzelmilbe Kapitel 4.4.

Da die Milben sich im Winterlager oft vermehren, sind die Lagerstellen im Herbst zu reinigen und die Wurzelstöcke im Frühling zu kontrollieren und mit Rainfarn- oder Rotenon-Mitteln zu behandeln.

Grauschimmel

Siehe Grauschimmel Kapitel 4.4.

Virosen

Siehe Viruskrankheiten Kapitel 4.4.

Besonders im Frühling treten gelblichgrüne Flecken entlang den Blattadern oder unregelmäßige Ring- oder Zickzackmuster auf. Die Blätter sind verformt, der Wuchs ist beeinträchtigt. Das Schadbild verschwindet im Sommer. Das Virus wird durch Blattläuse verschleppt.

Edelwicke (Schmetterlingsblütler)

Edelwicken gedeihen in humusreichen, gut mit Kalk versorgten Böden. Sie dürfen nicht zu sonnig stehen. Weil sich eine Unverträglichkeit zeigen kann, und wegen der Übertragung der Wurzelbräune, ist der Standort jährlich zu wechseln. Ein Abfallen der Blüten kann auf starke Temperaturschwankungen, unausgeglichenen Wassernachschub oder

Gießen mit zu kaltem Wasser zurückzuführen sein. Für ein ausgeglichenes Bodenklima ist durch Mulchen zu sorgen.

Echter Mehltau *(Erysiphe polygoni)*

Siehe Echter Mehltau Kapitel 4.4.
Schadbild: Blätter und Triebe zeigen weiße, mehlige Flecken oder sind ganz mit weißem Pilzmyzel bedeckt. Bei starkem Befall sterben die Pflanzen ab.

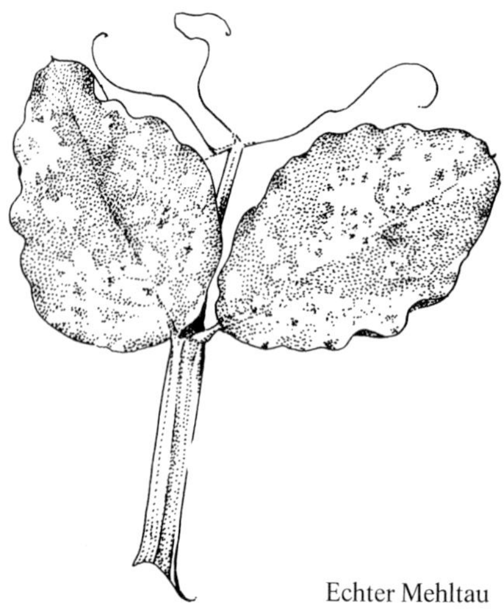

Echter Mehltau

Abwehr
Vorbeugend:
- Edelwicken nicht an einen vollsonnigen Standort pflanzen. Gewächshaus gut lüften.
- Für ausgeglichene Bodenfeuchtigkeit sorgen, da zeitweiliger Wassermangel den Befall fördert.

Direkt:
- Pflanzenpflegemittel spritzen.
- Mit Netzschwefel behandeln. Vorsicht, die Blüten vertragen Schwefel nur schlecht.

Weißfleckenkrankheit *(Ramularia deusta* syn. *Cladosporium album)*

Diese Pilzkrankheit tritt besonders bei heißer, feuchter Witterung auf.
Vorkommen: An Edelwicke.
Schadbild: An den Blättern zeigen sich mehltauähnliche Flecken, die sich bald braun verfärben. Die Blätter verdorren. Auch der Stengel wird befallen, so daß die Pflanze abstirbt. Auf der Blattunterseite ist ein bräunlicher Sporenbelag zu erkennen.

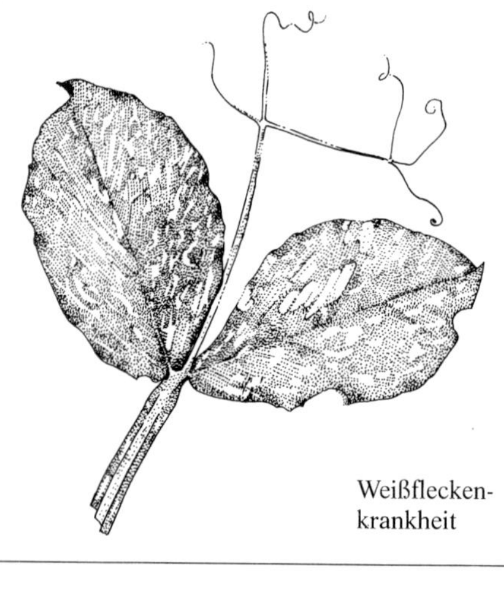

Weißflecken-krankheit

Abwehr
Vorbeugend:
- Bei der Anzucht eher kühl und trocken halten.

Direkt:
- Bei einem Verdacht auf Befall noch vor der Blüte die Pflanzen mit einem Schwefelmittel behandeln.

Wurzelbräune *(Thielaviopsis basicola)*

Schlechte Bodendurchlüftung, zusammen mit stauender Nässe führen schon bei jungen Pflanzen zu einem Befall und zum Absterben.
Vorkommen: An Edelwicke.
Schadbild: An Wurzeln und Wurzelhals werden gebräunte, in Fäulnis übergehende Stellen sichtbar. Die Pflanzen vergilben und sterben ab.
Abwehr
Vorbeugend:
- Durch gründliche Bodenbearbeitung und Kompostgaben für eine gute Bodendurchlüftung sorgen.
- Nässe vermeiden.
- Vor und nach dem Auspflanzen mit Schachtelhalmbrühe spritzen und angießen.

Direkt:
- Pflanzort wechseln, Wartezeit 4 Jahre.

Fuchsie (Nachtkerzengewächse)

Fuchsien verlangen nach einem luftigen Standort und sollten nicht zu dicht stehen. Die Blüte ist durch regelmäßiges Düngen zu fördern.

Weiße Fliege *(Aleurodes proletella)*

Siehe Weiße Fliege Kapitel 4.4.

Grauschimmel *(Botrytis cinerea)*

Die Krankheit tritt in regnerischen Jahren oder an Jungpflanzen, die zu eng stehen und deswegen schlecht abtrocknen, häufig auf.
Vorkommen: An Fuchsie und vielen anderen Pflanzen.
Schadbild: Am Stengelgrund oder auch in der Mitte des Triebes zeigen sich trockene Faulstellen, die zum Absterben führen. Dieser Schaden kann, auch ohne daß sich ein Schimmelbelag auf den Blättern zeigt, auftreten.
Abwehr
Siehe Grauschimmel Kapitel 4.4.

Geranie

Siehe Pelargonie

Iris (Schwertliliengewächse)

Schwertlilie
Iris sind genügsam, verlangen aber einen warmen, durchlässigen, kalkhaltigen Boden. Die Rhizome sollten mit knapp 5 cm Erde bedeckt sein. Ältere, dichte Pflanzengruppen sollten geteilt und verpflanzt werden.

Blattbrand, Blattdürre *(Heterosporium gracile* syn. *Didymellina macrospora)*

Der Pilz überwintert an alten Blattresten. Die Rhizome werden nicht befallen, die Pflanze selbst nimmt daher keinen großen Schaden. Der Befall tritt in nassen Jahren und an feuchten, schattigen Standorten stärker auf.
Vorkommen: An Iris.

Schadbild: Hauptsächlich von der Blattspitze her bilden sich runde oder längliche Flecken mit erst heller, dann dunkler Randzone. Besonders nach der Blüte kommt es oft zu einer raschen Ausbreitung des Schadens. Die Blätter verdorren.

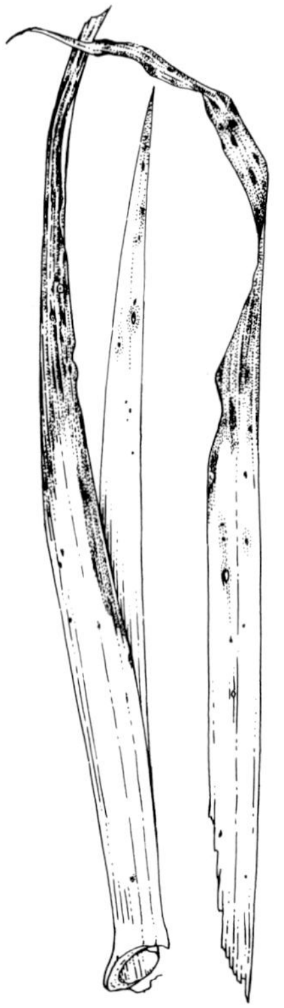

Blattdürre

Abwehr
Vorbeugend:
- Robustere Sorten wählen.
- Iris nicht in den Schatten und eher an trokkene Standorte setzen.
- Mäßige Stickstoffdüngung.

Direkt:
- Die befallenen Blätter laufend entfernen. Im Frühling das Beet von alten Blättern säubern.
- Vorbeugend mit Pflanzenpflegemittel behandeln.
- Mit einem Kupfermittel spritzen (nur bei starker Befallsgefahr).

Rhizomfäule
(Pectobacterium carotovorum)

Diese Fäule wird durch Bakterien verursacht. Sie kann das ganze Jahr hindurch auftreten, besonders bei zu starker Stickstoffdüngung.
Vorkommen: An Iris, Zwiebeliris.
Schadbild: Die Blattspitzen werden gelb und vertrocknen. Die Rhizome zerfallen in einen gelben, unangenehm riechenden Brei.
Abwehr
Vorbeugend:
- Keine triebige Stickstoffdüngung und keinen frischen Stallmist ausbringen.

Direkt:
- Mit einem scharfen Messer alle kranken Teile der Rhizome bis tief in das gesunde Gewebe hinein wegschneiden. Mehrere Tage an der Luft trocknen und danach mit Wundpuder gründlich einpudern. An einem neuen Standort wieder einsetzen.

Lilie (Liliengewächse)

Lilien verlangen einen luftigen Standort und vertragen weder Bodenverdichtung noch stauende Nässe, da sonst die Zwiebeln leicht faulen. Die Blütentriebe sollten, besonders wenn sich Knöpfe gebildet haben, beim Wässern nicht übergossen werden. Lilien müssen tief gepflanzt werden und dicht stehen, damit sich die Blütenstiele gut entwickeln. Im Treibhaus sollen sie kühl stehen, da sie sonst die Knospen abwerfen. Der pH-Wert des Bodens ist mit Laubkompost zu regeln. Er sollte nicht über 6,5 liegen, da sonst Eisenmangel entstehen kann, was zur Vergilbung der Blätter (Chlorose) führt.

Die Zwiebeln sind in Torf oder Sand bei ungefähr 2 °C zu lagern. Ein Warmwasserbad (2 Stunden lang bei 40 °C) vor dem Auspflanzen fördert das Wachstum.

Blattälchen *(Aphelenchoides fragariae)*

Siehe Nematoden Kapitel 4.4.

Die Älchen sind bei der Sproßanlage und unter den Schuppen zu finden. Sie entwickeln sich nur bei Feuchtigkeit. Die Nematoden werden durch Saatgut und Zwiebeln verschleppt.

Vorkommen: An Lilien, Unkräutern u. a.

Schadbild: Sie verursachen Flecken an den Blättern, die durch die Blattnerven begrenzt werden. Bei starkem Befall ist das Wachstum gestaucht, Knospen und Blüten verkrüppeln und trocknen ein. Die Pflanze vergilbt und stirbt ab.

Abwehr

Siehe Nematoden Kapitel 4.4.

Vorbeugend:

- Befallene Nachbarpflanzen entfernen.

Direkt:

- Befallene Zwiebeln 1 Woche nach der Rodung mit Wasserbad behandeln (2 Stunden in 40 °C).

Lilienhähnchen *(Lilioceris lilii)* und Zwiebelhähnchen *(Lilioceris merdigera)*

Die beiden sehr ähnlichen Käfer befallen Lilien. Sie sind 6 bis 7 mm lang, leuchtendrot oder gelbrot. Sie erscheinen schon im Frühling an Kaiserkrone und Madonnenlilie und gehen dann auf spätere Sorten über. Sie legen ihre 1,5 mm großen Eier in Reihen auf die Blattunterseite ab. Die schleimigen, mit Kot bedeckten Larven schlüpfen Anfang Mai aus. Es kommt zu zwei bis drei Generationen im Laufe des Sommers. Die Käfer der letzten Generation überwintern im Boden.

Vorkommen: An Lilien, Kaiserkrone, Bittersüß.

Schadbild: Die Larven und Käfer fressen an Blüten und Blättern (Lochfraß).

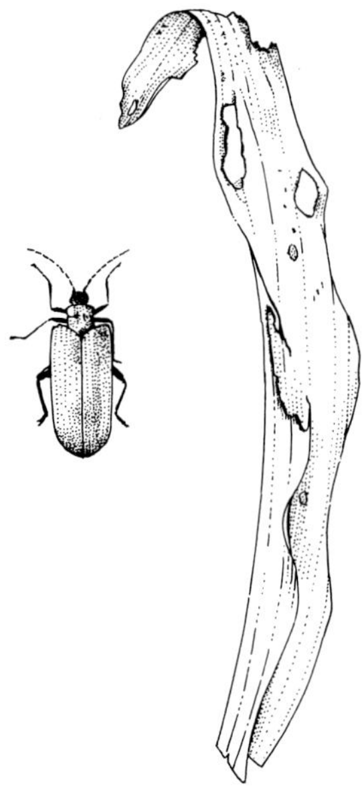

Lilienhähnchen und sein Schadbild

Bei Lilien, die mit Grauschimmel befallen sind, faulen die Knospen ab.

Abwehr

Vorbeugend:

- Die Wirtspflanze Bittersüß *(Solanum dulcamaro)* entfernen.
- Standort wechseln.

Direkt:

- Beim ersten Auftreten die Käfer von Hand ablesen.
- Mit Rotenon- oder Pyrethrum-Mittel behandeln.

Grauschimmel

(Botrytis elliptica und *B. cinerea)*

Siehe Grauschimmel Kapitel 4.4.

Vorkommen: An Lilien, Weinrebe, Erdbeere und anderen Pflanzen.

Schadbild: Auf den Blüten und Knospen treten zuerst kleine, braune Tupfen auf, die sich zu leicht eingesunkenen, braunen Flecken entwickeln. Es entstehen Faulstellen. Die Knospen öffnen sich nicht, es kann bei starkem Befall und nassem Wetter zum Absterben der ganzen Pflanze kommen. Besonders anfällig sind die weißen Lilien.

Grauschimmel

Abwehr

Vorbeugend:

- Windgeschützte, feuchte Lage meiden.
- Gewächshaus gut lüften.
- Vom Frühling an mit Pflanzenpflegemittel spritzen.

Direkt:

Siehe Grauschimmel Kapitel 4.4 und Kapitel 4.9.

Wurzel-, Zwiebel- und Stengelgrundfäule *(Fusarium oxysporum)*

Diese Fäulnis geht meist von der Zwiebel oder dem Stengelgrund aus.
Vorkommen: An Lilie.
Schadbild: Vergilben und Absterben der Pflanze.
Abwehr
Vorbeugend:
- Gute Bodenverhältnisse schaffen.
- Zwiebeln nicht verletzen.
- Warmwasserbeize, eventuell auch mit Schachtelhalmbrühe.

Direkt:
- Befallene Zwiebeln vernichten.
- Für mehrere Jahre den Standort wechseln.

Löwenmaul (Rachenblütler)

Das Löwenmaul verlangt nach einem warmen, windgeschützten Standort. Diese einjährigen Pflanzen können in milden Lagen auch überwintern.

Blatt- und Stengelfleckenkrankheit *(Phyllosticta antirrhini)*

Diese Pilzkrankheit tritt bei hoher Feuchtigkeit auf.
Vorkommen: An Löwenmaul.
Schadbild: Auf Blättern, Stengeln und Samenkapseln zeigen sich bräunliche Flecken mit dunklem Rand, die später ausbleichen. In der Mitte lassen sich mit Hilfe der Lupe kleine schwarze Pünktchen erkennen. Die Blätter vertrocknen, die Samenkapseln werden braun.

Abwehr
Vorbeugend:
- Nur Samen von gesunden Pflanzen verwenden.
- Pflanzen nicht überbrausen, morgens wässern.

Direkt:
- Kranke Pflanzen entfernen.
- Bei Befallsverdacht wiederholt mit einem Kupfermittel spritzen.

Rost *(Puccinia antirrhini)*

Dieser Rostpilz befällt Blätter, Stengel, Kelchblätter und Samenstände. Die unteren Blätter werden zuerst befallen. Die Sporen werden durch Wind, Wasser und durch Insekten verbreitet. Der Pilz überwintert an den Löwenmaulpflanzen, die im Herbst nicht abgeräumt wurden.

Rostbefall

Vorkommen: An Löwenmaul.
Schadbild: Dieser Pilz verursacht blattoberseits gelbliche Flecken und auf der Blattunterseite kleine dunkle Pusteln. Die Pflanzen können eingehen.
Abwehr
Vorbeugend:
- Rostresistente Sorten pflanzen.
- Bei Trockenheit gut wässern, aber nicht überbrausen.
- Ausgewogene Düngung.
- Wiederholt mit Schachtelhalmbrühe spritzen.

Direkt:
- Bei Befallsverdacht mit Pflanzenpflegemittel oder mit einem Kupfermittel behandeln.

Schwarzbeinigkeit *(Pythium debaryanum* und *Rhizoctonia solani)*

Siehe Schwarzbeinigkeit Kapitel 4.4.

Nelke (Nelkengewächse)

Nelken sollten nicht zu tief und nicht zu eng gepflanzt werden, damit sie rasch abtrocknen. Sie sind morgens zu gießen. Sie vertragen keine übermäßige Stickstoffdüngung.

Blasenfuß (*Thrips* spec.)

Siehe Thripse Kapitel 4.4.

Nelkenrost *(Uromyces dianthi)*

Auch Bartnelken werden öfter von Rost befallen. Die Pusteln sind leicht zu erkennen.

Die Winter- und Sommersporen dieses Pilzes entwickeln sich auf verschiedenen Nelkenarten. Er kann bei hoher Luft- und Bodenfeuchtigkeit, besonders auch in Gewächshäusern, großen Schaden verursachen.
Vorkommen: An Nelken, Bartnelken, Schleierkraut und anderen. Winterwirte sind Wolfsmilchgewächse.
Schadbild: Der Rostpilz ist leicht zu erkennen, da er rötliche bis dunkle Pusteln auf den oberirdischen Pflanzenteilen bildet.
Abwehr
Die Abwehr ist sehr schwierig.
Vorbeugend:
- Nelken nicht in die Nähe von Wolfsmilch *(Euphorbia)* pflanzen, Unkraut entfernen.
- Die Pflanzen nicht überbrausen.
- Harmonische, eher phosphor- und kalibetonte Düngung.

- Im Spätherbst und Frühling mit Schachtelhalmbrühe oder Kräutermittel spritzen.

Direkt:

- Beim ersten Auftreten befallene Teile sofort entfernen, bei stärkerem Befall die ganze Pflanze vernichten.
- Bei Befallsverdacht die noch gesunden Pflanzenteile mit einem Schwefelmittel schützen. Nicht bei starkem Sonnenschein behandeln.

Nelkenschwärze

(Heterosporium echinulatum)

Diese Pilzkrankheit tritt an verschiedenen Nelkenarten auf und kann sich bei feuchtem Wetter schnell ausbreiten.

Vorkommen: An Bartnelken, Polsternelken und Edelnelken.

Schadbild: Auf Blattober- und -unterseiten, an Stengel, an Kelchblättern und Blüten zeigen sich runde oder längliche, graubraune Flecken mit dunkelrotem oder violettem Rand. Die Blätter verdorren, die Triebe knicken.

Abwehr

Vorbeugend:

- Gute Bodenbedingungen schaffen. Keine triebige Stickstoffdüngung.
- Engen, schattigen Standort vermeiden.
- Keine Stecklinge von kranken Pflanzen schneiden.

Direkt:

- Befallene Pflanzen sofort entfernen und verbrennen.
- Bei Befallsverdacht wiederholt mit einem Kupfermittel behandeln.

Nelkenschwärze

Bakterielle Welke an Nelke (siehe Seite 184)

Pelargonie
(Storchschnabelgewächse)
»Geranie«

Das Überwintern in einem kühlen, gut gelüfteten Raum, in dem die Pflanzen trocken und nicht zu dicht stehen, ist für deren Gedeihen wichtig. Auch beim Antrieb sollte nur mäßig gewässert werden und die Raumtemperatur 10 bis 15 °C betragen. Es empfiehlt sich das jährliche Umtopfen in frische Erde, die einen pH-Wert zwischen 5,5 und 6,5 aufweist. Pelargonien sollte man nicht überbrausen und morgens gießen, damit sie rasch abtrocknen.

Pelargoniumblattlaus
(Aulacorthum pelargonii)

Diese an Pelargonien (»Geranien») auftretenden Blattläuse schaden durch ihr Saugen schon an den jungen Pflanzenteilen. Die Blätter sind verkrüppelt und blattoberseits aufgewölbt. Diese Blattlausart überträgt Virus- und Bakterienkrankheiten (siehe Blattläuse Kapitel 4.4).

Weiße Fliege

Siehe Weiße Fliege Kapitel 4.4.

Bakterielle Welke, Stengelfäule und Blattfleckenkrankheit
(Xanthomonas pelargonii)

Diese durch Bakterien verursachte Krankheit äußert sich in zwei verschiedenen Krankheitsbildern, die unabhängig voneinander auftreten können.
Vorkommen: An Pelargonie.

Schadbild: Die **Welke- und Stengelfäule** zeigt sich zuerst an den unteren Blättern, die abwelken und verdorren. Die Gefäße der Pflanzen werden befallen. Die Stengel verfärben sich schwärzlich und sterben ab. Die Fäule entwickelt sich auch an den Stecklingen, die sich nicht bewurzeln und sich ausgehend von der Schnittstelle schwarz verfärben.

Hohe Temperaturen und eine unausgeglichene Düngung fördern den Befall.

Bei der **Blattfleckenkrankheit** entstehen kleine punktartige, durchscheinende Bläschen, die zunächst blattunterseits auftreten. Mit dem zunehmenden Absterben des Gewebes werden auf der Blattoberseite braunrote Flecken mit einem durchschimmernden Hof sichtbar. Der Befall tritt an älteren Blättern besonders bei hoher Luftfeuchtigkeit auf.

Stengelfäule und Blattfleckenkrankheit

Abwehr
Vorbeugend:
– Nur frische Erde zum Eintopfen verwenden.

Die Korkflecken am Pelargonienblatt sind auf der Blattunterseite gut zu erkennen.

Vom Rost befallene Pelargonienblätter müssen sofort entfernt werden.

- Töpfe und Balkonkästen müssen innen und außen gründlich mit heißem Sodawasser ausgewaschen werden.
- Die Pflanzen nicht überbrausen, sauberes Wasser verwenden.
- Nur von absolut gesunden Pflanzen Stecklinge nehmen.
- Beim Stecklingsschnitt das Messer immer wieder durch Eintauchen in Brennspiritus desinfizieren.

Direkt:
- Beim ersten Auftreten sofort befallene Pflanzenteile entfernen.
- Wiederholt mit Pflanzenpflegemittel spritzen.

Korkwucherungen

Korkwucherungen werden meist nicht durch Parasiten verursacht, sondern durch schlechtes Wetter, das heißt, durch zu hohe Wasserzufuhr bei schlechten Lichtverhältnissen. Gelegentlich kommt es zu Verkorkungen durch das Saugen von Blattläusen und Milben.

Vorkommen: An Pelargonie.
Schadbild: Auf der Blattunterseite zeigen sich korkartige Warzen und Schwielen.
Abwehr
Vorbeugend:
- Pflanzen vor Regen schützen, luftig und hell stellen.
- Morgens und nur mäßig gießen.
- Nicht zu dicht pflanzen.
- Bei naßkaltem Wetter wenig düngen.

Rost *(Puccinia pelargonii-zonalis)*

Der Pilz tritt schon an Jungpflanzen auf. Eine frühe Kontrolle ist deshalb wichtig.
Vorkommen: An Pelargonie.
Schadbild: Die braunen, kreisförmig angeordneten Sporenlager sind auf der Blattunterseite zu sehen. Auf der Blattoberseite zeigen sich gelbliche Flecken.
Abwehr
Vorbeugend:
- Die Pflanzen nicht überbrausen.
- Gründliche Kontrolle der Jungpflanzen.

Direkt:
- Erste befallene Blätter sowie abgefallene Blätter entfernen und vernichten.
- Die noch gesunden Pflanzenteile wiederholt mit einem Schwefelmittel behandeln.
- Befallene Pflanzen sofort entfernen und verbrennen.
- Eine wirksame Bekämpfung ist auch mit chemischen Pflanzenschutzmitteln kaum möglich.

Petunie (Nachtschattengewächse)

Petunien gedeihen gut, wenn sie vor Regen geschützt werden. Sie bevorzugen einen warmen Standort und brauchen mäßige, aber regelmäßige Düngung.

Wurzelhalsfäule
(Phytophthora cryptogaea, P. parasitica)

Der Pilz wird über das Substrat übertragen. Es ist deshalb wichtig, frische Anzucht- und Topferde zu verwenden.
Vorkommen: An Petunie.
Schadbild: Die oberen Wurzelteile und der Stengelgrund verfärben sich braun oder schwarz. Die Pflanzen welken und sterben von unten her ab.
Abwehr
Vorbeugend:
- Frische Erde verwenden.
- Pflanzen gleichmäßig feucht halten.
- Vor Regen geschützte Standorte auswählen.

Direkt:
- Erste befallene Pflanzenteile sofort entfernen.
- Bei regnerischem Wetter regelmäßig mit Pflanzenpflegemittel oder bei starkem Befall mit einem Kupfermittel behandeln.

Pfingstrose (Päoniengewächse)

Damit Pfingstrosen gut gedeihen und blühen, brauchen sie einen offenen Standort, wo sich die Stöcke ungestört entwickeln können. Sie sollten nicht tief gesetzt werden. Pfingstrosen verlangen eine gute Düngung mit Kompost oder verrottetem Mist.

Grauschimmel *(Botrytis paeoniae)*

Stengel-, Blatt- und Knospenerkrankung
Siehe Grauschimmel Kapitel 4.4.
Vorkommen: An Pfingstrose.
Schadbild: Die jungen Blätter welken oft kurz nach dem Austrieb und fallen um. Es zeigt sich eine Naßfäule am Stengelgrund, die unter der Erdoberfläche beginnt. Der Wurzelstock wird meist nicht befallen. Bei trockener Witterung kann die Krankheit von selbst zum Stillstand kommen.

Neben dieser Stengelfäule verursacht dieser Pilz oft eine Knospenfäule. Die Kelch- und Blütenblätter sowie der Blütenstiel verbräunen. Sie trocknen ein oder faulen und sind mit einem Schimmelbelag bedeckt. Von den Knospen geht die Infektion auf die Blätter über.
Abwehr
Vorbeugend:
- Die Blätter im Herbst tief wegschneiden und den Boden gründlich säubern, keinen Winterschutz geben.
- Im Frühling keinen frischen Stallmist geben. Keine triebige Stickstoffdüngung.

Bei Pfingstrosen tritt der Grauschimmel schon an den jungen Trieben auf.

Direkt:
- Befallene Pflanzenteile sorgfältig entfernen und verbrennen.
- Befallsverdächtige Pflanzen mit einem Kupfermittel behandeln.

Päonienrost *(Cronartium flaccidum)*

Der Pilz überwintert auf Kiefern. Hier wird er als **Rindenblasenrost** bezeichnet und formt auffallende Sporenbehälter. Die Frühjahrssporen gehen wieder auf Pfingstrosen und andere Zierpflanzen über.

Vorkommen: An Pfingstrose, Kapuzinerkresse, *Impatiens* (Balsamine) und andere. Winterwirt: Kiefer.

Schadbild: Die Blattoberseiten zeigen braune, violett umrandete Flecken. Auf der Blattunterseite wirken die Flecken durch die Sporenlager getüpfelt. Die Pusteln sind erst hellbraun gefärbt, später entsteht ein dunkler Filz.

Abwehr

Vorbeugend:
- Pfingstrosen nicht in die Nähe von Kiefern setzen.
- Mehrmals mit Netzschwefel oder Pflanzenpflegemittel mit Schwefelzusatz behandeln.

Direkt:
- Befallene Pflanzenteile sorgfältig vernichten.
- Bei Befallsverdacht mit einem Kupfermittel behandeln.

Phlox (Sperrkrautgewächse)

Phlox verlangt nach einem nährstoffreichen, tiefgründigen Boden und einem sonnigen Standort. Bei Trockenheit muß gründlich gewässert werden.

Stockkrankheit *(Ditylenchus dipsaci)*

Siehe Nematoden Kapitel 4.4.

Die Stockkrankheit wird durch Stengelälchen verursacht. Sie befinden sich am Stengelgrund.

Vorkommen: An Phlox, Bartnelke, Primel, Goldrute und anderen.

Schadbild: Die Triebe sind verdickt, verkrümmt und zeigen Längsrisse. Die gelblichgrün verfärbten Blätter sind oft zu Fäden verschmälert, der Blattrand ist nach unten gebogen.

Abwehr

Vorbeugend:
- Bei guten Bodenbedingungen nicht zu dicht pflanzen.

Die Stockkrankheit bewirkt beim Phlox, daß Blätter und Stengel vergilben und verkrüppeln.

Der Echte Mehltau tritt an Phlox häufig auf. Der weiße Pilzbelag überzieht Blätter und Stengel.

- Stecklinge nur von gesunden Pflanzen nehmen.

Direkt:
- Befallene Triebe sofort tief wegschneiden und verbrennen.
- Den Standort wechseln.
- Krankheitsverdächtige Stecklinge mit Warmwasserbad behandeln: Zuerst 10 Minuten in 30 °C, anschließend 30 Minuten in 43 °C heißes Wasser tauchen.

  Bei Wurzelschnittvermehrung die Wurzeln gründlich unter laufendem Wasser waschen.

Echter Mehltau
(Erysiphe cichoriacearum)

Siehe Echter Mehltau Kapitel 4.4.

Vorkommen: An Phlox, Gurke.
Schadbild: Mehliger, weißer Belag auf den Blättern.
Abwehr
Siehe Echter Mehltau Kapitel 4.4.

Verticillium-Welke
(Verticillium albo-atrum)

Siehe *Verticillium*-Welke an Aster.
Vorkommen: An Phlox, Aster.
Schadbild: Die Welke tritt zuerst an den unteren Blättern auf und breitet sich nach oben aus. Die Blätter welken, rollen sich nach oben ein und verdorren. Es entwickeln sich immer weniger und nur schwache Triebe, bis die Pflanze abstirbt.
Abwehr
Vorbeugend:
- Neuen Standort wählen (Wartezeit 4 bis 5 Jahre).
- Erkrankte Pflanzen grundsätzlich nicht weitervermehren.

Direkt:
- Kranke Pflanzen zusammen mit der sie umgebenden Erde entfernen und verbrennen, keinesfalls kompostieren.

Rittersporn (Hahnenfußgewächse)

Um die Übertragung von Krankheiten beim Rittersporn zu vermeiden, ist das tiefe Abschneiden und saubere Abräumen im Herbst wichtig. Rittersporn verträgt keinen nassen, schweren oder allzu trockenen, mageren Boden. Er braucht reichliche Kompostgaben. Ältere Pflanzen sollten geteilt und an einen neuen Ort gepflanzt werden, damit sie wieder kräftig wachsen.

Bakterienschwärze
(Pseudomonas delphinii)

Diese Bakterienkrankheit tritt besonders bei kaltem Regenwetter auf.
Vorkommen: An Rittersporn.
Schadbild: Diese Krankheit verursacht auf den Blättern schwarze Flecken, die auf der Oberseite leicht erhöht, auf der Unterseite eingesunken sind. Auch die Stengel und die Blütenstände werden befallen, die bei starkem Befall eintrocknen.

Schwarze Flecken können auch durch die **Phyllosticta-Blattfleckenkrankheit** verursacht werden. Die Abwehrmaßnahmen sind die gleichen.

Abwehr
Vorbeugend:
- Wenig anfällige Sorten pflanzen.
- Im Herbst die Pflanzen gut zurückschneiden, Boden säubern.
- Von kranken Pflanzen keinen Samen oder Stecklinge nehmen.

Direkt:
- Befallene Pflanzenteile tief wegschneiden oder die ganze Pflanze entfernen und vernichten.
- Wiederholt mit einem Kupfermittel behandeln. Das gilt besonders für die jungen Blätter im Frühling, wenn im Vorjahr die Krankheit aufgetreten ist.

Echter Mehltau *(Erysiphe polygoni)*

Siehe Echter Mehltau Kapitel 4.4.
Abwehr
Vorbeugend:
- Widerstandsfähige Sorten pflanzen.
- Standort wechseln. Der Boden darf nicht zu trocken und mager sein. Keine triebige Stickstoffdüngung.
- Engen Stand vermeiden.

Direkt:
- Bei starkem Befall die ganze Pflanze tief wegschneiden.
- Bei erste Befallszeichen wiederholt mit einem Schwefelmittel behandeln.

Die Blattfleckenkrankheit tritt auch an Rittersporn auf (siehe Seite 181)

Zinnie (Korbblütler)

Zinnien verlangen einen sehr sonnigen Standort und nahrhaften, durchlässigen Boden. Bei Trockenheit ist gut zu wässern, ohne daß die Pflanzen naß werden. Zinnien sind kälteempfindlich und dürfen deswegen je nach Region erst nach Mitte Mai ausgepflanzt werden.

Blattflecken- und Keimlingskrankheit
(Alternaria zinniae)

Der Pilz kann auf den Blüten auftreten, und dadurch wird der Samen infiziert. Deswegen kann die Krankheit schon an Keimlingen in vernichtendem Ausmaß auftreten. Feuchtes Wetter fördert den Befall.
Vorkommen: An Zinnie.
Schadbild: Die Blätter zeigen graubraune Flecken, die purpurfarben umrandet sind. An den unteren Blättern ist oft das ganze Gewebe befallen und stirbt ab. Die Infektion geht von der Blattunterseite aus.

Blattflecken-krankheit

Abwehr
Vorbeugend:
- Keinen Samen von befallenen Zinnien nehmen.
- Vor Nässe schützen, sorgfältig wässern.
- Nicht zu dicht pflanzen.
- Mit Schachtelhalmbrühe oder Kräuterpflegemittel spritzen und angießen.

Direkt:
- Kranke Pflanzen entfernen.
- Beim ersten Auftreten mit einem Kupfermittel behandeln.

Grauschimmel *(Botrytis cinerea)*

Siehe Grauschimmel Kapitel 4.4.
Abwehr
Vorbeugend:
- Großblumige Sorten unter Witterungsschutz pflanzen.
- Mit Schachtelhalmbrühe oder Kräuterpflegemitteln spritzen.

Direkt:
- Bei einem stärkeren Befall mit einem Kupfermittel behandeln.

Ziergehölze

Auch bei Ziergehölzen ist generell darauf zu achten, daß die Pflanzen dem Standort und den Bodenverhältnissen gut angepaßt sind. Eine gründliche Beratung durch Fachleute in bezug auf die Ansprüche und das Vorgehen beim Pflanzen ist wichtig. Die Pflanzlöcher müssen tief und breit ausgehoben werden. Der Untergrund sollte gut gelockert und mit Kies oder kleinen Steinen durchsetzt sein, damit für eine gute Dränage gesorgt ist. Torf,

Kompost oder Mist sollte man nicht in die Unterschicht einbringen, da diese Materialien stark vernässen und Fäule verursachen. In den Oberboden kann zur Bodenverbesserung Kompost eingearbeitet werden.

Damit im Wachstum gestörte, kränkelnde oder alte, schützenswerte Bäume wieder besser gedeihen, muß im Wurzelbereich für eine vermehrte Zufuhr von Luft, Wasser und Nährstoffen gesorgt werden. Nur oberflächlich verabreichter Dünger oder Wasser gelangen kaum in Tiefen von 50 bis 70 cm, wo sich meistens die Hauptwurzelmasse befindet. Deswegen ist folgende Methode zu empfehlen: Im Kronenbereich werden im Abstand von 80 cm Kreise gezogen. Darauf werden im Abstand von 100 cm mit einem Locheisen 50 bis 70 cm tiefe Löcher gebohrt. Diese 4 bis 6 cm großen Löcher werden bis 10 cm unter die Bodenoberfläche mit einem organischen Baumdünger gefüllt. Der Dünger wird weder eingewässert, noch werden die Löcher wieder geschlossen. So kann Luft und Wasser bis in die Tiefe eindringen. Dieser Nährstoffvorrat reicht für eine kontinuierliche Versorgung von 5 Jahren. Achtung! Vor dem Bohren der Löcher sollte man sich über eventuell vorhandene Leitungen (Strom, Wasser usw.) informieren. Bevor man direkt wirkende Pflanzenschutzmittel einsetzt, sollte man immer versuchen, durch Bodenverbesserung, Rückschnitt oder ein Verpflanzen Abhilfe zu schaffen.

Azalee, Rhododendron
(Heidekrautgewächse)

Sollen Azalee und Rhododendron gedeihen, so müssen Pflanz- und Pflegeanleitungen genau befolgt werden. Diese Moorbeetpflanzen verlangen einen lockeren, saueren Boden (pH-Wert 4 bis 5). Sie vertragen ein Austrocknen, große Hitze, aber auch starke Wintersonne schlecht und sollten deshalb an einem schattigen Platz stehen. Nach der Blüte sollte man die verdorrten Blütenstände ausbrechen. Ab September sollte nicht mehr gewässert werden, damit die Triebe gut ausreifen.

Chlor- und kalkhaltiges Wasser ist ungünstig und sollte nur abgestanden verwendet werden. Stark kalkhaltiges Wasser läßt sich ansäuern, indem man Torf in einen porösen Sack 12 Stunden lang einlegt (100 l Wasser/2 bis 3 kg Torf). Eine ausgeglichene, ausreichende Feuchtigkeit ist wichtig, besonders während der Zeit der Knospenbildung und des Wachstums. Trockenheit am Wurzelballen kann zum **Abfallen der Blätter und Blüten** führen.

Die **Gelbsucht** der Blätter bei Rhododendron wird durch einen zu hohen pH-Wert des Bodens, eine zu hohe Nährsalzkonzentration im Boden, durch kalkhaltiges Spritzwasser, stauende Nässe und schlechte Wurzeltätigkeit verursacht.

Dickmaulrüßler

Siehe Dickmaulrüßler Kapitel 4.4.

Blattflecken-, Blattfallkrankheit
(Septoria azaleae)

Lichtmangel und stauende Nässe, aber auch ein zu trockener Standort fördern die Krankheit. Die Infektion greift vom abgefallenen Laub auf andere Pflanzenteile über. Hohe

Bei der Ohrläppchenkrankheit werden gallenartige, meist weiße Wucherungen an den Trieben sichtbar.

Stickstoffdüngung fördert die Anfälligkeit. Nicht alle Sorten sind anfällig.

Vorkommen: An Azalee.

Schadbild: Auf den Blättern breiten sich erst gelbliche, später schwarz werdende Flecken aus. Sie vertrocknen und fallen ab, bis die Pflanze schließlich ohne Laub ist.

Abwehr

Vorbeugend:

- Günstigen Standort wählen.
- Auf gleichmäßige Wasserversorgung achten.
- Widerstandsfähige Sorten pflanzen.

Direkt:

- Abgefallene Blätter einsammeln und vernichten.
- Bei Befallsanzeichen mit einem Kupfermittel (maximal 0,2 %ig) behandeln. Einige Azaleen sind gegenüber Kupfermittel empfindlich, besonders in dem Stadium, in dem die Triebe noch nicht ausgereift sind. Die Spritzbrühe sollte rasch abtrocknen.

Ohrläppchen-Krankheit

(Exobasidium japonicum)

Der Pilz wird wahrscheinlich durch tierische Schädlinge (zum Beispiel Schildläuse) verbreitet. Nicht alle Azaleensorten sind gleich anfällig.

Vorkommen: An Azalee.

Schadbild: Der Pilz verursacht hauptsächlich an jungen Blättern und Knospen von Jungpflanzen gallenartige, weiße Wucherungen. Einzelne Blätter oder die ganze Triebspitze ist klumpenartig verdickt.

Abwehr
Vorbeugend:
– Wenig anfällige Sorten pflanzen.
Direkt:
– Befallene Pflanzenteile sofort entfernen und verbrennen.
– Mit Kupfermittel behandeln. Vorsicht: Einige Azaleen vertragen keine Kupfermittel (siehe Abwehr Blattflecken-, Blattfallkrankheit).

Bei Grauschimmelbefall vertrocknen schon die Blütenknospen.

Rose (Rosengewächse)

Rosen sind Tiefwurzler, sie brauchen zum Gedeihen einen tiefgründigen, eher schweren, gut gedüngten Boden. Sie vertragen keine stauende Nässe, so daß oft eine Dränage nötig wird. Es sollten nur kräftige und vollständig gesunde Pflanzen gewählt werden, die den lokalen Verhältnissen angepaßt sind. Zudem ist zu berücksichtigen, daß große Unterschiede in der Anfälligkeit der Sorten gegenüber Krankheiten (Mehltau, Sternrußtau, Rost) sowie für Rote Spinne oder Thripse bestehen. Eine gute Beratung beim Kauf von Rosen ist besonders wichtig.

Im Herbst sollte durch kompostierten Mist oder Kompost, dem reichlich Mist zugesetzt wurde, der Humusgehalt des Bodens verbessert werden. Für Rosen empfiehlt sich ein magnesiumhaltiges Steinmehl, das direkt oder über den Mist, beziehungsweise über den Kompost, gegeben wird.

Vom Frühlingsanfang bis zum Ende der ersten Blüte sollte zur Wuchs- und Blütenförderung Brennesseljauche, der man Knochenmehl, Hornspäne und Holzasche beimengen kann, gegeben werden. Knoblauch zwischen Rosen gepflanzt schützt vor Krankheiten. Lavendel, Kapuziner- oder Gartenkresse wirken abweisend gegen Blattläuse. Eine späte Düngung macht die Rosen für Frostschäden anfällig. Auf Böden, die zu einseitig und intensiv mit mineralischen Düngern angereichert wurden, oder auf Böden, in denen seit Jahren Rosen wachsen, tritt häufig Bodenmüdigkeit auf. In einem solchen Fall sollten die Rosen umgepflanzt werden. Unter Umständen genügt schon eine gute Durchlüftung des Bodens und ein Wechsel der Düngerform.

Wasserüberschuß oder -mangel kann zu Wachstumsstörungen führen. Häufiges Gießen oder Beregnen ist nicht günstig. Besser ist es, bei trockenem Wetter alle 7 bis 14 Tage gründlich zu wässern (30 l/m^2). Eine aus-

Die Larve der Rosenblattwespe frißt zuerst an der Blattoberseite Löcher in das Gewebe. Später skelettiert sie vom Rand her das Blatt.

geglichene Bodentemperatur erreicht man durch dichtes Pflanzen (10 Pflanzen/m^2), damit das Blattwerk den Boden beschattet, oder durch Decken mit Strohhäcksel oder dünn ausgebrachtem, angetrocknetem Rasenschnitt. Frostschäden sind durch Abdecken mit Tannenästen zu vermeiden.

Um dem Befall durch Schädlinge und Krankheiten vorzubeugen, müssen die meisten Rosensorten durch regelmäßige Spritzungen mit Kräuterpflegemittel oder durch gelegentliches Stäuben mit feinstgemahlenem Steinmehl gestärkt werden.

Rosenblattlaus
(*Macrosiphum rosae* u. a.)

Diese 3 bis 4 mm große Laus kann laubgrün, fleischrot oder zitronengelb gefärbt sein. Sie ist leicht gepudert. Ameisen suchen diese Blattlaus-Arten nicht auf.

Vorkommen: Hauptwirt: Rose. Nebenwirt: Baldrian und Kardengewächse (Artischokken), manchmal Erdbeere, Apfel und Birne.

Schadbild: Zu Beginn kommt es nicht zur Verkrüppelung der Triebe, nur die Knospen welken. Bei starkem Befall werden die Blätter klebrig, die jungen Triebe kräuseln sich. Der Rußtaupilz breitet sich aus.

Abwehr
Siehe Blattläuse Kapitel 4.4.

Der Erdbeerblütenstecher tritt auch an Rosen auf (siehe Seite 156).

Rosenblattwespe *(Caliroa aethiops)*

Die eigentlichen Schädlinge sind die Larven. Diese sind Nacktschnecken ähnlich.

Vorkommen: An Rose.

Schadbild: Die Larve frißt zuerst an der Blattoberseite Löcher in die Blattspreiten, später erfolgt auch vom Rand her Skelettierfraß.

Abwehr
Vorbeugend:
- Sorten mit glatten, glänzenden oder gekräuselten Blättern sind weniger anfällig.

Direkt:
- Bei starkem Auftreten mit Pyrethrum- oder Rotenon-Mitteln wiederholt stäuben oder spritzen.

Schadbilder an Rose	Schädling oder Krankheit	Seite
Wurzeln		
Angefressen, Absterben der Pflanze	Engerlinge, Mäuse, Dickmaulrüßler	61, 58, 71
Blätter, Triebe		
Klebriger, glänzender Belag, Rußtau, junge Triebe verformen sich, Läuse	Blattlaus	56, 194
Nacktschnecken-ähnliche Larven fressen an der Blattunterseite, Skelettierfraß	Larve der Rosenblattwespe	194
Blätter verfärben sich, fallen vorzeitig ab	Gemeine Spinnmilbe	63, 195
Feine, weiße Flecken auf der Blattoberseite, Triebe verkrüppeln	Rosenzikade	196
Schaum an den Trieben	Schaumzikade	196
Blattoberseite silbrig gesprenkelt	Thrips	70
Weißer Belag	Echter Mehltau	197
Vor allem blattunterseits weißer Belag	Falscher Mehltau	197
An Blattunterseite gelbe, später dunkle Sporenhäufchen, Blätter vergilben und fallen ab	Rosenrost	197
Auf der Blattoberseite kreisrunde, am Rande strahlenförmig auslaufende, braunschwarze Flecken	Sternrußtau	198
Knospen, Blüten		
Knospen welken	Blattlaus	56, 194
Knospen verkrüppeln	Rosenzikade, Thrips	70, 196
Unregelmäßig angefressene Blütenblätter, besonders im Spätsommer und Herbst	Schnaken	66
Sich öffnende Knospen, Blätter und Triebe verdorren	Grauschimmel	75
Weißer Belag	Echter Mehltau	197

Gemeine Spinnmilbe

(*Tetranychus urticae* u. a.)

Siehe Spinnmilben Kapitel 4.4.

Die Rote Spinne ist der wichtigste Rosenschädling, besonders an Polyantha- und Floribunda-Rosen.

Sie tritt besonders an trockenen, heißen Standorten auf.

Vorkommen: An Rose, Obstbäumen, Weinrebe, Gemüse und Zierpflanzen.

Schadbild: Durch die Saugtätigkeit werden die Blätter geschädigt. Diese verfärben sich gelb und fallen vorzeitig ab.

Der Echte Mehltau überwintert als Pilzmyzel an der Rose. Befallene Pflanzenteile müssen daher im Herbst entfernt werden.

Abwehr

Vorbeugend:

- Rosen nicht an heiße Hauswände setzen.
- Für Bodenbedeckung sorgen.
- Regelmäßige Kräuterspritzungen zur Stärkung des Blattgewebes durchführen.

Direkt:

Siehe Spinnmilben Kapitel 4.4.

- Bei einem starken Befall ist eine Abwehr auch mit Pyrethrum-Mitteln kaum möglich.

Rosenzikade *(Typhlocyba rosae)*

Die gelbliche Zikade ist etwa 30 mm lang. Die Flügel werden in Ruhestellung dachförmig gehalten. Die Zikade legt die Eier in die Rinde junger Triebe. Die Eier überwintern. Es bilden sich mehrere Generationen im Jahr. Die Zikade ist gut zu erkennen, da sie leicht zum Auffliegen gebracht werden kann. Sie tritt hauptsächlich in warmen Lagen auf.

Vorkommen: An Rose, Gehölzen, Gräsern und Kräutern.

Schadbild: Die Zikade saugt an der Blattunterseite von Rosengewächsen und verursacht feine, weiße Sprenkel. Triebe und Knospen verkrüppeln.

Abwehr

Direkt:

- Mit Öl-Emulsion im Winter gegen die Eier spritzen.
- Bei starkem Auftreten Ende Mai bis Anfang Juni Blattunterseiten mit einem Pyrethrum- oder Rotenon-Mittel spritzen.

Schaumzikade *(Philaenus spumarius)*

Die gelblich-grünen Larven sind von einer weißen, schaumartigen Masse umgeben. Im Juni–Juli erscheinen die Zikaden. Sie sind 10 mm lang, bräunlich gefärbt mit dreieckigem Kopf und Sprungbeinen. Die Eier überwintern zwischen den Blattscheiden und in Rindenritzen der Wirtspflanzen.

Vorkommen: An Rosen, Margeriten, Nelken, verschiedenen Gehölzen und Unkräutern.

Schadbild: Die Larven und die erwachsenen Insekten saugen an Trieben und Knospen. Der Schaden ist meist nicht groß.

Abwehr

Vorbeugend:

- Gute allgemeine Pflege.

Direkt:

- Larven von Hand im Schaum zerdrücken.
- Mit starkem Strahl Insektenabwehrmittel

(Pyrethrum, Derris) in den Schaum spritzen.
- Winterspritzung im November–Dezember mit stark verdünntem Baumanstrich durchführen.

Echter Mehltau
(Sphaerotheca pannosa var. *rosae)*

Siehe Echter Mehltau Kapitel 4.4.

Schlecht durchlüfteter Standort, stärkere Temperaturschwankungen und feuchte Witterung bei über 20 °C begünstigen den Befall.

Schadbild: Alle jungen Pflanzenteile werden befallen und sind mit einem weißen Belag bedeckt. Triebe und Knospen werden deformiert und trocknen ein. Die Blätter fallen vorzeitig ab, das Holz kann deswegen nicht ausreifen.

Abwehr

Vorbeugend:
- Die Sortenwahl ist wichtig, da große Unterschiede in der Anfälligkeit bestehen.
- Im Herbst und Frühling den Boden und die Pflanzen mit Schachtelhalmbrühe spritzen.
- Luftigen, sonnigen Standort wählen, wo die Pflanzen schnell abtrocknen.
- Sorten mit ledrig-hartem Laub wählen.
- Keine einseitige Stickstoffdüngung.
- Abgefallene Blätter einsammeln und verbrennen.
- Bei einem trockenen Standort gut wässern.

Direkt:
- Durch Schnitt und Spritzungen im Herbst das Überwintern des Pilzes am Holz verhindern.
- Ab Juni zwei- bis dreimal im Abstand von drei Wochen Schachtelhalmbrühe mit Netzschwefel oder Pflanzenpflegemittel spritzen.

Falscher Mehltau *(Peronospora sparsa)*

Siehe Falscher Mehltau Kapitel 4.4.

Der Falsche Mehltau tritt besonders bei anhaltend feuchtwarmer Witterung und bei Temperaturschwankungen im Spätsommer auf.

Vorkommen: An Rosen.

Schadbild: Vor allem an der Blattunterseite bildet sich ein weißer Belag. Später entstehen gelbbraune bis blaurote Flecken. Die Blätter fallen ab. Das Wachstum ist gehemmt, junge Triebe sterben ab. Der Austrieb entwickelt sich im nächsten Jahr schlecht.

Abwehr

Vorbeugend:
- Widerstandsfähige Sorten wählen.
- Luftigen Standort wählen und für guten, lockeren Boden sorgen.
- Harmonische Düngung, keine extreme Stickstoffdüngung.
- Beete an der (trockenen) Hauswand gut wässern.

Direkt:
- Anfällige Sorten von der Knospenbildung an regelmäßig mit Schachtelhalmbrühe oder Pflanzenpflegemittel spritzen, eventuell mit einem Zusatz von 0,1 % Kupfer.
- Befallene Triebe herausschneiden, bevor die Blätter abfallen, damit es im folgenden Jahr nicht zu einer Neuinfektion kommt.

Rosenrost *(Phragmidium mucronatum)*

Der Rosenrost tritt von Zeit zu Zeit verstärkt auf, vor allem bei zu weiten Pflanzabständen an kühlen, feuchten Standorten und nach langen Regenperioden, wenn das Blattwerk schlecht abtrocknen konnte.

Die gelben Pusteln des Rosenrostes auf der Blattunterseite verfärben sich im Herbst schwarz.

Vorkommen: An Rose.
Schadbild: Auf der Blattunterseite bilden sich gelbe, stäubende Pusteln, die im Herbst schwarz werden. Auf der Blattoberseite bilden sich gelborangefarbene Flecken. Die kranken Blätter fallen ab.

Abwehr

Vorbeugend:
- Die Sortenwahl ist wichtig.
- An sonnigen, luftigen Standorten die Rosen dicht pflanzen.
- Auf ausreichende Kaliversorgung achten. Kompost mit Holzasche und Hühnermist anreichern oder Holzasche auch direkt ausbringen.

Direkt:
- Abgefallene Blätter entfernen.
- Nach der Säuberung das ganze Beet gründlich mit Pflanzenpflegemittel mit Schwefelzusatz, eventuell mit Kupferzusatz, spritzen. Regelmäßig wiederholen.
- Bei einem starken Befall im Herbst von den Pflanzen und vom Boden alle befallenen Blätter entfernen und mit einem Schwefelpräparat Pflanzen und Boden spritzen.
- Den Boden im Herbst nicht bearbeiten.

Sternrußtau *(Marssonina rosae)*

Der Sternrußtau ist eine sehr verbreitete Krankheit, die an beinahe allen Sorten schadet. Sie tritt an nassen, kalten sowie heißen, trockenen Standorten auf. Wird bei starkem Sonnenschein bewässert, so kann es zu einer plötzlichen Entwicklung kommen. Der Schaden tritt besonders im Spätsommer und Herbst auf, bei schlechter Witterung aber auch schon im Frühling.
Vorkommen: An Rose.
Schadbild: Auf der Blattoberseite kreisrunde, am Rand strahlenförmig auslaufende, braunschwarze Flecken. Die Blätter vergilben und fallen ab.

Sternrußtau

Abwehr

Vorbeugend:
- Ältere Sorten sind oft widerstandsfähiger als moderne Züchtungen.
- Feuchte, schattige Standorte meiden.

- Gute Bodenvorbereitung beim Pflanzen.
- Regelmäßig mit gewebestärkenden Kräutermitteln spritzen.

Direkt:

- Abgefallene Blätter sofort wegräumen.
- Bei schlechtem Wetter schon ab dem Knospenschwellen regelmäßig alle 3 Wochen mit Schachtelhalmbrühe oder Pflanzenpflegemittel mit Schwefelzusatz, eventuell mit einem Zusatz von 0,05 % Kupfer auch blattunterseits sorgfältig spritzen.

Laubgehölze

Blattläuse

An Laubgehölzen treten die verschiedensten Blattlausarten auf. Einige Arten scheiden Honigtau aus, was zur Bildung des schwarzen Rußtaubelages führt. Der Schaden ist bei großen Bäumen und Büschen nicht von Bedeutung.

Bei jungen Pflanzen kann ein starker Befall zu Triebstauchungen führen, die den Kronenaufbau stören.

Schadbild: Blätter und Triebspitzen kräuseln sich. Blattfall, Triebstauchung, Rußtaubelag.

Abwehr

Siehe Blattläuse Kapitel 4.4.

Dickmaulrüßler

Siehe Dickmaulrüßler Kapitel 4.4.

Gallen an Blättern, Trieben und Knospen

Verschiedene Schädlinge, wie Gallmücken, Gallmilben oder Galläuse, erzeugen durch das Saugen ihrer Larven verschiedenartige Gallen, Verformungen und bewirken das Einrollen der Blätter. Auch Pilz- und Bakterienkrankheiten können ähnliche Schadbilder verursachen. Der Schaden ist meist nicht von Bedeutung.

Abwehr

- Befallene Pflanzenteile entfernen und vernichten.
- Ein Einsatz von Pflanzenschutzmitteln ist meist nicht erforderlich.

Haselnußbohrer *(Curculio nucum)*

Dieser 1 cm große Rüsselkäfer ist hell- bis dunkelbraun, er hat einen langen Rüssel und ähnelt verschiedenen anderen Holzbohrerarten. Im Mai–Juni sticht das Weibchen die weiche, grüne Haselnuß an und legt darin ein Ei ab. Die Larve frißt die Nuß aus und verläßt sie dann, um sich im Boden einzugraben, wo sie überwintert. Sie kann bis zu 3 Jahre im Boden bleiben. Die jungen Käfer schlüpfen im Mai.

Vorkommen: An der Hasel im Garten oder am Waldrand.

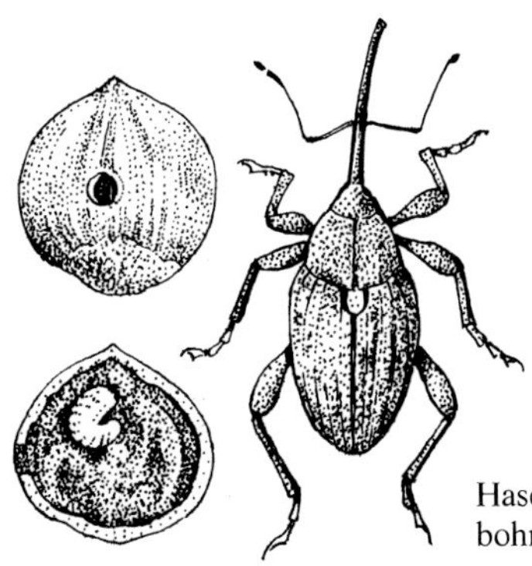

Haselnußbohrer

Die Larve des Haselnußbohrers frißt den Kern aus. Im Herbst wandert sie zur Überwinterung in den Boden.

Schadbild: An der Nuß zeigt sich ein Bohrloch. Die Nuß ist hohl und mit Kot gefüllt. Im Sommer findet man die weiße Larve in der Nuß.

Abwehr

Vorbeugend:

- Den Boden unter den Büschen im Spätsommer–Herbst bearbeiten. Hühner eintreiben, wenn der Boden gelockert ist.

Direkt:

- Büsche im Mai auf Käfer hin kontrollieren, die Käfer auf ein Tuch abschütteln.
- Im Sommer die Nüsse auf einen Befall hin kontrollieren, bevor die Maden in den Boden abwandern. Befallene Nüsse entfernen und verbrennen.
- Während der Flugzeit im Mai zwei- bis dreimal mit Quassiabrühe oder einem Rotenon-Pyrethrum-Mittel spritzen. (Die Wirkung ist ungenügend).

Spinnmilben

Siehe Milben Kapitel 4.4.

Es treten verschiedene Spinnmilbenarten auf, die braune oder rötliche Flecken verursachen. Die winzigen, gelblichen oder rötlichen Tiere befinden sich auf den Blattunterseiten.

Da Trockenheit und Hitze die Entwicklung fördern, werden beispielsweise Pflanzen entlang von asphaltierten Wegen oder an Mauern verstärkt befallen.

Abwehr

Siehe Milben Kapitel 4.4.

Ungleicher Holzbohrer

(Anisandrus dispar)

Dieser Borkenkäfer ist ein gefährlicher Rinden- und Holzschädling, der zum raschen Absterben des ganzen Baumes beitragen kann. Der Name weist auf den Größenunterschied zwischen dem 2 mm großen, ungeflügelten Männchen und dem 3 bis 5 mm langen, geflügelten Weibchen hin. Beide unterscheiden sich auch in der Form. Das Männchen ist halbkugelförmig gewölbt, das Weibchen eher zylindrisch, dunkelbraun bis pechschwarz. Im April–Mai bohrt das Weibchen – meist in der Nähe einer Astgabelung – eine Röhre bis ins Holz. Von hier aus werden in waagrechter Richtung, im rechten Winkel zu den Jahresringen, und in der Längsrichtung des Holzes Seitengänge angelegt. Diese Seitengänge sind zuerst weiß, später schwarz gefärbt. Die Eiablage findet von April bis Juni statt. Der neue Käfer schlüpft ungefähr im Juli–August und überwintert in den Bohrgängen.

Vorkommen: An allen Obst- und anderen Laubgehölzen, besonders wenn sie im Wachstum geschwächt sind.

Schadbild: An kränkelnden Bäumen zeigen sich an der Rinde runde, schrotschußartige Bohrlöcher, bei Steinobst tritt Gummifluß auf. Die Rinde löst sich leicht, am Holz sind Fraßgänge zu sehen. Die stricknadeldicken Gänge dringen tief in das Holz ein.

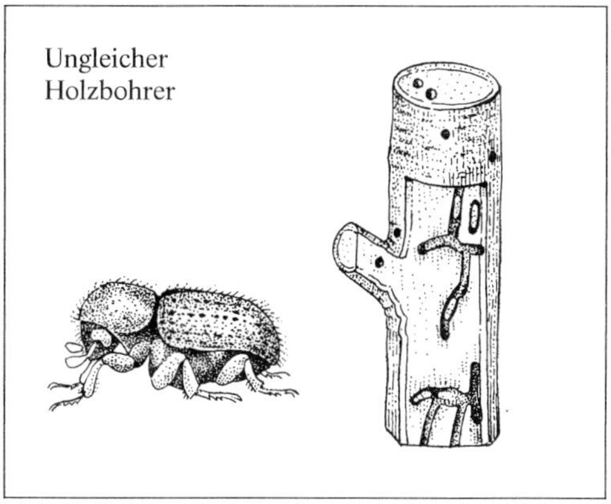

Abwehr

Vorbeugend:

- Gute Baumpflege, ausgewogene Düngung, Pflegespritzungen.
- Dicker Stammanstrich, besonders im Frühling.
- In gefährdeten Lagen junge Bäume vor dem Anbohren schützen, indem man den Stamm von April bis Herbst mit einem starken Papier eng umwickelt.

Direkt:

Eine Bekämpfung ist schwierig.

- Absterbende und abgestorbene Bäume oder Baumteile sofort entfernen und verbrennen.
- Löcher mit Insektenleim zukleben.
- Holzbohrerfallen (Alkoholfallen) ab Anfang April aufhängen (siehe Kapitel 5.5).

Woll- und Schmierläuse

Die **Buchenwollaus** *(Phyllaphis fagi)* und die **Wollige Geißblattlaus** *(Stagona xylostei)* treten häufiger auf. Sie bilden Knäuel von weißen, wolligen Fäden. Sie sind wirtswechselnd.

Die Wollblattlaus an der Buche bildet Knäuel von weißen Fäden. Die saugenden Insekten scheiden Wuchsstoffe aus, die das Einrollen der Blätter bewirken.

Das Myzel des Hallimasches dringt in gesunde und tote Pflanzengewebe ein.

Vorkommen: An Obst-, Laub- und Nadelgehölzen.
Schadbild: Blätter und ganze Zweigpartien sind von einem weißen, watteartigen Belag bedeckt. Der Schaden entsteht durch die Saugtätigkeit der Läuse an Blättern, Triebspitzen und Rindenwunden.
Abwehr
Siehe Blattläuse Kapitel 4.4
Direkt:
– Ein- bis zweimal (im Abstand von 7 bis 10 Tagen) 2%ige Mineralöl-Lösung im Winter und Frühling vor dem Austrieb spritzen.

Feuerbrand *(Erwinia amylovora)*

Siehe Feuerbrand Kapitel 4.7.

Feuerbrand tritt besonders an Weißdornarten *(Crataegus)*, Cotoneaster, Feuerdorn *(Pyracantha)*, Felsenbirne und Eberesche auf.

Hallimasch *(Agaricus melleus)*

Der Hallimasch ist ein gefährlicher Baumschädling, der auch an Ziergehölzen auftreten kann. Die jungen Pilze sind gelb, die älteren braun. Sie wachsen in dichten Büscheln.
Vorkommen: An Fichten, Laubhölzern, Ziersträuchern.
Schadbild: Das Myzel (Pilzfadengeflecht) bildet lange Stränge aus und dringt in das tote und gesunde Gewebe der Rinde und der Wurzeln ein. Es bilden sich ganze Geflechte.
Abwehr
Vorbeugend:
– Restholz, vor allem die Wurzeln von abgestorbenen Gehölzen, gründlich wegräumen und verbrennen.
– Stauende Nässe, auch im Moorbeet, vermeiden.
Direkt:
– Bei Verdacht auf Hallimasch muß ein Stück Rinde am Wurzelhals gelöst werden, um das darunterliegende Holz zu kontrollieren. Es muß weiß und saftig sein.

Sind das Holz und die Rinde mit weißem Pilzgeflecht durchzogen, so sollte die Pflanze mit dem gesamten Wurzelstock entfernt und verbrannt werden. Eine Bekämpfung ist schwierig.

Laub- und Triebwelke
(*Verticillium* spec.)

Im Frühling und Sommer welken die Blätter, die Triebe sterben ab. Bei heißer Witterung kann die ganze Pflanze innerhalb weniger Tage absterben. Der Pilz dringt durch die Wurzeln in die Pflanze ein.

Vorkommen: An Forsythie, Tamariske, Spierstrauch *(Spiraea)*, Fächerahorn, Rhododendron, Rose, u. a.

Schadbild: Die Gefäße im Innern der erkrankten Triebe sind braun bis dunkelgrau verfärbt.

Abwehr

Die Abwehr ist sehr schwierig.
- Befallene Pflanzen müssen mit den Wurzeln entfernt werden.
- Am gleichen Platz sind keine anfälligen Pflanzen zu setzen.

Walnuß

Blattbräune *(Gnomonia leptostyla* und *Marssonina juglandis)*

Die Blattbräune ist die gefährlichste Krankheit der Nußbäume. Sie tritt oft mit dem Bakterienbrand gemeinsam auf. In feuchten Jahren kann es zu großen Ertragsausfällen kommen. Der Pilz befällt die Blätter, junge Triebe und Nüsse. Auf beiden Seiten der Blätter bilden sich graue Flecken mit dunklem Rand. Auf der Blattoberseite zeigen sich kleine schwarze Punkte. Stark befallene Blätter vergilben und fallen vorzeitig ab. Auf der Nuß zeigen sich vertiefte, schwarzbraune Punkte. Oft fallen die Nüsse vorzeitig ab. Auch bei einem späten Auftreten der Krankheit reifen die Nüsse nicht aus, was zu einem beträchtlichen Mindererertrag führt. Der Pilz überwintert auf dem kranken Laub am Boden. Im Frühling weht der Wind die Sporen wieder auf den Baum.

Vorkommen: An Walnuß, unter Umständen auch an Hasel.

Schadbild: Erst graue Flecken mit dunklem Rand, dann vergilben die Blätter und fallen frühzeitig ab. Auf der Nußschale sind vertiefte dunkle Flecken zu erkennen. Frühzeitiger Fruchtfall, schlechte Ausreife.

Abwehr

Vorbeugend:
- Im Herbst das Laub wegräumen und kompostieren oder verbrennen. Nußlaub sollte grundsätzlich separat kompostiert werden, da es einen hohen Anteil an Juglon enthält, das den Kompositierungsablauf hemmt.
- Ältere Bäume auslichten.

Direkt:
- Befallenes Laub und erkrankte Nüsse wegräumen und verbrennen.
- Mit Beginn des Austriebs das Blattwerk wiederholt durch Spritzungen mit Schachtelhalmbrühe stärken.
- Bei einem Befall im Mai–Juni zweimal mit Kupfermitteln behandeln. (In der Bundesrepublik Deutschland sind Kupfermittel für diese Kultur nicht ausgewiesen.)

Oben: Wolläuse haben die Nadeln der Douglasie befallen.
Unten: Birnengitterrost an Zierwacholderarten. Im April sind die hellbraunen Zäpfchen an der Rinde am besten zu sehen.

Nadelhölzer

Nadelholzspinnmilbe
(Oligonychus ununguis)

Siehe Milben Kapitel 4.4.

Es zeigen sich auf den Nadeln kleine hellgrüne bis gelbliche Flecken. Die befallenen Nadeln sind mit einem feinen weißen Gespinst überzogen, in dem die rötlichen Spinnmilben leben. Bei schwülem Wetter kann es zu einer Massenvermehrung kommen.

Vorkommen: An Koniferenarten, besonders an der Zuckerhutfichte.

Schadbild: Zuerst treten kleine, helle Flecken auf, bei starkem Befall kommt es zu Nadelbräune und Nadelfall.

Abwehr

Vorbeugend:
- Den Standort überprüfen: Eine zu trockene Lage und ein verdichteter Boden fördern den Befall.

Direkt:
- In der Mittagszeit die Pflanzen öfter einmal mit einem feinen Wasserstrahl kalt abspritzen.
- Siehe Abwehr Milben Kapitel 4.4.

Woll- und Schmierläuse (*Pineus pini* u. a.)

Die verschiedenen Woll- und Schmierlausarten scheiden alle typische wollige, gekräuselte Wachsfäden aus. Bestimmte Arten, so zum Beispiel die Grüne **Fichtengallenlaus** *(Sacchiphantes viridis)*, verursacht durch ihre Saugtätigkeit im Frühjahr ananasförmige Gallen. Geflügelte Läuse schlüpfen im Juli–August aus diesen ausgereiften Gallen und wandern auf Lärchen ab.

Vorkommen: An Koniferen und Laubgehölzen.

Schadbild: Nadelfall, die Nadeln krümmen sich (vor allem an Tanne), die Triebspitzen sterben ab.

Abwehr

Direkt:

- Beim ersten Auftreten im Frühjahr die Läuse von Hand zerdrücken.
- Die noch grünen Gallen im Mai–Juni ausbrechen und vernichten.
- Bei einem starken Befall an Jungbäumen im Mai–Juni wiederholt mit einem Rotenon-Mittel behandeln.

Gitterrost an Wacholderarten

(Gymnosporangium sabinae)

Siehe Birnengitterrost Kapitel 4.7, Seite 132.

Hallimasch

Siehe Laubgehölze Seite 202.

Nadelbräune und Nadelfall

Im Sommer und Herbst verfärben sich die älteren Nadeln und Blattschuppen und fallen ab. Diese Erscheinung zeigt sich an den inneren Triebstellen, nicht aber an den Triebspitzen mit den frischen Jahrestrieben. Das Gehölz kann stark verkahlen, treibt aber im nächsten Jahr wieder aus. Bei Thuja und Scheinzypresse bilden sich oft noch im selben Jahr neue Triebe. Wo keine Schaderreger zu sehen sind, kann angenommen werden, daß es sich nicht um eine durch Parasiten verursachte Störung handelt.

Das Abstoßen älterer Nadeln und Blattschuppen stellt einen natürlichen Vorgang dar. Die Lebensdauer der Nadeln, die mehrere Jahre beträgt, schwankt von Koniferenart zu Koniferenart. Der Nadelfall findet meist im August statt.

In manchen Jahren zeigt sich aber ein stärkeres Auftreten von Nadelbräune und Nadelfall. Die Ursachen sind oft schwer zu bestimmen. Es wird angenommen, daß extreme Schwankungen der Witterung und der Bodenfeuchtigkeit, die eine Störung in der Nährstoffaufnahme verursachen, sowie ein zu hoher Kalkgehalt und pH-Wert zu dieser Erscheinung führen. Sie ist am ausgeprägtesten bei solchen Pflanzen, die an einem ungeeigneten Standort mit schlechten Bodenbedingungen stehen. Nadelbräune und Nadelfall wird aber auch durch Pilzkrankheiten und tierische Schädlinge verursacht. Hier sind vorwiegend die Nadeln am Vorjahrestrieb erkrankt, die im Frühjahr (Mai–Juni) dann abfallen.

Vorkommen: An Koniferen.

Schadbild: Die Nadeln verfärben sich rötlich oder braun. Auf der Unterseite sind schwarze oder rötliche Sporenlager zu sehen. Bei bestimmten Pilzarten bleiben die Nadeln an den Zweigen, bei anderen fallen sie ab (sogenannte Schütte).

Abwehr

Vorbeugend:

- Die Bodenverhältnisse verbessern (siehe Seite 191).
- Bei Gefahr von stauender Nässe für Dränage sorgen.
- Zu dichte Pflanzungen auslichten.

Direkt:

- Nadeln vom Boden entfernen und verbrennen.

Rasen

An den Rasen werden die verschiedenartigsten Ansprüche gestellt. Im biologischen Gartenbau wird dort, wo eine Wiese mit einer Vielfalt von Pflanzen nicht möglich ist, eine Rasenmischung mit Klee bevorzugt. Regelmäßiges Schneiden auf ungefähr 3 cm Höhe sowie ein letzter Schnitt im Oktober verhindern den Befall durch **Pilzkrankheiten**.

Ältere Rasen können durch Vertikutieren belüftet und gereinigt werden. Das Wachstum wird dabei angeregt und die **Moosbildung** bekämpft. Eine mäßige organische, eher phosphorbetonte Düngung, die im Herbst mit reifem Kompost ergänzt wird, sorgt für ausreichenden Nährstoff-Nachschub. Rasenschnitt und Blätter sollten weggeräumt werden.

Engerlinge und Erdraupen fressen an Wurzeln und können größere Kahlstellen verursachen. Ihre natürlichen Feinde sind zum Beispiel Amseln, Spechte, Maulwurf, Spitzmaus.

Befallene Stellen sind mit Hacke oder Gabel zu lockern. Engerlinge und Raupen einsammeln (siehe Maikäfer, Erdraupen Kapitel 4.4).

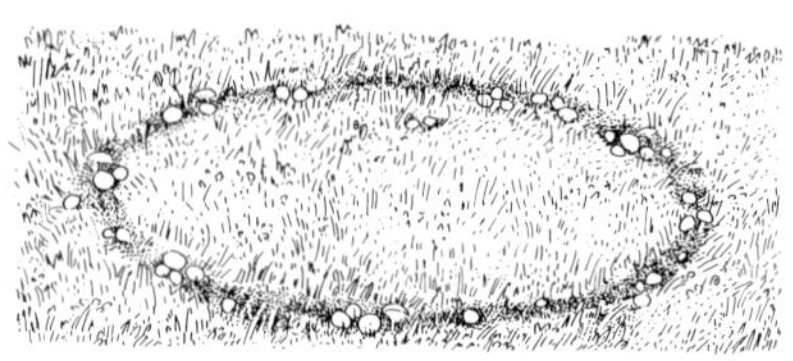

Hexenring

Hexenringe werden von verschiedenen Pilzarten gebildet. Das Pilzmyzel breitet sich im Boden kreisförmig aus. An den Wachstumsenden wachsen die Fruchtkörper (Pilze). Hexenringe treten auch auf gut gepflegten Rasenflächen auf, deuten aber auf einen verdichteten Boden hin. Der Rasen sollte gekämmt und die Pilzkörper entfernt werden. Danach wird mit der Grabgabel »gelüftet«.

5 Mittel und Maßnahmen

Da im biologisch optimal gepflegten Garten die Natur weitgehend selbst die Regulierung eines Schädlingsbefalls übernimmt, ist man auf verhältnismäßig wenige Hilfsmittel zur Schädlingsabwehr angewiesen.

Die allgemeinen gartenbaulichen Maßnahmen können durch vorbeugende und gezielte Pflanzenschutzmaßnahmen ergänzt werden:

- Beachtung der Nachbarschaftswirkungen von Mischkulturen und Repellentpflanzen (Kapitel 5.1).
- Verwendung von Pflanzenpflegemitteln zur Stärkung der Kulturpflanzen, wie Pflanzenpräparate, mineralische Mittel (Kapitel 5.2).
- Berücksichtigung von Verfahren der biologisch-dynamischen Wirtschaftsweise (Kapitel 5.3).
- Einsatz von mechanischen Abwehrmitteln (Kapitel 5.4).

Im erwerbsmäßigen Anbau kommt den Verfahren der Biologischen und Biotechnischen Schädlingsbekämpfung wachsende Bedeutung zu (Kapitel 5.5).

Trotz all dieser Maßnahmen kann es zu einem starken Schädlings- oder Krankheitsbefall kommen, und der Einsatz direkter Pilzregulierungsmittel (Kapitel 5.6) und Schädlingsregulierungsmittel (Kapitel 5.7) wird erforderlich. Die Ursachen liegen dann meistens bei extremen Witterungsverhältnissen oder darin, daß das natürliche Gleichgewicht durch unsere Zivilisation zu stark gestört ist, um die natürlichen Regulationsmechanismen rechtzeitig wirksam werden zu lassen. Der Aufbau eines Bestandes an Nützlingen in einem einzelnen Garten ist um vieles schwieriger als in großen, zusammenhängenden Gebieten. Im langjährigen biologischen Gemüsebau zeigt es sich aber, daß Fälle, in denen man direkte Bekämpfungsmittel einsetzen muß, selten werden. Im Gegensatz zum Erwerbsobstbau, wo eine Reihe dieser direkten Mittel vorbeugend gebraucht werden muß, kann man im Hausobstgarten leichter das Risiko eines Befalls in Kauf nehmen. Vor dem Einsatz eines Regulierungsmittels sollte daher zuerst der voraussichtliche Schaden abgeschätzt werden (Kapitel 5.8 Integrierter Pflanzenschutz).

Bei der Wahl der Mittel muß nicht nur ihre Wirkung in bezug auf den Schädling oder die Krankheit bedacht werden. Im biologischen Anbau werden, soweit möglich, zur Regulierung von Pilzkrankheiten Mittel eingesetzt, die gleichzeitig die Pflanzen stärken. Gegen tierische Schädlinge sind Pflanzenschutzmittel auf vorwiegend pflanzlicher Basis zugelassen, die sich sehr rasch abbauen. Amtliche Vorschriften und Vorsichtsmaßnahmen sind beim Einsatz von Pflanzenschutzmitteln zu beachten (Kapitel 5.9 und 5.10).

Bezugsquellen für biologische Pflanzenschutzmittel sind ab Seite 251 aufgeführt.

5.1 Beachtung von Nachbarschaftswirkungen bei Pflanzen

Es gibt aus Praxis und Literatur verschiedene Hinweise über sich günstig oder ungünstig beeinflussende Mischkulturen und Nachbarschaftspflanzungen. Eine Erklärung geben britische und russische Forschungsarbeiten über die Wirkung von ausgeschiedenen Duft- und Wurzelstoffen (Phytonzide) auf die Nachbarpflanzen. Die Wirkung von Nachbarschaftspflanzen kann aber je nach Bodenart, Klima, Düngung und Sortenwahl unterschiedlich sein. Verallgemeinernde Empfehlungen sind deshalb nur bedingt möglich, da umfangreichere Untersuchungen bis jetzt leider fehlen. So ist es dem Gärtner überlassen, selber Erfahrungen damit zu sammeln. Im folgenden seien die wichtigsten Beispiele für den Hausgarten genannt:

Günstige Mischkulturen zur Schädlingsabwehr
Gute Erfahrungen werden im allgemeinen mit folgenden Mischkulturen gemacht:
- Zwiebelgewächse neben Karotten (Möhren) als Schutz gegen die Möhrenfliege.
- Kopfsalat und Schnittsalat zwischen Kohlgewächsen gegen Erdflöhe.
- Tomaten neben Kohlgewächsen gegen die Kohlfliege.
- Knoblauch neben Erdbeeren schützt gegen Pilzkrankheiten und Erdbeermilbe.
- Auch bei Mischkulturen ist ein Fruchtwechsel einzuhalten.

Mischkultur mit Bohnen, Kopfsalat, Sellerie und Kohlrabi.

Abwehr durch Repellent-Pflanzen
Repellent-Pflanzen wirken abwehrend gegen Schädlinge und Pilzkrankheiten.

Wirkung gegen	Pflanze
Blutläuse an Obstbäumen	Kapuziner- und Gartenkresse als Unter- oder Randsaaten.
Erdflöhe	Salat
Ameisen	Lavendel, Farnkraut oder Majoran auslegen. Feldsalat säen.
Mäuse	Steinklee in Streifen oder auf die Baumscheibe säen. Knoblauch, Kaiserkrone *(Fritillaria imperialis)*, Wolfsmilch *(Euphorbia enthyrus)*, Gemeine Hundszunge *(Cynoglossum officinalis)* pflanzen.
Wurzelnematoden	Tagetes als Unter- oder Randsaat.
Echter Mehltau an Rose und Obstbäumen; Kräuselkrankheit bei Pfirsich	Schnittlauch, Knoblauch dazupflanzen.
Grauschimmel	Knoblauch dazwischen pflanzen.
Johannisbeerrost	Wermut, Schnittlauch als Nachbarpflanze.

5.2 Pflanzliche und mineralische Pflanzenpflegemittel

Im folgenden nennen wir verschiedene Pflanzenpflegemittel, die zur Pflanzenstärkung und gleichzeitig zur Abwehr von Schädlingen und Krankheiten gebraucht werden. Allerdings sind die Erfahrungen mit diesen Mitteln sehr unterschiedlich. Ihre Wirkung scheint von verschiedenen Faktoren abzuhängen, doch fehlen wissenschaftliche Untersuchungen noch weitgehend. Es wird aufgrund von Beobachtungen und Versuchen angenommen, daß diese Pflanzenpräparate die Abwehrkräfte der behandelten Pflanzen fördern, indem sie das Zellgewebe stärken. Auch enthalten manche Pflanzen abweisende oder tödliche Substanzen für Insekten, Bakterien und Pilze. Die bisherigen Erfahrungen zeigen, daß sich eine gezielte Forschung mit Versuchen auf diesem Gebiet lohnen würden.

Solche pflanzlichen Präparate (Essenzen, Öle und Extrakte) kommen in starker Verdünnung vor allem in der biologisch-dynamischen Wirtschaftsweise zum Einsatz. Im folgenden werden einige wichtige Kräuter genauer beschrieben.

Über den Einsatz anderer Kräuter wie Farnkraut, Kamille, Baldrian, Löwenzahn, Beinwell, Knoblauch, Zwiebel, Meerrettich u. a. geben die Anwendungstabellen Auskunft (Kapitel 6.4).

Von den im Handel erhältlichen Produkten sind nur die wichtigsten erwähnt.

Ackerschachtelhalm *(Equisetum arvense)*

Dieses in der Heilkunde häufig gebrauchte Kraut weist einen hohen Kieselsäuregehalt auf. Es wächst gerne in feuchten, lehmigen Sandböden. Im Frühling erscheint zuerst der bräunliche unverzweigte Sproß mit den Sporen.

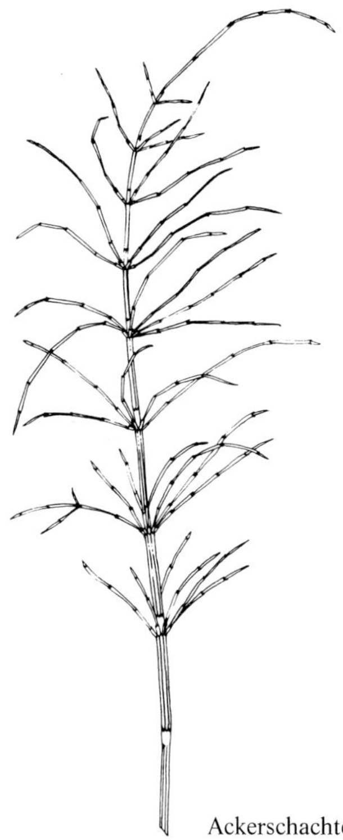

Ackerschachtelhalm

Der Schachtelhalm bildet keine Blüten. Nach dem Ausstreuen der Sporen stirbt dieser Sproß ab, und es erscheinen die 10 bis 15 cm hohen, quirlig verzweigten, grünen Triebe. Diese werden ohne Wurzeln von Mai bis August gesammelt. Sie sind mit den anderen Schachtelhalmarten nicht zu verwechseln.

Anwendung: Schachtelhalm-Präparate werden als Brühe oder als Jauche gegen Pilzkrankheiten und zur Pflanzenstärkung eingesetzt. Sie werden am besten bei Sonnenschein, aber vor der Mittagshitze, über Pflanzen und Boden ausgebracht. Um gegen Pilzkrankheiten im Gemüsebau oder bei Beeren und Obst vorzubeugen, ist ein periodisches Spritzen vorteilhaft. Durch Versuche sind folgende Wirkungen bisher wissenschaftlich belegt:

- Die Keimung und die Entwicklung des Bohnenrostes wird durch Anwendungen unmittelbar vor Auftreten des Befalls stark vermindert.
- Eine ähnliche, aber schwächere Wirkung wurde bei der Krautfäule an Kartoffel und Tomate nachgewiesen.
- Behandelter Kopfsalat zeigte nach einer Behandlung eine deutlich stärkere Wachsschicht und wurde weniger stark von pilzlichen und bakteriellen Salatfäulen befallen.
- Gegen Echten Mehltau wurde bei den einzelnen Kulturen eine unterschiedlich gute Wirkung festgestellt. Der Befall wurde bei Rittersporn und Getreide vermindert, nicht aber bei Gurken.

Es bewährt sich, im Herbst und Frühling die ganze Anbaufläche des Gartens, die Obstbäume und Beerensträucher zur Zeit des Blattfalls und Austriebs gründlich zu spritzen. Sind aber die Bedingungen für Pilzkrankheiten besonders günstig (zum Beispiel warmfeuchte Witterung, anfällige Sorten), so ist die Wirkung ungenügend, und eigentliche Pilzregulierungsmittel müssen eingesetzt werden. Schachtelhalmpräparate sollten nicht in Metallgefäßen angesetzt werden (siehe Kapitel 6.4).

Stumpfblätteriger Ampfer
(Rumex optusifolius)

Blacke

Der Stumpfblätterige Ampfer gilt in vielen Wiesen als lästiges Wurzelunkraut. Da neben den Samen auch die Wurzeln sehr widerstandsfähig sind, wurden diese für die Verwendung als Pflanzenpflegemittel am Forschungsinstitut für biologischen Landbau, CH-Oberwil, näher untersucht.

Anwendung: Der Extrakt aus den geschälten Wurzeln hat sich in Labor- und Feldversuchen als vorbeugend wirksam gegen Echten Mehltau an Gurke und Apfel erwiesen. Es wurden vergleichbare Resultate wie bei Schwefelbehandlungen erzielt. Der Extrakt wirkt hemmend auf die Bildung pilzlicher Haftorgane, die das Eindringen der Pilzsporen in das Blatt ermöglichen. Die Wirkung kann sich nur bei einer wiederholten, vorbeugenden Behandlung – mindestens alle 7 bis 8 Tage während gefährlicher, niederschlagsreicher Perioden – entfalten. Die Wirksubstanzen (Anthrachinone) befinden sich in der Blattwurzel an der Oberfläche von Stärkekörnern und können durch Tiefgefrieren bei −20 °C teilweise konserviert werden.

Herstellung der Spritzbrühe: Frische, mindestens zwei Jahre alte Blackenwurzeln werden gewaschen, in Stücke geschnitten und zu einem feinen Brei püriert. Von diesem Brei benötigt man 150 g/10 l Wasser für die Spritzbrühe. Damit sich der Wirkstoff aus dem Brei lösen kann, sollte er eine Stunde lang stehen und dann filtriert werden. Der Brei kann auch mit weniger Wasser aufbereitet und zur Lagerung eingefroren werden. Beim Gebrauch ist dann auf die gewünschte Konzentration zu verdünnen. Bei Wärme gelagert, verliert das Mittel rasch an Wirksamkeit (siehe Kapitel 6.4).

Brennessel *(Urtica dioica* und *Urtica urens)*

Die Brennessel, bekannt als altes Heilmittel, ist reich an Vitamin A, Vitamin C und Mineralstoffen (vor allem Eisen). Sie kann außerordentlich vielseitig genutzt werden. Zur Verwendung kommt die ganze Pflanze, ohne die Wurzel, vor der Samenbildung. Früh im Mai geerntete Brennesseln sind reicher an Hauptnährstoffen, spät geerntete reicher an Trokkensubstanz. Sowohl die Herkunft (Wiese, Wald, Nähe Misthaufen) als auch die Aufbereitung (frisch oder getrocknet) wirken sich nur wenig auf den Mineralstoffgehalt aus. Durch die Beigabe größerer Mengen von grünen oder getrockneten Brennesseln oder von Brennesselpulver in den Kompost wird die Verrottung und insbesondere die Umsetzung stickstoffhaltiger Substanzen gefördert.
Anwendung: Brennesseln eignen sich sehr gut zur Herstellung von Pflanzenjauchen. Von der gut vergorenen Jauche, der man etwas Knochen- und Hornmehl oder tierischen Mist sowie Steinmehl beimischen kann, wird periodisch dem Gießwasser beigegeben (ungefähr 1 : 10 verdünnen). Die Brennesseljauche ist reich an Kalzium, Kalium und Stickstoff, wobei letzterer zu etwa 40 % als Ammonium-Stickstoff vorliegt, der rasch pflanzenverfügbar ist. Der Gehalt kann allerdings stark schwanken. Wissenschaftlich angelegte Versuche zeigten eine gute Förderung des Pflanzen- und Wurzelwachstums sowie eine höhere Mikroorganismen- und Atmungsaktivität, welche eine bessere Photosynthese ermöglicht. Es wird angenommen, daß die wachstumsfördernde Wirkung von der guten Mineralstoff-Verfügbarkeit, dem Vorhandensein kleiner Wuchsstoffmengen und dem hohen Gehalt von Kohlendioxid produzierenden Bakterien ausgeht.

Auch die Verwendung als Spritzmittel über die Blätter dient der Wachstumsförderung und der Chlorophyllbildung. Die Brennesseljauche ist aber genügend stark zu verdünnen, sonst kommt es zu Verbrennungen auf den Blättern. Die Kombination mit Schachtelhalmbrühe oder -jauche ist dabei vorteilhaft. Kohlgewächse sollten nicht zu oft mit Brennnesseljauche angegossen werden, da der Geruch den Kohlweißling anzieht. Als Spritzmittel zur Regulierung von Blattläusen wirken Brennesseln, die 12 Stunden lang in kaltem Wasser angesetzt wurden, sofern der Befall nicht all zu stark ist (siehe Kapitel 6.4).

Gesteinsmehle

Die Gesteinsmehle weisen einen hohen Gehalt an Spurenelementen auf und sind in verschiedenen Zusammensetzungen erhältlich. So sollten bei sehr kalkhaltigen Böden siliziumreiche, kalkarme, bei sauren Böden kalkhaltige Gesteinsmehle verwendet werden.
Anwendung: Gesteinsmehle finden als Bodenverbesserungsmittel vor allem bei schweren Böden und Moorböden sowie als Kompostbeigabe zur Förderung der Umsetzung Verwendung.

Als Stäubemittel können Gesteinsmehle zur Vorbeugung gegen Pilzkrankheiten (zum Beispiel Kartoffelkrautfäule, Sellerie-Blattfleckenkrankheit) und bei feuchtem Wetter gegen fressende Insekten verwendet werden.

Diese Wirkung darf aber, ähnlich wie bei den nachfolgenden Kalkalgen, nicht überschätzt werden.
Handelsprodukte: Steinmehl (verschiedene Zusammensetzungen), Urgesteinsmehl, Basaltmehl, Diabasmehl, Ledax-humin, Quarzitstaub, Eco-min Stäubemittel, Silkaben und FFM 50 (feinstgemahlene Steinmehle)

Tonerdemehl und Lehm

Die Tonerdemehle (Bentonit, Kaolin) weisen verschiedene günstige Eigenschaften auf. Sie sind sehr quellfähig und eignen sich gut als Bindemittel bei Pflegespritzungen.
Anwendung: Dank des hohen Tongehaltes sind sie vor allem in sandigen, leichten Böden ein gutes Bodenverbesserungsmittel. Sie können auch als Kompost- und Jauchezusatz verwendet werden.

Im Obstbau werden Tonerdemehle oder Lehm als wichtiger Bestandteil des Stammanstrichs sowie vorwiegend für die Winterspritzung verwendet (zum Beispiel Bentonit mit Wasserglas oder Bentonit mit Schachtelhalmbrühe). Tonerdemehle sollten nicht zusammen mit pflanzlichen Insektiziden (zum Beispiel Pyrethrum) angewendet werden, da deren Wirkung dadurch vermindert wird.

Interessante Versuchsergebnisse liegen mit dem Präparat Ulmasud vor, das schwefelsaure Tonerde mit aktivierten Aluminium-Ionen enthält. In Konzentrationen von 1 bis maximal 1,5 % wurden gute Wirkungen u. a. gegen Falschen Mehltau bei Reben erzielt.
Handelsprodukte: Bentonit, Ledax-it, Kaolin, Opalit (nur Schweiz), Ulmasud (schwefelsaure Tonerde)

Algenextrakte

Es sind verschiedene flüssige oder pulverförmige Extrakte aus Grünalgen und Braunalgen (*Laminaria, Ascophylum, Fucum* u. a.) im Handel erhältlich, welche vor allem von der Nordseeküste stammen. Diese Algen, auch Seetang genannt, sind im Gegensatz zu den kalkhaltigen Rotalgen (*Lithothamnium calcareum* u. a.) relativ reich an organischen Stoffen, Mineralstoffen (vor allem Kalium) und Spurenelementen.
Anwendung: Sowohl die flüssigen als auch die pulverförmigen Algenextrakte haben, auf das Blattwerk ausgebracht, eine wachstumsfördernde Wirkung und erhöhen die Widerstandsfähigkeit der Pflanzen gegen Schädlinge. Die Höhe der Konzentration ist jeweils auf den Packungen angegeben.
Handelsprodukte in der Bundesrepublik Deutschland: Algifert, Algifert-Plus, Polymaris, SPS
Schweiz: Algan, Ledax Bio Stärkungsmittel, Bioforte

Kalkalgenmehl

Kalkalgen werden vor allem in Südfrankreich und in der Bretagne aus dem Meer gewonnen. Das sogenannte »Lithothamne« wird als noch lebende Kalkalge, der »Maerl« dagegen als Kalkskelett gewonnen.
Anwendung: Die Kalkalgenmehle werden vor allem zur Bodenverbesserung, das heißt zur Anhebung des Boden-Säuregrades (pH-Wert), vorwiegend in sauren Böden verwendet. Das Stäuben von Kalkalgen über das Blattwerk fördert die Widerstandsfähigkeit gegenüber Pilzkrankheiten und Insekten wie

Schorf, Mehltau, Krautfäule, Kartoffelkäfer, Lauchmotte, Erdflöhe u. a. (Menge: etwa 200 bis 300 g/Ar, trocken gestäubt oder mit 20 bis 30 l Wasser vermengt). Die Wirkung der Algenmehle ist nicht zu überschätzen. Eine zu häufige Anwendung kann die Atmung der Pflanze behindern. Es sind verschiedene Kalkalgenmehle im Handel, die sich in der Zusammensetzung etwas unterscheiden.
Handelsprodukte: Kalkalgen (Algenkalk), Algomin, Actiglene, Glenan, Glenactin, Hasoglen, Lithothamne u. a.

Weitere Pflanzenpflegemittel

Im Handel sind verschiedene Pflanzenpflegemittel auf der Basis von Wildkräutern, Meeralgen und feinstgemahlenen Mineralien erhältlich. Es liegen aber erst wenige systematische Untersuchungen über deren Wirksamkeit vor. Bei den meisten dieser Mischpräparate sind die Anwendungsempfehlungen oft zu generell (vergleichbar einer »Haustee«-Mischung). Eine gezielte Behandlung, zum Beispiel gegen eine bestimmte Pilzkrankheit, ist kaum möglich. Eine offizielle Prüfung der Wirksamkeit auf einzelne Schadorganismen fehlt bisher weitgehend. Allerdings wird sich dies in den nächsten Jahren ändern, da die staatlichen Zulassungsbedingungen strenger geworden sind.

Aufgrund der bisherigen Versuche lassen sich die folgenden Feststellungen treffen:
- Die meisten der verwendeten Pflanzen sind aus der Anwendung in der Humanmedizin bekannt. Ihre Toxikologie ist deshalb meist unbedenklich.
- Im Vergleich mit chemisch-synthetischen Pflanzenschutzmitteln ist die Wirkung von Pflanzenmitteln wesentlich schwächer.
- Die Wirkung dürfte in vielen Fällen auf einer allgemeinen Beeinflussung der pflanzeneigenen Abwehrstoffe beruhen in Form von erhöhtem Wachsanteil in der Blattoberfläche und der Bildung sekundärer Inhaltsstoffe (Phytoallexinen). Die Mittel müssen deshalb vorbeugend eingesetzt werden.
- Pflanzenpflegemittel sind wenig beständig, das heißt sie bauen sich rasch ab. Eine wiederholte Anwendung wird dadurch nötig.
- Pflanzliche Mittel wirken nicht gegen alle Pilzarten, zum Beispiel reagieren Echte und Falsche Mehltaupilze verschieden empfindlich.

Handelsprodukte in der Bundesrepublik Deutschland und Österreich: Polymarisplant, Polymaris-rosal, Artanax, Cohrs-Pflanzenkräftiger, Cohrs-Pflanzenpflegemittel, Tannalgin u. a.

Schweiz: Ledax-Pilzmittel, Bio-Blatt- und Wurzelstärker u. a.

5.3 Verfahren der biologisch-dynamischen Wirtschaftsweise

Die Grundlagen der biologisch-dynamischen Landbaumethode wurden 1924 von Rudolf Steiner durch einen Vortragszyklus, den sogenannten »Landwirtschaftlichen Kurs«, gelegt. Die vorgeschlagenen Maßnahmen ergeben sich dabei weniger aus naturwissenschaftlichen, sondern vor allem aus geisteswissenschaftlichen Erkenntnissen. Rudolf Steiner hat auf zahlreiche Zusammenhänge zwischen Vorgängen im Kosmos und Vorgängen auf der Erde aufmerksam gemacht.

Die biologisch-dynamische Wirtschaftsweise geht davon aus, daß die Ertrags- und Qualitätsbildung unter dem Einfluß beziehungsweise der Polarität terrestrischer Wachstumsfaktoren (u. a. Bodenleben) einerseits und der kosmischen Wachstumsfaktoren Licht, Wärme, kosmische Rhythmen (Mond, Planeten) anderseits geschieht. Es können an dieser Stelle nur einige wenige Hinweise über diese Zusammenhänge und die sich daraus ergebenden Pflanzenschutz-Maßnahmen gegeben werden. Treten Pflanzenkrankheiten auf, so werden diese durch die Störung des Gleichgewichts zugunsten der terrestrischen Faktoren erklärt. Mit einer Reihe von auf besondere Art und Weise hergestellten Präparaten wird versucht, diese Störungen auszugleichen und gezielt zu einer Harmonisierung des Wachstums und zu einer Steigerung der biologischen Vorgänge in Kompost, Boden und Pflanze beizutragen.

Bei diesen Präparaten handelt es sich um zwei Spritzpräparate, »Hornmist« und »Hornkiesel«, und um sechs Kompostpräparate. Die Erfahrungen mit der bereits erwähnten Schachtelhalmbrühe gehen ebenfalls auf diese Landbaumethode zurück. Diese Mittel haben keine Nährstoffwirkung im üblichen Sinne. Langjährige Erfahrungen aus der Praxis und verschiedene neuere wissenschaftliche Untersuchungen weisen positive Wirkungen auf das Pflanzenwachstum, den Ertrag und die Nahrungsqualität nach.

Das **Hornmist-Präparat** (Präparat 500), das aus Kuhmist zubereitet wird, dient der Förderung der Lebensprozesse im Boden und wird vor, während oder kurz nach der Saat beziehungsweise dem Setzen direkt auf den Boden gespritzt.

Das **Hornkiesel-Präparat** (Präparat 501), das aus feinst zubereitetem Quarz hergestellt wird, ist während der Vegetationszeit, vor allem zur Steigerung der Assimilationsleistung und zur Förderung der Reifeprozesse, auf die Pflanzen zu spritzen. Beide Präparate müssen ummittelbar vor der Anwendung eine Stunde lang nach einem bestimmten Verfahren gerührt werden. Für den Zeitpunkt der Spritzarbeit werden die kosmischen Konstellationen beachtet.

Zur Förderung der Rotteprozesse bei der Kompostierung und der Jaucheaufbereitung werden besondere **Heilkräuter-Kompost-Präparate** (Präparat 502 bis 507) zugesetzt. Als Ausgangsmaterial dienen Schafgarbenblüten, Kamillenblüten, Brennesselpflanzen, gemahlene Eichenrinde, Löwenzahnblüten und Baldrianblütensaft. Die Herstellung der Präparate erfolgt unter Berücksichtigung verschiedenster Naturzusammenhänge und jahreszeitlicher Bedingungen.

Der Einfluß kosmischer Konstellationen auf Lebensvorgänge ist seit alters und in allen Kulturkreisen der Menschheit beachtet worden. Versuche von L. Kolisko, Maria Thun und anderen Forschern haben gezeigt, daß auf biologisch-dynamisch gepflegten Böden das Pflanzenwachstum nicht nur durch die Sonnenbahn, sondern auch durch die Stellung des Mondes zu den Tierkreisbildern, durch die Mondphasen und die Planetenbahnen u. a. m. beeinflußt wird. Je nach Nutzorgan der Kulturpflanzen (Wurzel, Blatt, Blüte, Frucht) scheint es vorteilhaft, bestimmte *Konstellationen* für die *Saat-, Pflege- und Erntearbeiten* zu wählen.

Zur Schädlingsregulierung werden Versuche mit der sogenannten *Veraschungs-*

methode gemacht. Verbrennt man Tiere, Insekten oder deren Larven (oder läßt sie verwesen) und streut man diese Asche über mehrere Jahre hinweg aus, so sollen dadurch die betreffenden Artgenossen vertrieben werden. Kleinste Spuren scheinen schon zu genügen. Es wird davon ausgegangen, daß bestimmte kosmische Konstellationen einen wesentlichen Einfluß auf den oft eigenartigen periodischen Entwicklungszyklus bestimmter Tiere haben; deshalb müssen diese auch bei der Veraschung berücksichtigt werden. Nach der gleichen Theorie wird der Samen von Unkräutern verascht und ausgestreut. Es liegen dazu aber erst wenige wissenschaftliche Resultate vor.

Genauere Hinweise über die biologisch-dynamische Wirtschaftsweise finden sich in der entsprechenden Fachliteratur (siehe auch ab Seite 245).

5.4 Mechanische Abwehrmittel

Für den Einsatz im Hausgarten gibt es zahlreiche mechanische Abwehrverfahren, welche vor allem früher häufig benutzt wurden und deshalb als »altmodisch« gelten. Sie bedingen meist mehr Handarbeit, haben aber den großen Vorteil, daß sie keine Rückstände verursachen.

Es sind einerseits Mittel, welche eine Zuwanderung von Schädlingen auf die Pflanzen verhindern und anderseits solche, welche auf mechanischem Weg Schädlinge töten. Die meisten dieser Abwehrmittel sind in landwirtschaftlichen Genossenschaften, Samenhandlungen, im Gartenbaufachhandel und in Gartencentern oder in Drogerien erhältlich.

Ein Kragen aus Pappkarton schützt junge Pflanzen vor der Kohlfliege.

Insektennetz

Um den Zuflug und die Eiablage von Insekten zu verhindern, können während der Flugzeit Insektennetze über die Beete gespannt werden. Sie sind seitlich mit Hilfe von Holzlatten oder mit Erde dicht abzuschließen. Guten Erfolg zeigt der Einsatz bei der Rettichfliege (Kohlfliege) und der Möhrenfliege. Die Maschenweite darf bei der Möhrenfliege maximal 1,2 mm, bei der Rettichfliege maximal 1,8 mm betragen.

Die Netze zeigen noch andere Vorteile wie zum Beispiel Ernteverfrühung und weniger

Rißbildung wegen der Beschattung. Sie können auch als Schattiernetze beispielsweise bei Feldsalat (Nüßlisalat) verwendet werden.
Handelsprodukte: Bionet, Filbio, Agronet, Burger's Spezialnetz gegen Gemüsefliegen, Neudorffs Gemüsefliegennetz

Gitter und Zäune gegen Wildschäden

Eine vollständige Einfassung des Gartens mit einem feinmaschigen Gitter schützt vor Hasen und Rehen.

Die Mindesthöhe der Gitter in gefährdeten Gebieten (Waldnähe) beträgt 1,50 m, in schneereichen Gebieten müssen die Gitter und Zäune noch höher sein.

Mäusefallen

Hier handelt es sich um eine altbewährte Methode vor allem zum Fangen von Wühlmäusen, die bei richtiger, konsequenter Durchführung erfolgreich ist. Zahlreiche Fallenarten sind im Handel. Es ist empfehlenswert, sich von einem erfahrenen Praktiker beraten zu lassen.

Vogelabwehrnetze und Vogelabwehrbänder

Flatternde Stanniolstreifen, farbige Plastikbänder und Vogelabwehrnetze sind von Bedeutung zum Schutz von Beerensträuchern, Kirschbäumen und Frühsaaten (zum Beispiel Erbsen). Die Vögel gewöhnen sich aber schnell an die Bänder; wirksamen Schutz garantieren nur die Netze. Die blaue Farbe der Bänder scheint die Vögel am besten fernzuhalten.

Schneckenzäune

Diese eignen sich gut zur Einfassung von Gärten oder Beeten gegen die Zuwanderung von Schnecken, zum Beispiel aus angrenzenden Wiesen. Es sind dies abgewinkelte Blechrahmen oder mittels Batterien betriebene elektrische Zäune, die im Handel erhältlich sind. Zu beachten ist, daß die Schneckenzäune nicht durch Pflanzen (Gras) überwachsen werden.

Schneckenköder, Schneckenfallen

Köder sollten nur ausgebracht werden, wenn die Schnecken sehr systematisch eingesammelt werden. Da Schnecken hauptsächlich nachts aktiv sind, ist es notwendig, abends und frühmorgens sammeln zu gehen. Einfacher ist es, wenn Köder unter Brettern, Tontöpfen, alten Jutesäcken, Kartons usw. ausgelegt werden, da sich hier tagsüber die Schnecken verkriechen. Die Köderplätze sind so anzulegen, daß sie die Schnecken von den Beeten weglocken. Schneckenfallen, mit Bier gefüllte Becher, welche ebenerdig in den Boden eingegraben werden, locken Schnecken an. Beobachtungen zeigen, daß das Bier wohl Schnecken anlockt, aber nur ungefähr 10% der Schnecken ertrinken im Bier. Da auch Laufkäfer und andere Insekten im Bier zugrunde gehen, sind Bierfallen nicht zu empfehlen.

Einsammeln von Schädlingen

Im Hausgarten kann oft durch das Ablesen von Raupen und Käfern und das Abstreifen und Zerdrücken kleinerer Schädlinge deren Vermehrung verhindert werden.

Laufenten sind bei der Schneckenregulierung eine gute Hilfe.

Entfernen befallener Pflanzenteile

Das sofortige Entfernen der ersten befallenen Pflanzenteile, zum Beispiel bei Echtem Mehltau oder Blattläusen an Obst, beugt einer weiteren Vermehrung vor, besonders wenn dazu noch mit einem Kräutermittel zur Gewebestärkung gespritzt wird. Kranke Pflanzenteile sollten vernichtet und nicht kompostiert werden.

Fanggürtel

Die Gürtel werden rings um die Stämme von Obstbäumen ungefähr in 1 m Höhe angelegt. Sie sind so angefertigt, daß sie verschiedenen Insektenarten einen Unterschlupf bieten. Werden die Fanggürtel zur richigen Zeit, das heißt bevor die Insekten sie verlassen haben, entfernt und verbrannt, so werden damit die darin versteckten Schädlinge vernichtet. Dabei ist darauf zu achten, daß keine Marienkäfer und Ohrwürmer mit vernichtet werden, sondern an den Bäumen bleiben.

Soll der Fanggürtel gegen die Obstmade helfen, wird er Ende Mai angebracht. Als Maßnahme gegen den Apfelblütenstecher muß er bereits Ende April den Stamm schützen.

Einfacher Fanggürtel: Ein mindestens 10 cm breiter Wellkartonstreifen wird auf beiden Seiten mit wetterbeständigem Teerpapier oder Plastik überzogen und an den Baumstamm gebunden. Die Insekten verkriechen sich in den Rillen. Die Außenseite wird unter Umständen mit Raupenleim bestrichen.

Gegen Apfelblütenstecher müssen die Gürtel vor März–April, gegen Obstmaden Ende Mai angelegt werden.

Obstmadenfalle: Auf einen starken Papierstreifen (ungefähr 20 cm breit) klebt man Holzwolle auf und deckt das Ganze gegen Regen nach außen mit feuchtigkeitsbeständigem Material, zum Beispiel Kunststoff, ab. Der obere Rand wird nach innen gebogen und fest an den Baumstamm gebunden. Der Streifen

Der Leimring zum Schutz vor dem Frostspanner sollte von September bis Dezember am Baumstamm befestigt sein.

muß unten offenbleiben, damit die Insekten hineinkriechen können. So wird ein Teil der Obstmaden weggefangen.

Leimringe

Leimringe werden rings um die Baumstämme angelegt, um jene Insekten (vor allem Frostspanner) zu fangen, die am Stamm hinauf- und hinunterkriechen. Bei älteren Bäumen kann man den Leim direkt auf den Stamm anbringen. In etwa 1 m Höhe glättet man einen 10 cm breiten Streifen der Rinde und bestreicht ihn. An jüngeren Bäumen bindet man einen 15 cm breiten Streifen haltbares Papier oder Jutegewebe oben und unten fest um den Stamm. Die Streifen müssen dicht anliegen. Damit beim Anstreichen der Leim nicht herabläuft, biegt man während des Streichens den unteren Rand aufwärts. Leimringe sollten nur von September bis Dezember an den Bäumen belassen werden. Die mit Leim verklebten Insekten können Vögeln schaden.

Leimrezepte:
700 g Holzteer
500 g Kolophonium
500 g braune Schmierseife
300 g Tran

Diese Zutaten sind in Drogerien erhältlich.

Holzteer und Kolophonium im Wasserbad erhitzen und umrühren, bis eine gleichmäßige Mischung entsteht, dann Seife und Tran dazugeben und mit Rühren fortfahren, bis die Flüssigkeit erkaltet ist.

2 500 g Rapsöl
200 g Schweineschmalz
200 g Terpentin
200 g Kolophonium

Rapsöl und Schweineschmalz auf zwei Drittel des Volumens einkochen. Unter ständigem Rühren Terpentin und Kolophonium beigeben. Die Masse muß mit dem Pinsel gut streichbar sein.

Leimgürtel sind im Handel erhältlich. Auch der Leim der Kirschenfliegenfalle kann verwendet werden.

Kalt- oder Heißwasser-Spritzungen gegen schädliche Insekten

Das wiederholte Abspritzen von mit Blattläusen befallenen Pflanzenteilen mit einem scharfen Strahl kalten Wassers kann zu ihrer Bekämpfung genügen.

Die Heißwasser-Spritzung von Pflanzen, die schon vor Jahrzehnten entwickelt wurde, zeigt sich als wirksam zur Bekämpfung von Blattläusen, Blutläusen, Roter Spinne u. a. Die Schädlinge sollten direkt getroffen werden. Höhere Temperaturen als 45 °C führen zur Zerstörung des Pflanzengewebes.

5.5 Verfahren der biologisch-biotechnischen Schädlingsbekämpfung

Zur biologischen Schädlingsbekämpfung rechnet man diejenigen Verfahren, bei denen natürliche Feinde und Krankheitserreger so eingesetzt werden, daß ein Schädlingsbefall begrenzt wird. Insbesondere zu nennen sind:

- Aussetzen von nicht einheimischen Nützlingsarten (zum Beispiel die Amerikanische Zehrwespe gegen Blutlaus).
- Periodische Freilassung von in Massen gezüchteten Nützlingen oder Krankheitserregern (Schlupfwespen, Raubmilben, Florfliegen, Nematoden, Pilze, Bakterien).
- Regulierung und Kontrolle eines Schädlingsbefalls mittels Fallen, beispielsweise mit Farbtafeln (bei der Kirschfliegenfalle) oder Sexualduftstoffen (Pheromonen).

Biotechnische Verfahren regeln den Schädlingsbefall, indem die natürlichen Reaktionen der Schädlinge auf bestimmte physikalische oder chemische Reize ausgenutzt werden.

Apfelwickler-Granulosevirus

Dieses neuentwickelte Präparat enthält natürlich vorkommende Viren, die ganz spezifisch den Apfelwickler und einige wenige nah verwandte Insekten befallen. Da Granuloseviren lichtempfindlich sind, wird der Spritzbrühe

Die Obstmadenfalle dient der Befallskontrolle.

0,25 % Magermilchpulver zugemischt. Durch die Beigabe von 0,5 % Zucker fördert man die Aufnahme durch die Raupen.

Anwendung: Die Suspension muß kurz vor dem Schlüpfen der Larven gespritzt werden, damit sie von der Obstmade aufgenommen wird, bevor sie sich in den Apfel einbohrt.

Das Präparat wird in zwei Konzentrationen hergestellt. Madex 2 für den Hausgarten ist höher konzentriert und muß zweimal gespritzt werden, das schwächere Madex 3 für den Erwerbsanbau dreimal.

Handelsprodukte in der Schweiz: Madex 2, Madex 3

Bezugsquelle: J. und H. Andermatt, Biokontrol, CH-Grossdietwil

Bacillus thuringiensis

Hier handelt es sich um ein Bakterienpräparat, das sich vor allem zur Bekämpfung von Schmetterlingsraupen, zum Beispiel des

Die mikroskopische Aufnahme zeigt Nematoden der Gattung *Heterorhabditis,* die Dickmaulrüßlerlarven parasitieren. Die Larven müssen ganz gezielt eingesetzt werden.

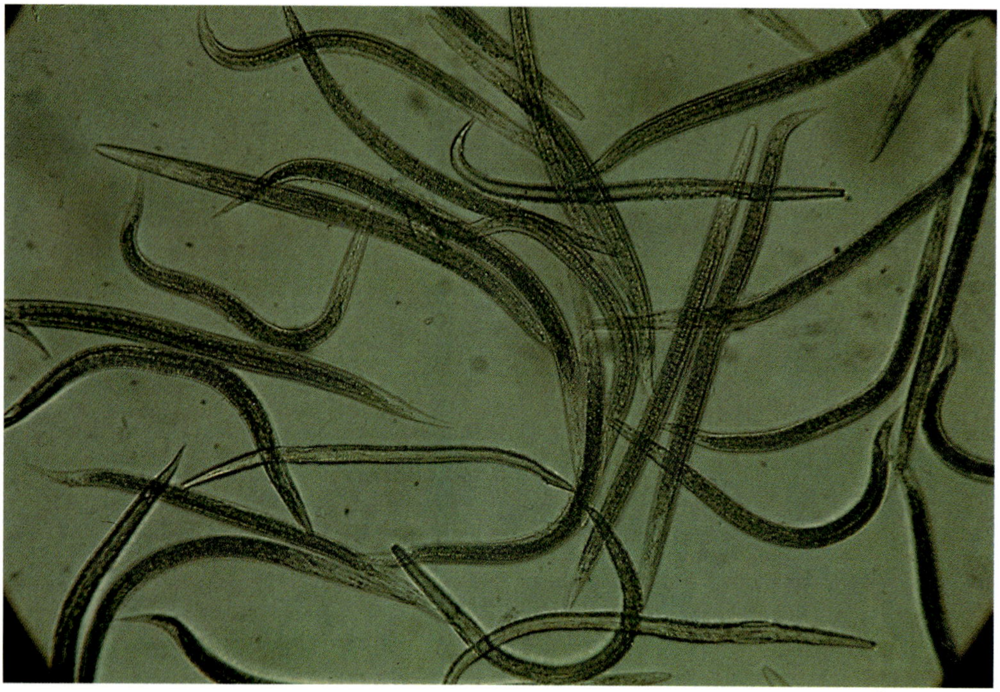

Kohlweißlings, des Frostspanners, der Gespinstmotte und des Traubenwicklers, als wirksam erweist.

Anwendung: Die Bakterien werden zu einem Pulver verarbeitet. Fressen die Raupen die damit behandelten Blätter, so verenden sie nach kurzer Zeit. Wiederholte Anwendungen sind in der Regel notwendig. Temperaturen über 20 °C erhöhen die Wirksamkeit.

Konzentration: 0,06–0,1 %
Giftklasse: keine
Wartezeit: im Gemüse- und Ostbau 7 Tage, im Weinbau 3 Wochen

Das Präparat ist sowohl als Spritzpulver als auch als Granulat (gekörnt) erhältlich. Eine Beimischung von Zucker oder Melasse (0,2 %) soll die Wirkung verbessern.

Handelsprodukte in der Bundesrepublik Deutschland und Österreich: Dipel, Raupenspritzmittel Neudorff, Thuricide HP
Schweiz: Dipel, Thuricide HP, Raupenspritzmittel Neudorff

Nematoden gegen Dickmaulrüßlerlarven

Zur Bekämpfung der Larven des Gefurchten Dickmaulrüßlers können Nematoden der Gattung *Heterorhabditis* eingesetzt werden. Diese weniger als 1 mm langen Fadenwürmer dringen in die Larven ein und scheiden Bakterien aus, die zum Absterben der Larven führen. Die Nematoden müssen aber ganz gezielt eingesetzt werden, da sie ohne Nahrung (Larven) nur etwa 3 Tage lang überdauern. Da es keine wirksame und umweltverträgliche chemische Bekämpfung der Dickmaulrüßlerlarven gibt, wird diesem Verfahren großes Interesse entgegengebracht (siehe Dickmaulrüßler Kapitel 4.4 und Nematoden Kapitel 2.5).

Anwendung: Die Nematoden-Suspension wird in Zuchtflaschen verkauft und muß zum Ausbringen in Wasser angesetzt werden. Sie wird im Mai sowie im September–Oktober eingesetzt.

Bezugsquellen: Samenhandlungen, weitere Angaben Seite 252

Raubmilben gegen Gemeine Spinnmilben

Die Raubmilbenart *Phytoseiulus persimilis* wird gegen die Gemeine Spinnmilbe eingesetzt. Die meisten Erfahrungen liegen bei Gurkenkulturen in Gewächshäusern vor, da sich die Raubmilbe bei Temperaturen über 16 °C schneller vermehrt als der Schädling (siehe Spinnentiere Kapitel 3.6).

Anwendung: Treten schon früh Spinnmilben an Gurken auf, so können Raubmilben, die auf Bohnenblättern gezüchtet wurden, eingesetzt werden. Die Bohnenblätter werden geteilt und auf die Gurkenblätter gelegt, besonders in der Nähe von Befallsherden. In der Regel genügen 1 bis 2 Freilassungen. Die Kultur sollte an heißen Tagen beschattet werden, damit sich die Nützlinge besser entwickeln können.

Bezugsquellen siehe Seite 252

Raubmilben werden in Spezialbetrieben auf Bohnenblättern herangezogen. Auf kleinen Blatteilchen verteilt man sie im Gewächshaus.

Schlupfwespen gegen Weiße Fliegen

Die Schlupfwespenart *Encarsia formosa* wird zur Regulierung der Weißen Fliege vor allem an Tomaten und Gurken in Gewächshäusern eingesetzt (siehe Schlupfwespen Kapitel 3.5).

Anwendung: Es werden hauptsächlich zwei Methoden praktiziert: Beim ersten, dem häufigsten Verfahren bringt man Nützlinge beim ersten Anzeichen eines Befalls aus. Von Schlupfwespen parasitierte Mumien der Weißen Fliegen, die auf Kartonstreifen aufgeklebt sind, werden in die Kulturen gebracht (mindestens 1 Streifen pro 40 Tomatenpflanzen). Die Insekten schlüpfen nach 7 bis 10 Tagen und beginnen mit der Eiablage. Dieses Verfahren muß mindestens zweimal im Abstand von 2 Wochen praktiziert werden. Der Erfolg zeigt sich frühestens 3 Wochen nach der ersten Ausbringung von Nützlingen, dann, wenn die ersten parasitierten Puppen der Weißen Fliege an den Blattunterseiten zu erkennen sind.

Das zweite Verfahren besteht darin, Kulturpflanzen, die stark mit parasitierten Larven der Weißen Fliege besiedelt sind, in Tomaten- oder Gurkenkulturen zu stellen (1 Pflanze/100 m²). Nach 8 bis 10 Wochen haben sich zahlreiche Schlupfwespen über das ganze Gewächshaus verteilt.
Bezugsquellen siehe Seite 252

Weitere Nutzorganismen

Im Handel sind auch die folgenden Insektenarten zur Schädlingsregulierung erhältlich:
- Räuberische Gallmücken *(Aphidoletes aphidimyza)* gegen Blattläuse im Gewächshaus und im Freiland.
- Florfliegen *(Chrysopa carnea)* gegen Blattläuse im Gewächshaus.
- Schlupfwespen *(Trichogramma)* gegen Maiszünsler
- Die Pilzart *Verticillium lecanii* gegen Blattläuse an Paprika, Peperoni und Chrysanthemen im Gewächshaus.

Bezugsquelle für die Bundesrepublik Deutschland: siehe Seite 252
Schweiz: Nordwestverband, Solothurn

Alkoholfalle

Zur Flugüberwachung und Abwehr von Borkenkäfern im Obst- und Weinbau sowie bei Laubgehölzen können Alkoholfallen eingesetzt werden.
Anwendung: Man rechnet mit 8 Fallen pro Hektar. Da der Flug bei Tageshöchsttemperaturen von 20 °C beginnt, ist nicht vor Anfang April damit zu rechnen. Er dauert 3 bis 4 Wochen, bei wechselhafter Witterung bis zu 6 Wochen. 1 Liter Alkohol reicht für 8 Fallen. Bei warmem Wetter alle 3 bis 4 Tage ersetzen.

Der Pilz *Verticillium lecanii* tötet Blattläuse rasch ab.

Bezugsquellen für die Bundesrepublik Deutschland und Österreich: Pflanzenschutzämter
Schweiz: Nordwestverband landwirtschaftlicher Genossenschaften, 4500 Solothurn

Kirschfruchtfliegenfalle

Um den Flug der Kirschenfliege zu kontrollieren, wurde in der Schweiz eine spezielle Falle entwickelt, welche sich zur insektizidfreien Bekämpfung dieses Schädlings im Hausgarten eignet. Die Falle besteht aus einer Leimfolie mit fluoreszierendem Gelb als Lockfarbe. Die Kirschenfliegen bleiben an der Folie kleben; so kann die Eiablage an die Früchte verhindert werden. Leider werden gelegentlich auch andere Insekten gefangen.
Anwendung: 5 bis 8 Fallen pro Baum werden vor allem auf der Südseite, wenn sich die Kirschen von Grün nach Gelb färben, aufgehängt und bei der Ernte entfernt.
Bezugsquellen für die Bundesrepublik

Erst wenn sich die Kirschen von Grün nach Gelb verfärben, ist es sinnvoll, die Kirschfruchtfliegenfalle in die Bäume zu hängen.

Deutschland: Bio- und Gartenmarkt Keller, Freiburg i. Br., Firma Neudorff, Emmerthal
Schweiz: Firma Stoeckler, Rüti ZH; Landwirtschaftliche Genossenschaften
Versand jeweils kurz vor Flugbeginn.

Soveurode-Gelbfalle

Der gelbe Farbton dieser Locktafeln entspricht genau derjenigen Farbe, von der die Weiße Fliege und einige andere Insekten (zum Beispiel Möhrenfliege) angelockt werden.
Anwendung: Die Tafeln werden mit Leim bestrichen und in den Kulturen aufgehängt. Eine Tafel reicht für ungefähr 20 m^2 Bodenfläche im geschlossenen Raum.
Bezugsquelle für die Schweiz: Siegfried AG, Abt. Agrochemikalien, Zofingen

Holzbohrerfalle

Anwendung: Die roten Leimfallen werden gegen den Holzbohrer eingesetzt.
Bezugsquelle für die Schweiz: Nordwestverband Solothurn

5.6 Pilzregulierungsmittel

Der Einsatz von speziellen Pilzregulierungsmitteln (Fungiziden) ist auch im biologischen Anbau, vor allem im Wein- und Obstbau, für bestimmte anfällige Sorten und ungünstige Standorte kaum zu umgehen. Im Hausgarten hingegen kann ohne weiteres ein gewisser Schorfbefall in Kauf genommen werden.

Aus der großen Anzahl der Fungizide sind für den biologischen Anbau nur Kupfer- und Schwefelmittel zugelassen. Schwefel und Kupfer wirken vorbeugend, das heißt, die Pflanzen werden mit einem Spritzbelag überzogen, der die Keimschläuche der Pilze abtötet. Im Unterschied dazu dringen die sogenannten »systemischen« Fungizide in das Pflanzengewebe und den Pflanzensaft ein und töten dort die Pilzfäden ab. Solche Mittel werden aus toxikologischen Gründen im biologischen Anbau nicht verwendet. Auch zeigt sich, daß manche Pilzstämme gegen einzelne dieser Mittel widerstandsfähig (resistent) werden. Bei Kupfer- und Schwefelmitteln sind solche Resistenzerscheinungen bisher nicht bekannt. Hingegen kann eine zu intensive Schwefelanwendung schädigend für einzelne Nützlingsarten wirken und zuviel Kupfer den Boden belasten. Bei einigen Obstsorten zeigt sich eine mehr oder weniger stark ausgeprägte Empfindlichkeit gegenüber diesen Mitteln (Phytotoxizität). Die biologisch-dynamische Wirtschaftsweise verzichtet auf die Anwendung von Kupfermitteln.

Pflanzenpflegemittel mit Schwefelzusatz

Es handelt sich hier um Mittel, die aus feinstgemahlenen Kräutern (Brennessel, Schachtelhalm, einigen Zwiebelgewächsen u. a.), Algen und Steinmehlen sowie einem Zusatz von 20 bis 30 % Schwefel hergestellt werden. Sie zeigen eine pflegende Wirkung. Sie werden vor allem im Obstbau gegen Echten Mehltau und, mit Teilwirkung, gegen Schorf und die Schrotschußkrankheit eingesetzt. Sie wirken aber auch vorbeugend gegen andere Pilzkrankheiten. Bei Bedarf kann zum Beispiel gegen die Krautfäule oder Sternrußtau an Rosen Kupfer zugesetzt werden.

Anstelle der Handelsprodukte können Schwefelmittel (20 g/10 l Wasser) einer Schachtelhalmbrühe und ähnlichen Pflanzenstärkungsmitteln beigemischt werden.

Konzentration: siehe Angaben auf der Packung, in der Regel 0,6 bis 0,8 %
Giftklasse: keine
Wartezeit: 3 Wochen

Handelsprodukte in der Bundesrepublik Deutschland und Österreich: Bio-S, NAB-Plus Mischung, Artanax-S AN
Schweiz: Plantasan, Ledax-san, Algopin

Schwefel (S)

Schwefel wird, in Verbindung mit einem Netzmittel, schon seit vielen Jahren vor allem zur vorbeugenden Regulierung von Schorf und Echtem Mehltau eingesetzt. Die Wirkung ist bei Temperaturen bis 16 °C schwächer als bei Kupfer, unterhalb von 10 °C ist Schwefel kaum mehr wirksam. Bewährt hat sich die Anwendung von Netzschwefel, kombiniert mit pflanzlich-mineralischen Pflegemitteln.
Vorsicht! Beim Obst besteht Berostungsgefahr. Allgemeine Vorsicht ist geboten, wenn bei Temperaturen über 28 °C gespritzt wird. Schwefel wirkt schädigend auf Raubwanzen, auch auf Marienkäfer und Raubmilben, allerdings nur bei hohen Konzentrationen über 20 g/10 l Wasser (0,2 % auf 100 m^2).

Bei stärkeren Niederschlägen (über 25 mm) muß der Schutzbelag erneuert werden.

Konzentration: siehe Angaben auf Packung. Vorblütenspritzung im Obstbau 0,5 %, nach der Blüte maximal 0,3 % (nützlingsschonende Konzentration)
Giftklasse: keine
Wartezeit: 3 Wochen

Handelsprodukte in der Bundesrepublik Deutschland: Netzschwefel, Cosan 80, Kumulus WG, Sufran S. Es sind auch verschiedene Kombi-Mittel Netzschwefel plus Pyrethrum im Handel. Diese werden für den biologischen Anbau nicht empfohlen
Österreich: Netzschwefel, Thiovit, Kumulus Super, Flotox C, Ultra Sofril, Sufralo, Sanax Flüssigschwefel
Schweiz: Netzschwefel, Sufralo, Thiovit, Elosal Supra

Wasserglas (Natriumsilikat)

Wasserglas ist eine stark kieselsäurehaltige, basisch wirkende Flüssigkeit. Sie kann, besonders im Sommer, vorbeugenden Spritzungen gegen Pilzkrankheiten im Obst- und Weinbau beigegeben werden.

Konzentration: etwa 0,5 bis 2 % (siehe Kapitel 6.5 Spritzpläne)
Giftklasse: keine (BRD); 4 (CH)
Wartezeit: 3 Wochen

Handelsübliche Bezeichnungen: Wasserglas, Natriumsilikat

Kupfer (Cu)

Kupfermittel werden schon seit alters im Weinbau zur Pilzregulierung eingesetzt. Einige Richtungen des biologischen Landbaus lassen die Verwendung von Kupferpräparaten in sehr geringer Konzentration zu, jedoch nicht in Verbindung mit chemischen Pflanzenschutzmitteln.

Kupfermittel werden eingesetzt gegen den Falschen Mehltau der Rebe, gegen Schorf (vor allem bei kalter Witterung als Vorblütenspritzung) und gegen die Krautfäule bei anfälligen Kartoffelsorten und bei Tomaten.

Kupfermittel können bei zu starker Konzentration Berostungen am Kernobst verursachen und die Entwicklung der Bodenlebewesen behindern. In der biologisch-dynamischen Wirtschaftsweise sind deshalb diese Mittel nicht zugelassen.

Konzentration: siehe Angaben auf der Packung. Kupfer nur mit großer Zurückhaltung anwenden. Die maximale Einsatzmenge pro Jahr muß beachtet werden. 50 g Reinkupfer oder 100 g Kupferoxychlorid gelten als maximale Gesamtmenge pro 100 m^2 im Jahr. Die meisten Kupferpräparate enthalten 30 bis 50 % Reinkupfer.
Im Obstbau: 0,04 bis 0,05 % in der Vorblüte, abnehmend bis 0,015 %
Im Weinbau: 0,2 % gegen Echten Mehltau
Im Gemüsebau: maximal 0,2 %
Giftklasse: keine (BRD); 4 (CH)
Wartezeit: 3 Wochen

Handelsprodukte: Von den verschiedenen Kupferformen werden am häufigsten Kupferoxychlorid, Kupfersulfat und Bordeauxbrühe (Kupfer-Kalkbrühe) verwendet. Es gibt zahlreiche Produkte und Handelsnamen.

Kaliumpermanganat (KPM)

Bei dieser Substanz handelt es sich um sogenanntes übermangansaures Kali, das auch für Fußbäder und als Gurgelwasser Verwendung findet. Es wird wegen seiner wachstumsanregenden Sauerstoffaktivität und seiner desinfizierenden, pilzhemmenden Wirkung vor allem im biologischen Erwerbsobstbau als Beimischung zum Netzschwefel verwendet. Kaliumpermanganat soll auch als Samenbeize wirksam sein. Eine offizielle Prüfung dieser Wirkung liegt in der Schweiz nicht vor. Zu hohe Konzentrationen verursachen Flecken auf den Ernteprodukten.

Konzentration: 0,1 bis 0,15 % (siehe Kapitel 6.5 Spritzpläne)
Giftklasse: keine (BRD); 3 (CH) für das handelsübliche Produkt, die Konzentration 0,1 % ist keiner Giftklasse zugeordnet
Wartezeit: 3 Wochen

Handelsübliche Namen: Kaliumpermanganat, KPM

5.7 Schädlingsregulierungsmittel

Die pflanzlichen Insektenregulierungsmittel (Insektizide) wirken vorwiegend als Kontaktgifte. Die Wirkstoffe durchdringen die Haut der Insekten und lähmen deren Körperfunktionen. Der Spritzbelag, der auf der Oberfläche der Pflanzen bleibt, wirkt auch auf zufliegende Insekten. In bezug auf ihre Wirkung unterscheiden sich pflanzliche Mittel nicht von chemisch-synthetischen Kontaktgiften. Pflanzliche Insektizide bauen sich aber sehr rasch ab und sind für Warmblüter wie den Menschen in den angewandten Konzentrationen ungiftig. Die im biologischen Landbau nicht zugelassenen, naturfremden, chemisch-synthetischen Insektizide wirken nicht nur als Kontaktgifte, sondern auch als Atem- und Fraßgifte. Bei den Fraßgiften werden, vor allem gegen saugende Insekten wie Blattläuse, auch systemisch wirkende Gifte eingesetzt, die in die Pflanzengewebe eindringen. Weil die Insekten diese systemischen Mittel nur mit dem Pflanzensaft einsaugen, erweisen sich einige davon wohl als nützlingsschonender, hingegen erhöht sich die Gefahr, daß gesundheitsgefährdende Rückstände in den Pflanzen zurückbleiben.

Nicht-systemische Insektizide, also auch die pflanzlichen Mittel, sind für nützliche und harmlose Insekten sowie für Fische schädigend. Deshalb sollte man auch pflanzliche Gifte mit großer Zurückhaltung anwenden. Man spritze möglichst nicht in der Zeit des starken Bienenfluges, sondern bevorzugt abends. Bei besonders gefährdeten Kulturen mit kurzer Vegetationszeit (Gemüsebau) muß unter Umständen eine gezielte Bekämpfung durchgeführt werden, bevor die natürlichen Feinde auftreten. Im Obstbau, besonders bei älteren Bäumen, kann eher abgewartet und genau beobachtet werden, ob die natürliche Schädlingsregulierung ausreicht.

Rainfarntee ist ein gutes Hausmittel gegen verschiedene Schadinsekten.

Rainfarn *(Tanacetum vulgare* syn. *Chrysanthemum vulgare)*

Rainfarn, auch Wurmtod, Heilwurz oder Raingut genannt, ist ein Korbblütler. Die 1 bis 1,5 m hohen, aufrechten Stengel tragen gefiederte Blätter. Die halbkugeligen, gelben Blüten sind doldenartig an den Stengelspitzen angeordnet. Die scharf riechende Pflanze enthält ätherische Öle und Bitterstoffe und wurde früher beispielsweise als Wurmmittel und gegen Krampfadern verwendet. Eine Überdosierung führt zu Vergiftungen.

Rainfarn wächst wild gerne an steinigen Rainen und an Dämmen. Im Hausgarten gedeiht er gut, sollte aber etwas abseits gepflanzt werden, da er wachstumshemmend auf andere Pflanzen wirkt. Auch sollte Rainfarn nicht in den Kompost gegeben werden, da er die Verrottungsprozesse beeinträchtigt.
Anwendung: Von Juni bis September die Blüten und Blätter sammeln und als Brühe oder

Tee zubereiten. Rainfarn wird mit gutem Erfolg gegen verschiedene Insekten wie Ameisen, Blattwespen, Blattläuse, Wurzelläuse und Milben eingesetzt. Wegen seines starken Geruchs dient er zur Geruchsüberdeckung gegen Möhrenfliege, Kohlweißling und Apfelwickler (siehe Kapitel 6.4 Anwendungstabellen).

Wermut *(Artemisia absinthum)*

Wermut, auch Bitterer Beifuß oder Absinth genannt, ist eine Heilpflanze, die gegen Würmer, Magenbeschwerden und bei Leber- und Galleleiden Verwendung findet. Die runden, gefurchten Stengel sind verästelt. Die graugrünen, länglichen Blätter sind am unteren Stengelteil gefiedert, werden aber gegen den oberen Stengelteil hin immer einfacher. Die kleinen, gelben Blüten bilden Rispen.

Wildwachsenden Wermut findet man an steinigen, sonnigen Orten. Im Garten sollte er abseits gepflanzt und nicht kompostiert werden.

Anwendung: Blüten und Blätter von Juni bis September sammeln. Wermuttee wird gegen den Säulenrost der Johannisbeere eingesetzt. Wermutbrühe wirkt abwehrend gegen Ameisen, Blattläuse und Brombeermilbe und wird auch zur Geruchsüberdeckung als Schutz vor Möhrenfliege, Kohlweißling und Apfelwickler gespritzt (siehe Kapitel 6.4 Anwendungstabellen).

Pyrethrum *(Pyrethrum cinerariaefolium)*

Pyrethrum wird aus den Blüten von Chrysanthemen-Arten, die in warmen Gebieten wachsen, gewonnen. Der Wirkstoff baut sich schnell ab und zeigt nach 48 Stunden schon keine Wirkung mehr. Eine längere Lagerung ist deshalb schwierig. Das Mittel ist ein Kontaktgift, welches in die Insektenkörper eindringt und als Nervengift wirkt.

Anwendung: Der Wirkstoff, das natürliche Pyrethrin, wird entweder allein, in Kombination mit Rotenon oder als Mischung mit einem chemischen Zusatzstoff (Piperonylbutoxid) zur Bekämpfung saugender, teils auch beißender Insekten, wie Blattläuse, Weiße Fliege, Kohlweißling und Spinnmilben, verwendet. Pyrethrum ist giftig für alle Insektenarten, auch für Nützlinge, wenn diese direkt getroffen werden. Pyrethrum wirkt stark fischgiftig. Für Warmblüter ist es ungiftig. Die Verwendung von 40 °C warmem Wasser erhöht die Wirkung der Pyrethrum-Mittel vor allem bei kühlem Wetter. Der Zusatz von Tonerdemehlen vermindert die Wirkung.

Die im Handel erhältlichen chemisch-synthetisch hergestellten Pyrethroide sind im biologischen Anbau *nicht* zugelassen, da sich diese wesentlich schlechter abbauen als die natürlichen Pyrethrum-Wirkstoffe. Auch ist die Gefahr sehr groß, daß die mit synthetischen Pyrethroiden behandelten Insekten Resistenzen entwickeln.

Konzentration: Die handelsüblichen Mittel enthalten nicht alle gleich viel Wirkstoff. Angaben auf den Packungen beachten.
Giftklasse: keine (BRD); 5 oder 5 S (CH)
Wartezeit: im Gemüsebau 7 Tage, im Ostbau 3 Wochen

Handelsprodukte in der Bundesrepublik Deutschland: Bio Insektenfrei, 4-Blatt-bio, Detia Bio, Parexan, Herba Vetyl, Oscorna Insektenschutz, Spruzit u. a. (alle mit Piperonyl-

butoxid). Kombi-Mittel mit Netzschwefel werden für den biologischen Anbau nicht empfohlen.
Österreich: Garten-Cit, 4-Blatt-Konzentrat Spray, Compo Pflanzenschutzspray (alle mit Piperonylbutoxid)

Pyrethrum-Rotenon-Mittel: Substral Spray, Substral Spray Garten Cit, Detia-Pyrethrum Emulsion, Parexan
Schweiz: Ledax-wg, Biocid, Sanoplant Biospritzmittel, Gesal Naturinsektizid Spruzit, Algopurstaub (Stäubemittel)

Rotenon, Rotenol *(Derris eliptica)*

Das Mittel wird aus den Wurzeln von bestimmten, in tropischen Regionen heimischen Leguminosen-Pflanzen gewonnen *(Derris, Lonchocarpus)*. Die Wirkstoffe werden als Rotenoide bezeichnet.
Anwendung: Rotenon (Derris) ist ein Kontakt- und Fraßgift, das Lähmungen bewirkt, welche für kleine Insekten tödlich sind. Größere Insekten können aber teilweise überleben. Rotenon wirkt etwas länger und stärker als Pyrethrum. Es wird als Pulver oder Flüssigkeit (teilweise in Kombination mit Pyrethrum) gegen Thrips, Kartoffelkäfer, Blattläuse, Blattsauger, Kohlweißling und Frostspanner eingesetzt.

Rotenon baut sich an der Luft rascher ab als im Wasser und ist daher ein starkes Fischgift. Für Warmblüter ist es harmlos. Bei einer langen Lagerung wird die Wirksamkeit schwächer.

Konzentration: siehe Angaben auf Packung
Giftklasse: in der BRD nicht zugelassen; Rotenon Klasse 5, Pyrethrum + Rotenon Klasse 4 (CH)
Wartezeit: im Gemüsebau 7 Tage, im Obstbau 3 Wochen

Handelsprodukte in der Schweiz: Sicid, Parexan (mit Pyrethrum und Piperonylbutoxid)

Quassia *(Quassia amara)*

Dieser Wirkstoff stammt aus dem tropischen Bitterholz. Der Quassiaholztee ist für alle Insektenarten ein tödliches Fraß- und Kontaktgift.
Anwendung: Quassia ist für den Menschen harmlos und wird vor allem gegen Schadinsekten und Raupen verwendet. Die Wirkung ist schwächer als bei Pyrethrum. Das Quassiaholz ist mehrmals verwendbar, das Mittel kann auf Vorrat zubereitet werden.

Konzentration: siehe Kapitel 6.4 Anwendungstabellen
Giftklasse: keine
Wartezeit: 7 Tage

Mineralische und pflanzliche Öle

Diese Mittel, insbesondere die Mineralöl-Emulsionen, zerstören die vor Nässe und Verdunstung schützende Wachsschicht auf der Insektenhaut oder verstopfen die Atmungsorgane.
Anwendung: Einzelne Richtungen des biologischen Anbaus verwenden diese Öle zur Winterspritzung der Obstbäume. Nachblütenspritzungen und eine zu konzentrierte Anwendung können zu Flecken und zu einer Geschmacksbeeinflussung der Früchte führen. Es laufen Versuche mit pflanzlichen ätherischen Ölen, die darauf abzielen, Schädlinge von Kulturen fernzuhalten.

Vorsicht: Nur reine Mineralöle auf Paraffinöl-Basis ohne synthetische Insektizide verwenden (kein Gelböl).

Konzentration: siehe Kapitel 6.5
Giftklasse: keine (BRD), 5 S oder keine (CH)
Wartezeit: mindestens 3 Wochen

Handelprodukte in der Bundesrepublik Deutschland: Blattöl, Attraco 7-E, Para Sommer, Winter-Weißöl Promanal u. a.
Schweiz: Mineralöl, Zofal D u. a.
Österreich: Oliocin, Paroil, Ovipron, Austriebsspritzmittel 7-E u. a.

Schmierseife und Brennspiritus

Die Wirkung ist ähnlich wie bei den Mineralölen. Beide Mittel wirken kurzfristiger und werden vorwiegend zur Blattlausbekämpfung eingesetzt. Brennspiritus (Brennsprit) ebenso wie Kräutermittel haften besser, wenn Schmierseife als Netzmittel beigegeben wird.

Konzentration: siehe Kapitel 6.4 Anwendungstabellen
Giftklasse: keine
Wartezeit: 3 Wochen

5.8 Integrierter Pflanzenschutz – Ein Weg zur biologischen Schädlingsregulierung

Seit einigen Jahren gewinnt der integrierte Pflanzenschutz im Erwerbsanbau, vor allem im Obstbau, an Bedeutung. Das Ziel dieser Art von Pflanzenschutz besteht darin, auch biologische Möglichkeiten einzusetzen, um einen Schädlingsbefall unterhalb der *wirtschaftlichen Schadensschwelle* zu halten. Erst wenn diese Toleranzgrenze erreicht ist, sollen chemische Mittel eingesetzt werden. Es werden berücksichtigt:

- Wahl der Kulturmaßnahmen,
- Schutz der natürlichen Feinde,
- Einsatz biotechnischer Bekämpfungsmittel,
- Bevorzugung jener chemischen Mittel, welche toxikologisch harmloser und nützlingsschonend sind.

Der integrierte Pflanzenschutz im Erwerbsanbau stützt sich auf die ständige genaue Beobachtung der Schädlinge und Nützlinge, um den gezielten Einsatz von Pflanzenschutzmitteln zu ermöglichen. Im Obstbau bestehen zudem in manchen Regionen von Fachleuten betreute Warndienste, welche genaue Bekämpfungsanweisungen und den Zeitpunkt des Einsatzes bekanntgeben.

Der Schädlingsbefall wird durch das stichprobenweise Auszählen der Schädlinge ermittelt. Von den Forschungsanstalten wurden Schadensschwellen festgesetzt, ab deren Überschreitung Pflanzenschutzmittel eingesetzt werden sollten. Für den Erwerbsobstbau gelten zum Beispiel:

1 bis 3 Kolonien der Mehligen Apfelblattlaus pro 100 Knospenaustriebe oder
60 bis 80 Kolonien der Apfelgraslaus pro 100 Knospenaustriebe (in der Vorblüte) oder
1 bis 2 frische Einstiche des Apfelwicklers pro 100 Früchte.

Für den Hausgarten gelten sicher höhere Werte. Obschon der integrierte Pflanzenschutz wirtschaftliche Überlegungen in den Vordergrund stellt, bedeutet er einen wesentlichen Schritt in Richtung biologischer Anbauverfahren. Aus der Sicht des biologischen Landbaus werden aber noch zu viele chemisch-synthetische Produkte zugelassen, die toxikologisch und bodenbiologisch bedenklich sind.

5.9 Amtliche Vorschriften über Pflanzenschutzmittel

In vielen Ländern bestehen Vorschriften über Pflanzenschutzmittel, die in den Handel gebracht werden dürfen.

In der **Schweiz** sind die landwirtschaftlichen Forschungsanstalten für die Zulassung der Pflanzenschutzmittel zuständig. Die bewilligten Mittel werden im periodisch erscheinenden Pflanzenschutzmittelverzeichnis aufgeführt. Neue Mittel werden erst in das Verzeichnis aufgenommen, wenn nicht nur ihre Wirkung auf Krankheiten und Schädlinge, sondern auch eine mögliche Gefährdung der menschlichen Gesundheit durch Rückstände geprüft wurde. Die *Wartefristen* oder *Wartezeiten* (minimaler Zeitraum zwischen letzter Behandlung und Ernte) und *Markttoleranzen* (gesetzlich erlaubte Rückstände) werden so festgesetzt, daß die Kulturen vor Schäden geschützt werden können, wobei die Rückstände toxikologisch verantwortbar sein sollen.

Die amtlich bewilligten Präparate können auch gegen Schädlinge und Krankheiten wirksam sein, die nicht im Verzeichnis erwähnt werden. Der Handel darf aber nur Empfehlungen dazu geben, wenn eine offizielle Prüfung über die spezifische Wirksamkeit erfolgt ist.

Zur Vorbeugung gegen Unfälle und Mißbräuche gelten in der Schweiz auch für Pflanzenschutzmittel die Vorschriften des Giftgesetzes. Alle in den Handel gebrachten Pflanzenschutzmittel müssen dem Eidgenössischen Gesundheitsamt gemeldet werden. Jedes Produkt wird nach seiner Gefährlichkeit in eine von fünf *Giftklassen* der sogenannten Giftliste eingeteilt oder bei geringer Gefährlichkeit ohne Aufnahme in die Giftliste zum Verkauf freigegeben. Zur besseren Unterscheidung müssen die verschiedenen Handelspräparate mit unterschiedlich farbiger Kennzeichnung versehen werden. Wer Präparate der Giftklassen 1 und 2 (schwarz) beziehen will, braucht einen Giftschein, den die Gemeindebehörde ausstellt. Für Mittel der Giftklasse 3 (gelb) ist eine Empfangsbestätigung durch den Käufer erforderlich. Mittel der Giftklassen 4 und 5 (rot) können ohne weiteres in einem Geschäft bezogen werden. Mittel der Giftklasse 5 S dürfen auch in Geschäften mit Selbstbedienung verkauft werden.

Die Bewertung der Giftigkeit, die durch Versuche an Ratten ermittelt wird, bezieht sich aber leider nur auf die direkte, sofortige Wirkung auf den Menschen, der solche Stoffe über die Atmungsorgane, die Haut oder den Mund aufnehmen könnte. Die Beurteilung, sofern nicht besondere Angaben vorliegen, bezieht sich weder auf die Menge noch auf die Gefährlichkeit entsprechender Rückstände im Boden und in den Pflanzen noch auf die Schädigung von Nützlingen.

Die Einteilung in Giftklassen bezieht sich vor allem auf die Konzentration, in der ein Mittel in den Handel kommt, aber auch auf die Art der Verpackung. Ist ein Mittel sogenannt »kindersicher« verpackt, so kann es in eine andere Giftklasse eingeteilt werden.

In der **Bundesrepublik Deutschland** entscheidet die Biologische Bundesanstalt für Land- und Forstwirtschaft im Einvernehmen mit dem Bundesgesundheitsamt über die Zulassung von Pflanzenschutzmitteln. Bewilligte Produkte tragen das Dreieckszeichen mit der Ährenschlange der Biologischen Bundesanstalt. Die Beurteilung erfolgt anhand ähnlicher Kriterien wie in der Schweiz.

Neben den Bestimmungen für die eigentlichen Pflanzenschutzmittel, zu welchen auch die pflanzlichen Insektizide gehören, regelt das Düngemittelgesetz den Umgang mit vorbeugenden Pflanzenpflegemitteln. Diese werden als Pflanzenhilfsmittel bezeichnet, sofern sie keinen wesentlichen Nährstoffgehalt besitzen, aber dazu bestimmt sind, auf die Pflanzen einzuwirken oder die Aufbereitung organischer Stoffe zu beeinflussen. Seit 1987 werden die Pflanzenhilfsmittel vom Pflanzenschutzgesetz miterfaßt und müssen als sogenannte Pflanzenkräftiger zur Registrierung angemeldet werden.

In der Bundesrepublik Deutschland unterscheidet man fünf Giftklassen. Das Symbol des Totenkopfes und der Kennbuchstabe T stehen für »giftig«, T+ für »sehr giftig«, C und das Symbol für tropfende Flüssigkeit für »ätzend«, X_n und Kreuz für »mindergiftig«, X_i und Kreuz für »reizend«.

In **Österreich** ist aufgrund des Pflanzenschutzgesetzes und der Pflanzenschutzmittelverordnung die Bundesanstalt für Pflanzenschutz in Wien für die Prüfung von Pflanzenschutzmitteln zuständig. Mit Erfolg geprüfte Mittel werden aufgrund einer vom Bundesministerium für Land- und Forstwirtschaft erteilten Genehmigung im amtlichen Pflanzenschutzregister aufgeführt. Im übrigen ist die Handhabung der Vorschriften ähnlich wie in der Bundesrepublik Deutschland und in der Schweiz.

Die *Bedenken über den Einsatz* von amtlich bewilligten, chemisch-synthetischen Pflanzenschutzmitteln werden im Kapitel 1.2 festgehalten. Es ist aber auch an dieser Stelle darauf hinzuweisen, daß trotz der Vorschriften die Gefahr der Anreicherung von chemischen Rückständen aller Art in den Organen und Geweben von Pflanze, Tier und Mensch besteht. Der Mensch als letztes Glied in der Ernährungskette ist dabei besonders gefährdet. Eine sichere Kontrolle aller Lebensmittel ist unmöglich. Um diese Gefahren zu vermeiden, werden im biologischen Anbau im allgemeinen keine chemisch-synthetischen Mittel eingesetzt. Das heißt nicht, daß bei den verwendeten pflanzlichen und mineralischen Mitteln keine Vorsicht geboten ist. Es geht aber um eine bewußte Risikoverminderung, da diese Mittel weniger giftig und zugleich schneller abbaubar sind.

Im biologischen Erwerbsanbau besteht ein Kontrolldienst, um den Konsumenten die Garantie zu geben, daß die Anbaurichtlinien eingehalten werden. Als Orientierungshilfen dienen die Schutzmarken der anerkannten Produzenten-Organisationen des biologischen Landbaus. In der Schweiz wird zusätzlich das Knospenzeichen des Dachverbandes VSBLO (Vereinigung schweizerischer Landbau Organisationen) an kontrollierte Betriebe abgegeben. In der Bundesrepublik Deutschland unterstellen sich diejenigen Betriebe einer freiwilligen Selbstkontrolle, die einem der folgenden Verbände angeschlossen sind: Demeterbund (Schutzzeichen »Demeter«, bei Ware aus Umstellungsbetrieben »Biodyn«),

Bioland-Verband, Biokreis Ostbayern, Naturland Verband, ANOG-AG oder Bundesverband Ökologischer Weinbau (BÖW).

Diese Verbände sind alle Mitglied der Arbeitsgemeinschaft Ökologischer Landbau (Agöl), die auch gemeinsame Richtlinien herausgibt.

In Österreich unterstehen alle Organisationen des biologischen Landbaus einer lebensmittelrechtlichen Regelung.

5.10 Vorsichtsmaßregeln im Umgang mit Pflanzenschutzmitteln

Obwohl hier in der Hauptsache von ungiftigen Mitteln zur Schädlingsabwehr die Rede ist, sei doch auf einige Vorsichtsmaßregeln, insbesondere beim Einsatz direkter Schädlingsbekämpfungmittel, hingewiesen.

Konzentration, Aufwandmenge: Die Konzentration ist bei Pflanzenpräparaten genau zu bemessen. Die Vorschriften auf den Handelspackungen sind zu beachten. Eine zu hohe Konzentration bei den Pflegemitteln kann zu Verbrennungen an den Pflanzen führen. Man rechnet mit einer Aufwandmenge von 6 l/100 m^2 im Gemüsebau. Im Zwergobst-(Niederstamm-) und Beerenanbau beträgt die Spritzmenge 10 bis 20 l/100 m^2.

Zeitpunkt: Der Zeitpunkt des Einsatzes sollte auf der Basis genauer Kenntnisse über die Lebensweise der Schädlinge und der Krankheiten erfolgen. Ein zu später Einsatz von Pflanzenschutzmitteln kurz vor der Ernte führt zu Qualitäts- und Geschmacksbeeinflussungen der Ernteprodukte. Bei Handelsmitteln ist diese Wartefrist auf den Packungen angegeben, bei Kräuterpräparaten beträgt sie etwa 7 Tage.

Lagerung: Nach dem Giftgesetz dürfen giftige Stoffe nur in der Originalpackung und nicht in der Nähe von Nahrungsmitteln gelagert werden.

Spritzmittelreste: Reste von Pflanzenschutzmitteln dürfen nicht in offene Gewässer oder in die Kanalisation geschüttet werden. Der Spritzmittel-Verkäufer ist verpflichtet, solche Reste unentgeltlich zurückzunehmen. Am besten ist es, die nötige Brühemenge schon im voraus möglichst genau zu berechnen, damit diese in den Kulturen aufgebraucht werden kann.

6 Herstellung und Anwendung von Pflanzenschutzmitteln

6.1 Kräutermittel

Sammeln von Kräutern

Beim Kräutersammeln finden nur kräftige, nicht aber welkende oder kranke Pflanzen Verwendung. Sie sollen weder regen- noch taunaß sein. Die Bestände wildwachsender Pflanzen dürfen durch unvernünftiges Sammeln nicht dezimiert oder ausgerottet werden. Die Kräuter werden am besten auf einem großen Papier oder Tuch an einem luftigen warmen Ort (zum Beispiel Dachboden), aber niemals an der Sonne ausgebreitet. Im Backofen getrocknet gehen die Wirkstoffe verloren, da die Temperatur 25 bis 30 °C nicht übersteigen darf. Die getrockneten Kräuter sollten an einem trockenen Ort in Stoffsäcken, Papiersäcken oder Kartonschachteln aufbewahrt werden.

Der Gehalt an Wirkstoffen schwankt bei Kräutern je nach Standort, Jahreszeit und Witterung recht beträchtlich. Die in den Rezepten angegebenen Mengen sind deshalb nur Richtwerte.

Kräuterjauchen

Vergorene Jauche: Die grünen Pflanzenteile werden in einen durchlässigen Sack gefüllt, mit einem Gewicht beschwert und in einem Faß oder sonstigen Behälter mit Wasser angesetzt. Das Faß muß mit einem Brett so abgedeckt werden, daß Luft zirkulieren kann. Die Jauche sollte täglich umgerührt werden, wobei man anfänglich jedesmal eine Handvoll Steinmehl und eventuell einige Tropfen Baldrianextrakt und Kamille zur Geruchsbindung hineingibt. Wenn die Jauche dunkel wird und nicht mehr schäumt (nach 1 bis 2 Wochen), kann sie verwendet werden. Jauchen müssen verdünnt werden und sind in den meisten Fällen über den Wurzelbereich und nicht über die Pflanzen auszubringen.

Gärende Jauche: Die Pflanzenteile, besonders jene der Brennessel, werden ungefähr 4 Tage an der Sonne in Regenwasser eingeweicht. Diese beißende Jauche wird gegen verschiedene Schadinsekten verwendet (siehe Kapitel 6.4, Anwendungstabellen).

Tees, Brühen, Auszüge und Extrakte

Tee: Frische oder getrocknete Kräuter in heißem Wasser einweichen, etwa 24 Stunden lang stehen lassen. (»Schachtelhalmtee« muß wie Brühe zubereitet werden.)

Brühen: Frische oder getrocknete Kräuter 24 Stunden lang einweichen, dann auf kleinem Feuer 20 Minuten lang kochen und zugedeckt abkühlen lassen.

Kräuterauszüge: Die frischen oder getrockneten Kräuter dürfen nicht vergären; maximal 3 Tage stehen lassen und dann durchsieben.

Blütenextrakte: Verwendet werden die sich gerade öffnenden Blüten. Diese werden ganz kurz abgeschnitten, befeuchtet und mit einer Hackmaschine (Fleischwolf, Mixer) zerkleinert. Der Blütenbrei wird dann durch ein feines Stoffsäcklein ausgepreßt. Der Extrakt ist gut verkorkt und kühl in Fläschchen aufzubewahren.

Den Spritzmitteln gibt man etwas Lehmwasser bei, damit sie besser haften. Die Kräuter werden zerkleinert. Spritzungen mit Jauche, Tee usw. sind bei Regenwetter oder starkem Sonnenschein zu unterlassen. Die Ausnahme bilden die Schachtelhalmpräparate, die nur bei Sonnenschein ausgebracht werden sollten. Alle Reste dieser Mittel, auch wenn sie sauer oder vergoren sind, können noch verwendet werden. Man schütte sie unter die behandelten Pflanzen und brauche das Kraut als Bodenbedeckung und Kompostbeigabe.

Saatbäder (Saatbeize)

Zur Vorbeugung gegen Schädlingsbefall und Pilzkrankheiten sowie zur Förderung der Keimung empfehlen sich Saatbäder (Saatbeizen). Einige Tropfen (1 bis 2 cm^3) Kräuterextrakt in 1 Liter Wasser so lange rühren, bis es gut vermischt ist.

Nach etwa 24 Stunden, währenddessen man gelegentlich umgerührt hat, hängt man das Saatgut in einem kleinen Stoffsäcklein für 10 bis 15 Minuten in die Lösung. Darauf breitet man den Samen an einem schattigen Ort zum Trocknen aus oder sät diesen am selben oder am darauffolgenden Tag aus.

Guten Erfolg sollen die folgenden Saatbäder zeigen:

- Kamillentee oder -extrakt bei Erbsen, Bohnen, Rettich, Radies
- Baldrianblütenextrakt bei Tomaten, Zwiebeln, Lauch
- Schachtelhalm gegen Auflaufkrankheiten, beispielsweise an Getreide
- Meerrettich gegen Auflaufkrankheiten
- Knoblauch gegen Bakterien- und Pilzkrankheiten

Zur Vorbeugung gegen Pilzkrankheiten, aber auch gegen Schadinsekten, ist bei verschiedenen Sämereien eine Warmwasserbehandlung wirksam (20 Minuten lang in 50 °C warmes Wasser einlegen).

Wurzelbad

Es bewährt sich, die Wurzeln von Setzlingen und Pflanzen beim Versetzen in stark verdünnte Brennesseljauche oder in Algenextraktwasser zu tauchen. Auch ein Angießen mit diesen Flüssigkeiten in den Setzlöchern fördert ein rasches Jugendwachstum. Lehmwasser eignet sich ebenfalls für Wurzelbäder.

6.2 Baumanstrich

Der Baumanstrich dient als Frostschutz und zur Rindenpflege. Er regt das Wachstum des Kambiums an, hemmt die Bildung von Moos und Flechten und hilft Schildläuse zu bekämpfen.

Zur Herstellung des Baumanstrichs (nach Volkmar Lust) werden

5 kg Lehm
3 kg Kuhfladen
500 g Stein- oder Algenmehl
0,5 l Schachtelhalmbrühe oder Wasserglas
500 g Holzasche (oder 50%iges Kali)

in 10 l warmem Wasser gut angerührt und dann mit grobem Pinsel auf Baumstämme und starke Äste aufgetragen. Zuvor entfernt man das Moos von den Stämmen. Der Anstrich sollte im November und im Februar an frostfreien Tagen angebracht werden (siehe Kapitel 6.4).

Handelsprodukte in der Bundesrepublik Deutschland: Preicobact, Bio-Baumanstrich Neudorff
Schweiz: Ledax-stamm, Bio-Baumanstrich Neudorff

Der Baumanstrich schützt die Rinde und fördert die Entwicklung des Kambiums.

6.3 Wundverschlußmittel

Bei Obstbaumkrebs und Bakterienbrand ist nach dem Entfernen kranker Pflanzenteile ein Wundverschlußmittel zu empfehlen. Auch beim Baumschnitt sollte zum Schutze größerer Schnittstellen ein Verschlußmittel angebracht werden. Bei Obstbaumkrebs und Bakterienbrand empfiehlt sich zuvor eine Behandlung mit einem Kupfermittel (ohne chemisch-synthetische Zusätze).

Handelsprodukte in der Bundesrepublik Deutschland: Baumwachs (Brunonia, Pomona, Lauril, Widder, Schacht u. a.), Lac Balsam
Österreich: Baumwachs (Kambisan, Avenarius, Gaschell, Kwidza u. a.), Lac Balsam
Schweiz: Baumwachs (Gaschell, Galopp u. a.), Lac Balsam

6.4 Anwendungstabellen: Rezepte, Anwendung und Wirkung von pflanzlichen Mitteln

Name	Rezept	Anwendung Zeitpunkt	Ort	Konzentration	Wirkung
Ackerschachtelhalm *(Equisetum arvense)*	ganze Pflanze ohne Wurzel 1 kg/10 l Wasser (frisch) 150 g/10 l Wasser (getrocknet)				
	bei Sonne, vormittags, 3 × an sich folgenden Tagen	ganzjährig regelmäßig	Boden	5 × verdünnt	gegen Bodenpilzkrankheiten
Brühe	eventuell mit 0,5 bis 1 % Wasserglas	Vorknospenspritzung und mehrmals im Sommer und Frühling	auf Pflanze	5 × verdünnt	gegen Echten Mehltau, Monilia, Rost, Schorf, Kräuselkrankheit bei Pfirsich, Blattfleckenkrankheit der Tomate
	50 g/1 l Wasser (getrocknet)		Saatgut	unverdünnt	Auflaufkrankheiten
	mit 0,3 % Schmierseife	ganzjährig	auf Pflanze	5 × verdünnt	gegen Blattläuse, Spinnmilben (Rote Spinne)
Jauche	mit Brennesseljauche	ganzjährig	Boden	5 × verdünnt	als Pflanzenstärkung
Ampfer, Stumpfblättriger Blacke *(Rumex obtusifolius)* Extrakt	Wurzeln 150 g/10 l Wasser	Frühjahr	auf Pflanzen	unverdünnt	Echter Mehltau an Gurke und Apfel
Baldrian *(Valeriana officinalis)* Extrakt	Blüte zu Saft gepreßt 1 Tropfen/1 l Wasser, 5 Minuten rühren	Frühjahr	auf Obstblüten, Blumen	unverdünnt	fördert Blüten- und Fruchtbildung, Frostschutz (fein versprühen am Nachmittag vor erwarteter Frostnacht)
	10 Tropfen/1 l Wasser, 15 Minuten rühren		Saatgut	unverdünnt	Auflaufkrankheiten
Beinwell Comfrey *(Symphytum officinalis)* Jauche, Brühe, Tee	ganze Pflanze 1 kg/10 l Wasser (frisch) 100–150 g/10 l Wasser (getrocknet)		siehe Brennessel		bei Kalimangel als Kompostbeigabe

Name	Rezept	Anwendung Zeitpunkt	Ort	Konzentration	Wirkung
Brennessel *(Urtica dioica, U. urens)*	ganze Pflanze ungefähr 1 kg/10 l Wasser (frisch) 200 g/10 l Wasser (getrocknet)	ganzjährig	auf Pflanze	20 × verdünnt	Wachstumsförderung, Setzlinge angießen, Wurzelbad, Saatrillen ausgießen
vergorene Jauche		ganzjährig	Boden	10 × verdünnt	Wachstumsförderung
		vor Knospenaufbruch	Triebe	20 × verdünnt	gegen Blattchlorose
			Topfpflanzen Wurzelbad (samt Topf)	10 × verdünnt	gegen Welken
		ganzjährig	Kompost	unverdünnt	fördert Verrottung
gärende Jauche	auf 1 l Jauche 0,5 l Schachtelhalmbrühe	vor Blatt- und Blütenbildung	auf Triebe und Blätter	50 × verdünnt	Pflanzenstärkung; gegen Blattläuse, Spinnmilbe (Rote Spinne)
Kaltwasserauszug	1 kg/10 l Wasser, 12 Stunden stehen lassen	ganzjährig	auf Triebe und Blätter	unverdünnt	gegen Blattläuse
Farnkraut	Blätter	Winterspritzung	auf Pflanze	unverdünnt	gegen Schild- und Blutläuse
Wurmfarn *(Dryopteris filix-mas)*	1 kg/10 l Wasser (frisch) 100 g/10 l Wasser (getrocknet)				
Adlerfarn *(Pteridium aquilinum)*		Vorfrühling	auf Pflanze	10 × verdünnt	gegen Blattläuse
Jauche		ganzjährig	auf Pflanze, Boden	unverdünnt	gegen Schnecken; bei Kalimangel als Kompostbeigabe
Extrakt	5 g grobpulvrig/0,5 l Regenwasser in Flasche ansetzen und verkorken	ganzjährig	Stamm, Äste, Triebe	unverdünnt	gegen Blutlaus (Herde abbürsten)

6.4 Anwendungstabellen: pflanzliche Mittel (Fortsetzung)

Name	Rezept	Anwendung Zeitpunkt	Ort	Konzentration	Wirkung
Kamille *(Chamomilla recutita* syn. *Matricaria chamomilla)*	Blüte	Sommer	auf Pflanze	unverdünnt	Pflanzenstärkung, Saatbeize, Kompostbeigabe
Tee, Brühe	50 g getrocknet/10 l Wasser				
Knoblauch *(Allium sativum)*	Knollen gehackt	Anfang Mai 3 × im Abstand von 3 Tagen; nach Ernte wiederholen	auf Pflanze, Boden	unverdünnt	gegen Erdbeermilben, Milben, Blattläuse, Pilzkrankheiten
Tee, Auszug	75 g/10 l Wasser				
	100g/1 l Wasser, 1 Stunde einweichen		Saatgut	unverdünnt	gegen Auflaufkrankheiten
Spritzmittel	150 g Knoblauch feingehackt, 2 Teelöffel Paraffin, 24 Stunden einweichen	bei Befall	auf Pflanze	unverdünnt	gegen Bakterienkrankheiten und als Insektenbekämpfungsmittel
	100 g Schmierseife in 10 l Wasser auflösen, alles gut mischen, filtrieren				
Löwenzahn *(Taraxacum officinale)*	blühende Pflanze samt Wurzel trocknen	Frühjahr	auf Pflanze	unverdünnt	Wachstumsförderung, Kompostbeigabe
Jauche	1,5–2 kg/10 l Wasser (frisch) 150–200 g/10 l Wasser (getrocknet)	Herbst	Boden	unverdünnt	
Meerrettich *(Armoracia rusticana)*	Blätter und Wurzeln	während der Blüte	in die Blüte	unverdünnt	gegen Monilia
Tee	300 g/10 l Wasser				
Saatbeize	100 g/1 l Wasser, 24 Stunden einweichen		Saatgut	unverdünnt	gegen Auflaufkrankheiten

Name	Rezept	Anwendung Zeitpunkt	Ort	Konzentration	Wirkung
Quassia *(Quassia amara)* Brühe	150 g Quassia/2 l Wasser eventuell mit 250 g Schmierseife in 10 l Wasser verdünnt	Frühjahr bis Herbst	auf Pflanze	unverdünnt	gegen Blattläuse und andere Insekten
Rainfarn *(Tanacetum vulgare* syn. *Chrysanthemum vulgare)*	Kraut und Blüte 300 g/10 l Wasser (frisch) 30 g/10 l Wasser (getrocknet)	ganzjährig	auf Pflanze	unverdünnt	gegen Insekten, Ameisen, Erdraupen, Blatt- und Wurzelläuse
Tee, Brühe		Frühjahr, Herbst	auf Pflanze	unverdünnt	gegen Brombeer- und Erdbeermilbe
		zur Flugzeit (zur Geruchsüberdeckung)	auf Pflanze	unverdünnt	gegen Möhrenfliege, Kohlweißling, Apfelwickler
Rhabarber *(Rheum rhabarbarum)* Tee	Blätter 1000 g/10 l Wasser		auf Pflanze	unverdünnt	gegen Lauchmotte, Bohnenblattlaus
Tomate *(Lycopersicon lycopersicum)* Auszug	Sprosse/Blätter 2 Handvoll gut zerstampfen, in 2 l Wasser 2 Stunden ziehen lassen	zur Flugzeit (zur Geruchsüberdeckung)	auf Pflanze	unverdünnt	gegen Kohlweißling
Wermut *(Artemesia absinthum)* Jauche	Kraut und Blüte 300 g/10 l Wasser (frisch) 30 g/10 l Wasser (getrocknet) eventuell 1 % Wasserglas beimischen	Frühjahr	auf Pflanze	unverdünnt	gegen Ameisen, Raupen, Blattläuse, Säulchenrost an Johannisbeere
Tee		Frühjahr, Herbst	auf Pflanze	unverdünnt	gegen Brombeer- und Erdbeermilbe
Brühe		zur Flugzeit (zur Geruchsüberdeckung)	auf Pflanze	unverdünnt	gegen Möhrenfliege, Kohlweißling, Apfelwickler

6.4 Anwendungstabellen: pflanzliche Mittel (Fortsetzung)

Name	Rezept	Anwendung Zeitpunkt	Ort	Konzentration	Wirkung
Zwiebel **Knoblauch** *(Allium cepa, A. sativum)* einzeln oder gemischt	Schalen/Blätter ungefähr 500 g/10 l Wasser (frisch) 200 g/10 l Wasser (getrocknet)	bei Befall	Boden, Baumscheiben	10 × verdünnt	wirkt kräftigend, gegen Pilzkrankheiten, zum Beispiel bei Erdbeere und Kartoffel
vergorene Jauche		Flugzeit (zur Geruchsüberdeckung)	auf Pflanze	unverdünnt	gegen Möhrenfliege

Anwendungstabellen: Rezepte, Anwendung und Wirkung von nicht-pflanzlichen Mitteln

Name	Rezept	Anwendung Zeitpunkt	Ort	Konzentration	Wirkung
Kaliumpermanganat	3 g/10 l Wasser	ganzjährig	Wurzeln von Topfpflanzen, Samen	unverdünnt	desinfizierende Beize; pilzhemmend
Lehm Anstrich	in Schachtelhalm-Farnkraut-Brühe Lehm einbröckeln, etwas Kuhdung, eine Handvoll Stein- oder Kiesmehl gut durchrühren bis flüssig aber glatt, 24 Stunden stehen lassen, vor Gebrauch aufrühren, absieben	Herbst, noch besser im Frühling	Baumstamm	unverdünnt	heilt Wunden, macht gesunde Rinde
			Äste	5 × verdünnt	gegen Baumkrebs, steigert die Fruchtbarkeit
Magermilch **Molke** Spritzung	1 l/1 l Wasser gut mischen frisch, unpasteurisiert	jede Woche 1 ×, in 1. Wachstumshälfte	auf Pflanze	unverdünnt	gegen Pilzkrankheiten, bestimmte Viruskrankheiten der Tomate

Name	Rezept	Anwendung Zeitpunkt	Ort	Konzentration	Wirkung
Schmierseifen Lösungen	150 bis 300 g Schmierseife/ 10 l Wasser, in heißem Wasser auflösen	ganzjährig	auf Pflanze	unverdünnt	gegen Blattläuse
	40 g Schmierseife mit 1/8 l Petrol in heißem Wasser gut vermischen (milchige Farbe), 25 l kaltes Wasser beigeben, gut mischen	vor Fruchtbildung	auf Pflanze	unverdünnt	gegen Blattläuse, Spinnmilben (Rote Spinne)
	100 bis 300 g Schmierseife, 1/2 l denaturierter Spiritus, 1 Eßlöffel Kalk, 1 Eßlöffel Salz, 10 l Wasser, gut verrühren	bei starkem Befall	auf Pflanze	unverdünnt	gegen Raupen
Schwefelleber Hepar sulfuris	20 bis 40 g/10 l Wasser, eventuell Seife als Haftmittel beigeben, dann nur 20 g/10 l	Winterspritzung	auf Pflanze	unverdünnt	gegen Pilzkrankheiten; Vorsicht bei schwefelempfindlichen Obstsorten; nicht bei praller Sonne spritzen!
Schwefelsaure Tonerde	200 g Schwefelsaure Tonerde pulverisiert in 1 l Wasser gelöst, vor Gebrauch mit Reisigbesen in 9 l Wasser einrühren	bei Befall	Bäume und Sträucher	unverdünnt	gegen Schildläuse, Weiße Fliege
Theobald'sche Lösung	5 kg 60%iges Kali in 40 l Wasser lösen 5 kg gebrannten Kalk in 40 l Wasser lösen 0,5 bis 1 l Wasserglas in 20 l Wasser lösen Kalkmilch durch Siebtuch in die Kalilösung geben, dann Wasserglas dazumischen zur Rindenpflege 3 bis 5 kg Bentonit beigeben	im Nachwinter bis zum Schwellen der Knospen	auf Bäume	unverdünnt	gegen überwinternde Larven, Insekten, Eigelege, auch Flechten und Moos

6.5 Spritz- und Pflegepläne für den Obstbau

Die hier angeführten Spritz- und Pflegepläne sollen vor allem den Befall durch Schorf bei Kernobst und Schrotschuß bei Steinobst vermindern helfen. Die Abwehr einzelner tierischer Schädlingsarten wird im Kapitel 4.6 erläutert. Nur bei anfälligen Sorten und bei feuchter Witterung sind im Gartenobstbau regelmäßige vorbeugende Spritzungen notwendig. Voraussetzung ist selbstverständlich eine entsprechende Bodenpflege und ein guter Baumschnitt. Während der Blüte sind keinerlei Spritzungen außer derjenigen gegen *Monilia* durchzuführen. Bei geringer Schorfgefahr genügen Spritzungen mit Schachtelhalmbrühe vor und nach der Blüte auf den Baum. Bei Vegetationsbeginn und im Herbst nach dem Blattfall auf den Boden ausgebracht, dienen diese Spritzungen der Laubrotteförderung. Als weitere Pflegemittel eignen sich auch Algenextrakte oder gut verdünnte Brennesseljauche zur Nachblütenspritzung.

Im biologisch-dynamischen Anbau wird bei Vegetationsbeginn und nach erfolgtem Mulchen das Hornmist-Präparat nachmittags zur Förderung des Wurzelwachstums und des Bodenlebens auf den Boden gespritzt. Zur Förderung der Stoffwechsel- und Reifeprozesse wird das Hornkiesel-Präparat ab haselnußgroßer Frucht vormittags und ab beginnender Fruchtreife nachmittags auf den Baum ausgespritzt. Zur Stamm- und Rindenpflege dient der Stammanstrich, dem das Hornmist-Präparat zugegeben werden kann.

Für Gärtner, die hohe Ansprüche an die Schorffreiheit ihrer Erzeugnisse stellen, dienen die nachfolgenden Spritz- und Pflegevarianten aus dem Erwerbsanbau als Anregung.

Manche Schädlinge, die auf den Bäumen als Eier, Larven oder Imagines überwintern, wie Blattläuse oder Wickler lassen sich nach einem starken Befall durch eine Spritzung mit Mineralöl im darauffolgenden Winter vor dem Austrieb reduzieren. Diese Behandlung schadet aber auch den Nützlingen.

Zeitpunkt	**Produkte**	**Variante 1**	**Variante 2** **Konzentration in %**	**Variante 3**
Winter (ab Ende Februar)	Bentonit		2	2
	Wasserglas		2	2
	Bio-S			0,6
Erste Vorblüte	Netzschwefel	0,5	0,4	
	Wasserglas		0,5	1
	Bio-S		0,4	0,8
Zweite Vorblüte	Netzschwefel	0,5	0,4	
	Wasserglas		0,5	0,5
	Bio-S			0,6

Zeitpunkt	Produkte	Variante 1	Variante 2	Variante 3
			Konzentration in %	
Erste Nachblüte	Netzschwefel	0,2 bis 0,3		
	Bio-S		0,4	0,6
Zweite Nachblüte	Netzschwefel	0,2	0,2	
	Wasserglas		0,4	0,4
	Bio-S			0,5
Sommer (für Lagerobst)	Netzschwefel	0,15	0,15	
	Wasserglas		0,4	0,4
	Bio-S			0,5
Spätherbst	Wasserglas		1	1
	Bentonit		1	1
	Bio-S			0,3

Variante 4 (nach V. Lust)

Zeitpunkt	Produkte	Konzentration in %
Winter (Februar)	Kaolin oder Bentonit	5
	50%iges Kali	3
	Netzschwefel	0,5
	Wasserglas	1
Erste Vorblüte	Netzschwefel	1
	Wasserglas	0,5
Zweite Vorblüte	Netzschwefel	0,8 bis 1
	Wasserglas	0,4 bis 0,5
Erste Nachblüte	Netzschwefel	0,8 bis 1
	Wasserglas	0,5 bis 1
Zweite Nachblüte	N-A-B-Mischung	0,5 bis 1
Sommer	N-A-B-Mischung	0,4 bis 0,5
November	Kaolin oder Bentonit	5
	50%iges Kali	3
	Netzschwefel	0,5
	Wasserglas	1

Spritzplan-Varianten

Die erste Variante ist eine reine Netzschwefel-Spritzfolge. Variante 2 und 3 enthalten neben Netzschwefel auch Pflanzenpflegemittel mit Schwefelzusatz wie zum Beispiel Bio-S. Die Spritzungen erfolgen im Abstand von 2 bis 3 Wochen. Die Konzentrationen sind in % angegeben, zum Beispiel entspricht 1 % = 1 l Mittel pro 100 l Wasser. Für 100 m^2 (ungefähr 10 Niederstammbäume) werden etwa 20 l Spritzbrühe benötigt.

Zur Vorblütenspritzung werden von einzelnen Richtungen des biologischen Landbaus bei starkem Schorfdruck Kupfermittel (zum Beispiel Kupferoxychlorid 0,01 bis 0,05 %) zugesetzt (vor allem bei kühler Witterung). Beim Steinobst fallen die zweite Vorblüten- und die zweite Sommerspritzung weg. Guten Erfolg bringt die Verwendung der N-A-B-Mischung (nach V. Lust). Diese Mischung, die aus ⅓ Netzschwefel, ⅓ feingemahlenem Algenkalk und ⅓ Bentonit zusammengesetzt ist, wird zu Nachblütenspritzungen gegen Schorf in fallender Konzentration eingesetzt.

Bei schwefelempfindlichen Apfelsorten ('Berlepsch', 'Berner Rosen', 'Cox Orange') ist mit der Anwendung von Netzschwefel und Bio-S Vorsicht geboten (Blattverbrennungen, Berostungen der Fruchthaut usw. sind mögliche Folgen). Das heißt also, die Konzentration sollte reduziert werden. Abends behandeln.

6.6 Spritz-, Sprüh- und Stäubemethoden

Spritz- und Pflegemittel sollten möglichst gleichmäßig auf die ganze Oberfläche der Pflanze verteilt werden, sofern nicht ein bestimmter Schädling ganz gezielt bekämpft wird. Es ist darauf zu achten, daß die Blattunterseiten und das Innere der Baumkronen genügend benetzt werden.

Zum *Spritzen* wird das Mittel in der entsprechenden Konzentration mit Wasser gut vermischt. Durch die Art der Düsen und den Pumpendruck der Spritzgeräte wird der Spritznebel erzeugt. Es ist zu beachten, daß ein zu feiner Nebel sich schlecht auf den Pflanzen absetzt und leicht vom Wind abgetrieben wird.

Beim *Sprühen* werden die Mittel durch Luftstrom ausgebracht, der mit einem durch Benzinmotor angetriebenen Ventilator erzeugt wird. Dies erlaubt es, mit einer geringeren Wassermenge auszukommen; die Mittelkonzentration ist aber 5- bis 10mal zu erhöhen.

Um *Stäubemittel* (wie Gesteinsmehle u. a.) auszubringen, eignen sich im Garten Kleingeräte mit handgetriebenem Luftrad oder Blasebalg.

Das Stäuben ist einfacher, erfordert aber eine größere Mittelmenge. Der Staubbelag bleibt weniger lang auf der Pflanze haften als ein Spritzbelag.

7 Verzeichnisse

Literaturverzeichnis

Nützlinge, Schädlinge und Pflanzenschutzmittel

Biologische Bundesanstalt für Land- und Forstwirtschaft: Pflanzenschutzmittel-Verzeichnis, Teil 2: Gemüsebau – Obstbau – Zierpflanzenbau. Braunschweig 1988.

Bourquin, H.-D.: Nützlinge im Weinbau. Landes-Lehr- und Versuchsanstalt Trier, 1984.

Bovey, R., u. a.: La défense des plantes cultivées. Éditions Payot, Lausanne 1979.

Brooks, A., Halstead, A.: Garden Pests and Diseases. Mitchell Beazley Publishers Ltd., London 1980.

Bundesanstalt für Pflanzenschutz: Amtliches Pflanzenschutzmittelverzeichnis. Wien 1985.

Bundesanstalt für Pflanzenschutz: Wichtige Krankheiten und Schädlinge im Gemüsebau. Wien 1982.

– Schädlinge und Krankheiten im Zierpflanzenbau. Wien 1983.

– Wichtige Krankheiten und Schädlinge im Obstbau. Wien 1986.

– Nützlinge, Helfer im zeitgemäßen Pflanzenschutz. Wien 1988.

Crüger, G.: Pflanzenschutz im Gemüsebau. Verlag Eugen Ulmer, Stuttgart 1983.

Dunger, W.: Tiere im Boden. A. Ziemsen Verlag, DDR-Wittenberg Lutherstadt 1974.

Eidgenössische Drucksachen- und Materialzentrale: Pflanzenschutzmittelverzeichnis. Bern 1988/89.

Forschungsanstalt Wädenswil: Pflanzenschutzanleitung für Gemüse und Zierpflanzen. Wädenswil 1986.

– Pflanzenschutzempfehlungen für den Erwerbsobstanbau und den Rebbau. Wädenswil 1988.

Godan, D.: Schadschnecken. Verlag Eugen Ulmer, Stuttgart 1983.

Guet, G.: Prévention des maladies et ravageurs en agriculture. Nature et Progrès, Castries 1985.

Häni, F. u. a.: Integrierter Pflanzenschutz im Ackerbau. Landwirtschaftliche Lehrmittelzentrale, Zollikofen 1987.

Hassan, S. H.: Biologische Schädlingsbekämpfung im Gewächshaus. AID, Bonn 1980.

Internationale Organisation für die biologische Bekämpfung schädlicher Tiere und Pflanzen (OILB): Nützlinge in Apfelanlagen. NL-Wageningen 1976.

Keilbach, R.: Die tierischen Schädlinge Mitteleuropas. Gustav Fischer Verlag, Jena 1966.

Keller, E.: Einführung in den Pflanzenschutz. Landwirtschaftliche Lehrmittelzentrale, Zollikofen 1976.

– Krankheiten und Schädlinge der Kulturpflanzen. Bestimmungsbüchlein. Landwirtschaftliche Lehrmittelzentrale, Zollikofen 1977.

Keller, S., Suter, H.: Blattlausfeinde. Eidgenössische Forschungsanstalt für landwirtschaftlichen Pflanzenbau, Zürich-Reckenholz 1976.

Meier, W.: Pflanzenschutz im Feldbau. Forschungsanstalt für landwirtschaftlichen Pflanzenbau, Zürich-Reckenholz 1985.

Michel, H.-G., Umgelter, H.: Pflanzenschutz im Garten. Verlag Eugen Ulmer, Stuttgart 1982.

Naturhistorisches Museum Basel: Die Amphibien der Schweiz. Basel 1971.

– Die Reptilien der Schweiz. Basel 1971.

Pedersen, O. C., Reitzel, J., Hansen, L. S.: Pflanzen natürlich schützen. Wolfgang Krüger Verlag, Frankfurt/M. 1983.

Peterson, R., Mountfort, G., Hollom, P.: Die Vögel Europas. Verlag Paul Parey, Hamburg/Berlin 1965.

Schweizer Bund für Naturschutz (SBN), Schweizer Vogelwarte Sempach: Vögel im Garten. Basel 1980.

Schweizer Landeskomitee für Vogelschutz (SLKV): Merkblatt Hecken. Bezug über: EAFV CH-8903 Birmensdorf.

Schweizerische Zentralstelle für Obstbau: Merkblätter über einzelne Schädlinge und Krankheiten im Obstbau. Oeschberg-Koppingen.

Snoek, H.: Nützlinge in Garten und Gewächshaus. Südwest Verlag, München 1983.

Stahl, M., Umgelter, H.: Pflanzenschutz im Zierpflanzenbau. Verlag Eugen Ulmer, Stuttgart 1976.

Woessner, D.: Gartenrosen. Verlag Eugen Ulmer, Stuttgart 1988.

– Rosenkrankheiten. Verlag Eugen Ulmer, Stuttgart 1988.

Zahradnik, J.: Der Kosmos-Insektenführer. Franckh'sche Verlagshandlung, Stuttgart 1976.

Zimmerli, E.: Freilandlabor Natur. World Wildlife Fund (WWF) Schweiz, 1975.

– Wohnungsnot – auch bei Gefiederten – Eine Anleitung zum Schaffen von Nisthilfen für Vögel. Vogelwarte Sempach, 1975.

Pflanzenschutz- und Pflegemittelversuche mit biologischen Mitteln

Bosshart, R., Schmid, O., Strässle, B.: Regulierung des Befalls von Möhrenfliegen und Rettichfliegen mit Netzabdeckungen. Interner Versuchsbericht, Forschungsinstitut für biologischen Landbau, Oberwil BL 1984.

El Titi, A.: Modellvorhaben Ackerbau Lauterbacherhof. Bericht der Landesanstalt für Pflanzenschutz, Stuttgart 1986.

Franz, J. M., Krieg, A.: Biologische Schädlingsbekämpfung. Verlag Paul Parey, Hamburg/Berlin 1976.

Graber, C., Suter, H.: Schneckenregulierung. Forschungsinstitut für biologischen Landbau, Oberwil BL 1985.

Häseli, A.: Versuche mit Netzabdeckungen zur Insektenregulierung. Interne Berichte des Forschungsinstitutes für biologischen Landbau, Oberwil BL 1985 bis 1987.

Bosshard, E., Häseli, A.: Versuche zur Bekämpfung von *Plasmopara viticola* der Rebe. Interne Berichte des Forschungsinstitutes für biologischen Landbau, Oberwil BL 1987/88.

Jasser, H.: Untersuchungen der Anthropodenfauna der Baumkronen einer langjährig biologisch-dynamisch bewirtschafteten Apfelanlage. Diplomarbeit, Bonn 1978.

Nyffeler, M.: Beutespektrum und Beutemenge der Radnetzspinnen, *Araneus diadematus*, und *A. umbraticus* in einem Garten in Höngg-Zürich. Mitteilungen der Schweizer Entomologischen Gesellschaft 50, 340 1977.

Peterson, R., et al: Effects of nettle water on growth and nutrition of plants. University Lund, Sweden 1985.

Raupp, J.: Auswirkungen verschiedener Schachtelhalmextrakte auf die Anzahl und die Beschaffenheit der Cuticularwachsschicht der Fahnenblätter von Weizen und auf den Mehltaubefall von Gerste. Dissertation, Universität Stuttgart-Hohenheim 1985.

Richner, B.: Reduktion der Eiablage der Möhrenfliege durch »Repellents« oder »Deterrents«. Diplomarbeit, ETH Zürich 1981.

Scharpf, H. C.: Die Auswirkungen der organischen Düngung auf das Abwehrpotential des Bodens gegen bodenbürtige Schaderreger im Gemüsebau. Diplomarbeit, Geisenheim im Rheingau 1971.

Schärffenberg, B.: Der Einfluß der Edelkompostdüngung auf das Auftreten des Kartoffelkäfers. Zeitschrift für angewandte Entomologie 62, S. 90–97. 1968.

Schuler, A.: Reduktion der Eiablage der Möhrenfliege mit Pflanzenextrakten. Diplomarbeit, ETH Zürich 1982.

Stiegler, D.: Wirkung einiger Pflanzenpflegemittel auf verschiedene Mykosen. Diplomarbeit, Universität Stuttgart-Hohenheim 1975/76.

Biologischer Land- und Gartenbau

Abtei Fulda: Beerenobst. Für den Garten dies und das. Gemüsebau auf naturgemäßer Grundlage. Obstbaukalender. Pflanzensaft gibt Pflanzen Kraft (5 Bändchen). Herausgeber: Abtei Fulda, D-6400 Fulda.

Arbeitsgruppe für biologischen Land- und Gartenbau: Wegleitung zum biologischen Gartenbau. *Heft 1: Für Anfänger. Heft 2: Für Fortgeschrittene. CH-3436 Zollbrück 1984.

Brauner, H., u. a.: Gesunder Boden – Leistungsstarker Betrieb. Leopold Stocker Verlag, Graz 1977.

Caspari, F.: Fruchtbarer Garten. Wirtschaftsverlag M. Klug, München 1964.

Cohrs, E.-O.: Informationsblätter über biologischen Pflanzenschutz im Obst- und Gemüsebau. Rotenburg/Wümme 1977.

*Eichenberger, R., u. a.: Das Jahr im biologischen Gartenbau. Verlag Eugen Ulmer, Stuttgart 1983.

Fischer, H. U.: Garten-Manual. Eichmann AG, Sigigen 1978.

*Frank, G.: Gesunder Garten durch Mischkultur. Südwest-Verlag, München 1980.

Franz, J. M., Krieg, A.: Biologische Schädlingsbekämpfung. Verlag Paul Parey, Hamburg/Berlin 1976.

Haller, A. v.: Lebenswichtig aber unerkannt. Phytonzide schützen das Leben. Verlag Boden und Gesundheit, Langenburg 1977.

Helbach, J.: Schädlingsbekämpfung ohne Gift in Gärten. Vaterland Verlag, Neuwied 1967.

*Heynitz, K. v., Merckens, G.: Das biologische Gartenbuch. (Auf biologisch-dynamischer Grundlage), Verlag Eugen Ulmer, Stuttgart 1987.

Hitschfeld, O.: Naturgemäße Schädlingsabwehr. Heinrich Schwab Verlag, Schopfheim 1976.

*Howard, M.: Naturgemäßer Gartenbau. Desertina Verlag, Disentis 1978.

– *Mischkulturen für Flach- und Hügelbeete. BLV Verlagsgesellschaft, München 1985.

Kabisch, H.: Grundzüge eines biologisch-dynamischen Land- und Gartenbaues. Forschungsring für biologisch-dynamische Wirtschaftsweise, Darmstadt.

Koepf, H., Pettersson, B. D., Schaumann, W.: Biologische Landwirtschaft. Eine Einführung in die biologisch-dynamische Wirtschaftsweise. Verlag Eugen Ulmer, Stuttgart 1976.

Könemann, E.: Biologischer Obstbau und Beerenanbau. Verlag W. Braumüller, Wien 1977.

Lust, V.: Naturgesteigerter Intensiv-Apfelanbau auf biologisch-dynamischer Grundlage. Balingen 1976.

– Biologischer Obst- und Gemüsebau. Verlag Eugen Ulmer, Stuttgart 1987.

Merckens, G.: Obstpflege im Jahresablauf. In: Gartenrundbrief aus der biologisch-dynamischen Arbeit. Pforzheim 1975.

*Müller, M.: Praktische Anleitung zum organisch-biologischen Gartenbau. Schweiz. Bauern-Heimatschule, Großhöchstetten 1979.

Pfeiffer, E., Riese, E.: Der erfreuliche Pflanzgarten. Rudolf Geering-Verlag, Dornach 1977.

Schoch, A.: Bio-Garten-Tips. Gals 1977.

Steiner, R.: Geisteswissenschaftliche Grundlagen zum Gedeihen der Landwirtschaft. Landwirtschaftlicher Kursus. Verlag der Rudolf Steiner-Nachlaßverwaltung, Dornach 1963.

Thun, M.: Aussaattage. (Erscheint jährlich.) Biedenkopf/Lahn.

– Hinweise aus der Konstellationsforschung. Biedenkopf/Lahn 1977.

Welten, F.: Biologischer Gartenbau-Ratgeber. Lichtquellverlag, Oberwil 1978.

* Einführende Literatur für Anfänger

Zeitschriften für den biologischen Land- und Gartenbau

Schweiz

Der biologische Land- und Gartenbau, 6 Ausgaben
Herausgeber: Schweizerische Gesellschaft für biologischen Landbau (SGBL)
Bezug: Frau E. Hitz
Kapellstraße 10
5610 Wohlen

Beiträge der biologisch-dynamischen Wirtschaftsweise, 12 Ausgaben
Bezug: Frau Helena Ellenberger-Kruker
8574 Lengwil-Oberhofen TG

»z. B.«, 12 Ausgaben
Herausgeber: Forschungsinstitut für biologischen Landbau
Bernhardberg
4104 Oberwil BL

Kultur und Politik, 6 Ausgaben
Zeitschrift für organisch-biologischen Landbau Möschberg
3506 Grosshöchstetten

Bundesrepublik Deutschland

»bio-land«, 6 Ausgaben
Verlag: Bioland-Verband für organisch-biologischen Landbau
Barbarossastraße 14
7336 Uhingen

Boden und Gesundheit, 4 Ausgaben
Bezug: Verlag Boden und Gesundheit
7183 Langenburg

Garten Organisch, 4 Ausgaben
Bezug: Organischer Landbau Verlag
Postfach 3645
7900 Ulm

Gartenrundbrief, 6 Ausgaben
Bezug: K. von Heynitz
Mathysstraße 34
7530 Pforzheim

IFOAM, 4 Ausgaben
Bezug: Stiftung ökologischer Landbau
Postfach 3048
6750 Kaiserslautern

Lebendige Erde (mit Gartenrundbrief), 6 Ausgaben
Bezug: Baumschulweg 19
6100 Darmstadt-Land 3

Naturgemäßer Land- und Gartenbau, 6 Ausgaben
Bezug: O. Hitschfeld
Postfach 1160
5912 Hilbach/Siegerland

Österreich

»Ernte«, 4 Ausgaben
Fachzeitschrift des Verbandes der organisch-biologischen Bauern
Rosensteingasse 43
1170 Wien

Organisationen für den biologischen Land- und Gartenbau

Schweiz

Associazione ticinese per l'agricultura ecologica
Geschäftsstelle
6969 Sonvico TI

Arbeitsgruppe Biogarten
Sekretariat
3436 Zollbrück BE

Biofarm Genossenschaft
Präsident: W. Scheidegger
4936 Kleindietwil BE

Organisch-biologischer Landbau
Präsident: F. Dähler
3506 Großhöchstetten BE

Produzentenverein für biologisch-dynamische Wirtschaftsweise
Präsident: F. Baumgartner
»La Branche«
1099 Mollie-Margot VD

Progana
Präsident: A. Hoffmann
Jolimont
1304 Cossonay VD

Schweizerische Gesellschaft für biologischen Landbau (SGBL)
Sekretariat
6611 Mosogno TI

Schweizerische Stiftung zur Förderung des biologischen Landbaus
Präsident: Dr. M. Schüpbach
Bernhardsberg
4140 Oberwil BL

Vereinigung schweizerischer biologischer Landbau-Organisationen (VSBLO)
Geschäftsstelle
Poststraße 12
8383 Sulgen

Bundesrepublik Deutschland

ANOG – AG für naturnahen Obst-, Gemüse- und Feldfruchtanbau
Anton-Reuter-Straße 18
5400 Koblenz

Arbeitsgemeinschaft Bodenfruchtbarkeit und Qualität (abq)
Postfach 1112
7900 Ulm

Biokreis Ostbayern
Rosensteig 13
8390 Passau
Boden und Gesundheit
7183 Langenburg
Bundesverband ökologischer Weinbau
Obergasse 9
6719 Ottersheim/Pfalz
Forschungsring zur Förderung der biologisch-dynamischen Wirtschaftsweise
Baumschulweg 19
6100 Darmstadt
Naturland – Verband für naturgemäßen Landbau
Kleinhaderner Weg 1
8032 Gräfelfing
Stiftung Ökologischer Landbau
Postfach 3048
6750 Kaiserslautern
Verband für organisch-biologischen Landbau
Barbarossastraße 14
7336 Uhingen

Österreich
Boltzmann-Institut für biologischen Landbau
Rinnböckstraße 15
1010 Wien
Dachverband für ökologische Lebenssicherung und zukunftsorientierte Umwelt
Präsident: Prof. Dr. G. Preuschen
Thal Eck 436
8051 Graz
Studienzentrum für Agrarökologie
Technikerstraße 13
6030 Innsbruck
Österreichischer Demeterbund
Geschäftsstelle: Rosensteingasse 43
1170 Wien
Verband organisch-biologisch wirtschaftender Bauern Österreichs
Obmann: J. Illig
Maulham 5
4870 Vöcklermarkt

Auskunftsstellen

Schweiz
Auskunftsstelle für biologisch-dynamische Wirtschaftsweise
Goetheanum
4143 Dornach BL
Eidgenössische Forschungsanstalt für Obst-, Wein- und Gartenbau
8820 Wädenswil ZH
Forschungsinstitut für biologischen Landbau
Bernhardsberg
4104 Oberwil BL
Kantonale Zentralstellen für Pflanzenschutz
Schweizerische Vogelwarte
6204 Sempach LU
Schweizerisches Landeskomitee für Vogelschutz (SLKV)
8903 Birmensdorf ZH
WWV-Zentrum für Umwelterziehung
4800 Zofingen AG

Bundesrepublik Deutschland
(siehe Organisationen)

Deutsche Naturschutzakademie e.V.
Ulrichstraße 5a
8700 Würzburg

Institut für biologische Schädlingsbekämpfung, Bundesanstalt für Land- und Forstwirtschaft
6100 Darmstadt
Pflanzenschutzstellen und Vogelwarten der Länder

Österreich
(siehe Organisationen)

Bundesanstalt für Pflanzenschutz
Trunnerstraße 5
1021 Wien

Bodenanalysen

Eidgenössische Forschungsanstalt für Obst-, Wein- und Gartenbau
CH-8820 Wädenswil ZH
Labor für Bodenuntersuchungen und Spurenmetalle-Analytik
Dr. F. Balzer
Oberer Ellenberg 5
D-3551 Amönau/Hessen
Centraal bodemkundig Bureau Rispens
Singelstraat 19–21
NL-Deventer
CCB
W. Felderer
Speckbacherstraße 5
I-39012 Meran, Südtirol
Bundesanstalt für Bodenwirtschaft
Denisgasse
A-1200 Wien

Bezugsquellen für biologische Pflanzenschutzmittel

Bundesrepublik Deutschland
Biofa-Agrarprodukte
Stuttgarter Straße 45/1
7430 Metzingen
Bio-Gartenmarkt Keller
Konradstraße 17
7800 Freiburg i. Br.
(Diverse Mittel)
Corna-Werke, Wölper GmbH & Co
Erbacherstraße 41
7900 Ulm-Grimmelfingen
(Pflegemittel u. a.)
Finzelberg Extrakte
5470 Andernach
(Pflegemittel u. a.)
W. Neudorff GmbH
Postfach 1209
3254 Emmerthal 1
(Pflegemittel u. a.)
Schaette Gebr. KG
Postfach 147
7967 Bad Waldsee
(Pflegemittel u. a.)
Snoek Produkte, R. Kriete
Postfach 770116
2820 Bremen 77
Ulmasud
Richener Straße 41
7519 Eppingen-Adelshofen

Schweiz
Algovit GmbH
4104 Oberwil/BL
(Algenmittel u. a.)

Andermatt-BIOCONTROL
6146 Grossdietwil
(Granulose-Virus gegen Apfelwickler und Schalenwickler, Nematoden gegen Dickmaulrüssler, u. a.)
Hasler Agro AG
4028 Basel
(Algenmittel u. a.)
Ledona AG
Ottigenbühlstraße 25
6030 Ebikon-Luzern
(Pflegemittel u. a.)
Stoeckler Bio Agrar AG
Neuhofstraße 5
8630 Rüti
(Neudorff-Produkte u. a.)
Wytor AG
1628 Vuadens
(Algenmittel u. a.)
Zimmerli AG
Hohlstraße 50
8048 Zürich
(Steinmehle u. a.)

Österreich
Ing. Eisinger
Postfach 33
4403 Steyr
(Pflanzenpflegemittel)
Ing. Furtner
Dürrwienstraße 5
3021 Presbaum
(Generalimporteur für Otto Cohrs Produkte)
E. Joas
Hatschikstraße 2
4840 Vöcklaburg
(Pflanzenpflegemittel)

Lieferanten von Nützlingen

Andermatt-BIOCONTROL
CH-6146 Grossdietwil
(verschiedene Nutzorganismen)
Firma Conrad Appel GmbH
Bismarckstraße 59
D-6100 Darmstadt
(Trichogramma-Schlupfwespen gegen Apfelwickler und Schalenwickler)
Andréfleurs Lausanne SA
Avenue des Baumettes 9
CH-1020 Renens
(Schlupfwespen, Raubmilben, Gallmücken)
BioNova GmbH
Boschstraße 16
D-4190 Kleve
Tel. 02821/89484
(Florfliege – auf Mullgaze oder Eier zum Ausspritzen, Schlupfwespen, Raubmilben)
De Groene Vlieg
Diuvenwaardsedijk 1
NL-3244 LG Nieuwe Tonge
Tel. (0031) 1875/1862
(Nematoden)
Einkaufsvereinigung Schweizerischer Gärtnermeister und Floristen (ESG)
Forchstraße 287
CH-8029 Zürich
Tel. (05) 01/553711
(Insektenparasitäre Nematoden)
Fattinger Agrarchemie
Liebenauer Hauptstraße 89
A-8041 Graz
Tel. (0043) 316/420810

Firma Geissler, Samenhandel
Goldbrunnenstraße 157
CH-8056 Zürich
(Nützlinge für den Erwerbsanbau)

Institut für Gemüsebau
Fachhochschule Weihenstephan
Lange Point
D-8050 Freising 12
Tel. (06) 08161/71366

Koppert B.V.
Veilingweg 64
NL-2651 BE Berkel en Rodenrijs
Tel. (0031) 1891/4044
(Raubmilben, Schlupfwespen, Nematoden)

Maag AG
CH-8157 Dielsdorf
Tel. (05) 01/8551111

E. Mahler, Gärtnerei Eichberg
CH-5707 Seengen
(Schlupfwespen auf Depotpflanzen)

Firma Jan Mertens B.V.
Vergelt 3
NL-5991 PJ Baarlo
Tel. (0031) 4707/1606

W. Neudorff GmbH KG
An der Mühle 3
D-3254 Emmerthal 1
Tel. 05155/63263
(Raubmilben, Schlupfwespen, Gallmücken, Florfliegen, Nematoden)

D. Niessner, Nützlingszuchten
Hugo-Wolf-Straße 13
D-4010 Hilden
Tel. (06) 02103/44808

Nordwestverband
CH-4500 Solothurn
(Nutzorganismen, Kirschenfliegenfalle)

Dipl.-Ing. Sautter und Stepper
Rosenstraße 19
D-7403 Ammerbuch 5
Tel. 07032/75501
(Raubmilben, Schlupfwespen, Florfliege, Gallmücke *Amblyseius*)

Hatto Welte
Maurershorn 10
D-7752 Reichenau
Tel. 07534/7190 oder 07534/431
(Raiffeisen-Lagerhaus)
(Raubmilben, Schlupfwespen)

Definitionen von Fachausdrücken

Abbaubarkeit:
Abnahme der Giftigkeit eines Wirkstoffes durch chemische Umwandlung.
Absud:
Durch Absieden gewonnene Flüssigkeit, entspricht der Brühe.
Alkalisch:
Chemisch laugenartig wirkend, im Gegensatz zu sauer; pH-Wert über 7 (zum Beispiel Kalk wirkt alkalisch).
Antiobiotika:
Stoffwechselprodukte von Bakterien oder Pilzarten, die wachstumshemmend oder abtötend auf Krankheitserreger wirken.
Atemgift:
Mittel, welches über Atemwege giftig wirkt.
Auflaufen:
Aufkeimende Saat.
Bastgewebe (Kambium):
Teilungsfähiges Pflanzengewebe, wichtig für das Dickenwachstum.
Baumscheibe:
Mulchschicht auf dem Wurzelbereich der Bäume.
Bestockung:
Entwicklung von Seitentrieben aus tiefliegenden Knospen.
Biologisch:
Lebensgesetzlich, naturgemäß.
Biologisch-dynamischer Anbau:
Biologische Landbaumethode auf anthroposophischer Grundlage (begründet von Rudolf Steiner).
Blattgrün (Chlorophyll):
In den Pflanzenzellen enthaltener grüner Farbstoff; er dient der Ausnutzung des Lichtes für chemische Prozesse (Photosynthese).
Bodenbedeckung:
Der Boden wird mit verrottbarem Pflanzenmaterial bedeckt (Mulchen).
Bodenverdichtung:
Schlecht durchlüfteter, nicht krümeliger Boden.
Chlorophyll:
Siehe Blattgrün.
Deformation:
Verformung, Verkrüppelung.
Doldenblütler:
Umbelliferae. Für Insekten wichtige Pflanzenfamilie, zum Beispiel mit Möhren, Dill, Petersilie, Kerbel.
Dränage:
Entwässerung.
Fangpflanzen:
Pflanzen, zum Beispiel Salat, die als Köder für Schädlinge gesetzt oder gesät werden.
Fraßgift:
Mittel, das durch die Verdauungsorgane giftig auf Lebewesen wirkt.
Fruchtfolge:
Anbaufolge verschiedener Pflanzenarten.
Fruchtholz:
Obstbaumtriebe, welche Früchte bilden.
Fruchtwechsel:
Wechsel der Pflanzenart im Anbau.
Fungizid:
Pilzbekämpfungsmittel.
Gallen:
Durch Ausscheidungen von Schädlingen verursachte runde Wucherungen an Pflanzenteilen.
Gründüngung:
Der Anbau von Pflanzen zum alleinigen Zweck der Düngung und Bodenverbesserung.
Hauptwirt:
Siehe Wirtspflanze.

Herbizid:
Chemisches Unkrautbekämpfungsmittel.
Humus:
Nährstoffreicher Bestandteil der obersten Bodenschicht, der durch die Zersetzung pflanzlicher und tierischer Stoffe entstanden ist.
Imago (Mehrzahl Imagines):
Vollentwickeltes Insekt.
Insektizid:
Insektenbekämpfungsmittel.
Kambium:
Siehe Bastgewebe.
Kieselgehalt:
Gehalt an Kieselsäure im Pflanzengewebe.
Kieselgur:
Weißliche, lockere Masse aus den Skeletten der Kieselalgen aus dem Tertiär (Bergmehl).
Kokon:
Hülle der Insektenpuppe.
Kompost:
(lateinisch: componere = zusammensetzen) Durch die natürliche Zersetzung pflanzlicher und tierischer Abfälle entsteht neue Erde; die in ihnen enthaltenen Nährstoffe werden für die Pflanzen wieder verfügbar.
Konidie:
Ungeschlechtliche Verbreitungsform bei Pilzen; entsteht durch Abschnürung an besonders ausgebildeten Trägerorganen.
Kontaktgift:
Berührungsgift.
Korbblütler:
Compositae. Zu dieser Familie gehören Kopfsalat, Endivie, Löwenzahn, Zichorien, Astern, Margeriten, Distelarten.
Kreuzblütler:
Kruziferen, Brassicaceae. Große Pflanzenfamilie, zum Beispiel mit Kohlgewächsen, Senf, Kresse, Rettich, Levkoje.
Larve:
Entwicklungsstadium der Insekten nach dem Schlüpfen aus dem Ei.
Leguminosen:
Schmetterlingsblütler, Leguminosae. Pflanzenfamilie, welche die Fähigkeit hat, Stickstoff mit Hilfe von Knöllchenbakterien an den Wurzeln aus der Luft zu binden.
Leitbündel:
Die Leitgewebe für Wasser und Nährstoffe der Pflanzen sind zu Bündeln vereinigt.
Lentizellen:
Gewebeöffnungen der Pflanzen, die dem Gasaustausch dienen.
Lippenblütler:
Labiatae. Viele Gewürzkräuter wie Rosmarin, Thymian, Dost, Salbei.
Mineraldünger:
Dünger, welche aus anorganischem, mineralischem Rohmaterial hergestellt werden. Durch chemische Verfahren können darin enthaltene Mineralstoffe leichter löslich gemacht werden.
Mischkulturen:
Der gleichzeitige Anbau verschiedener Pflanzenarten im gleichen Pflanzbeet.
Mulchen:
(englisch: to mulch) Bodenbedeckung mit verrottbarem Pflanzenmaterial.
Myzel:
Pilzgewebe.
Nachtschattengewächse:
Solanaceae. Pflanzenfamilie, zum Beispiel Kartoffel, Tomate, Peperoni, Tollkirsche.
Nekrose:
Abgestorbenes Gewebe.
Nervengift:
Wirkt auf das Nervensystem.
Notreife:
Vorzeitige, unvollständige Reife-Entwicklung.

Nymphe:
Entwicklungsstadium zwischen Larve und ausgewachsenem Tier (kommt zum Beispiel bei Blattläusen vor).
Ökologie:
Die Lehre von den Beziehungen zwischen Lebewesen und Umwelt.
Organisch:
Zur belebten Natur gehörend.
Organisch-biologischer Anbau:
Landbaumethode nach Dr. H. Müller und Dr. H. P. Rusch.
Organismus:
Einheitliches, gegliedertes, lebendiges Ganzes; Lebewesen.
Parthenogenese:
Fortpflanzung durch unbefruchtete Eier.
Pestizid:
Überbegriff für chemische Pflanzenschutzmittel.
pH-Wert:
Gibt den Säuregrad, das heißt die Wasserstoffionen-Konzentration einer Lösung an.
Physiologischer Schaden:
Störung der Lebens- und besonders der Wachstumsvorgänge.
Phytonzide:
Von höheren Pflanzen gebildete Stoffe, die krankheitsabwehrend oder heilend wirken.
Population:
Art- oder rassengleiche Lebewesen eines begrenzten Raumes.
Pustel:
Kleiner Höcker, Bläschen.
Resistenz:
Widerstandsfähigkeit.
Rosengewächse:
Rosaceae. Große Pflanzenfamilie, nebst Rose, Kern- und Steinobst, Beeren usw.
Schmetterlingsblütler:
Leguminosen, Hülsenfrüchtler, Leguminosae, Papilionaceae. Große Pflanzenfamilie, zum Beispiel Bohne, Erbse, Klee, Lupine, Wicke.
Skelettierfraß:
Fraß, der nur Blattadern übrig läßt.
Sommerwirt:
Siehe Wirtspflanze.
spec.:
Abkürzung für lat. species = Art.
Spurenelemente:
Elemente, zum Beispiel Mangan, Bor, Kupfer.
Stoffwechsel:
Die Umsetzung im Organismus zwischen Nahrungsaufnahme und Ausscheidung. Die damit verbundene Energiefreisetzung ist für alle Lebensvorgänge unerläßlich.
Stolonen:
Ausläufer der Wurzeln.
Suspension:
Aufschwemmung feinstverteilter, fester Stoffe in einer Flüssigkeit.
syn. = Synonym:
Nebenname.
Tönnchen:
Siehe Kokon.
Toxikologie:
Die Lehre von den Giften und Vergiftungen.
Toxisch:
Giftig.
Triebstauchung:
Im Wachstum gehemmter Trieb.
Vertikutieren:
Maschinelle Lockerung zur Regenerierung von vermoosten Rasen.
Wirtspflanze:
Pflanze, auf der sich gewisse Lebewesen entwickeln.

Wirtswechsel:
Schädlinge und Krankheiten wechseln im Laufe ihrer Entwicklung die Pflanzenart (Wirtspflanze).

Zeigerpflanzen:
Wildwachsende Pflanzen, die auf Bodenbeschaffenheit und Düngezustand hinweisen.

Zwischenwirt:
Siehe Wirtswechsel.

Bildquellen

Die Zeichnungen fertigte Yvonne Escher-Vuilleumier, CH-Wermatswil.

Baumeister, W., D-Stuttgart: Seite 37 rechts, 56, 61 oben, 90, 95 rechts, 218.
Eidgenössische Forschungsanstalt für Obst-, Wein- und Gartenbau, CH-Wädenswil: Seite 51 oben rechts, mitte (2) und unten, 59, 60, 61 unten, 65, 78, 80, 82 links, 92 oben, 93, 99, 100 (2), 102 oben, 108, 110 links, 114, 115 oben links, 123, 125, 126 (2), 129, 130 rechts, 131 links, 133, 136 oben, 150, 168, 169 links.
Erhardt, W., D-Langenstadt: Seite 235.
Grimm, R., CH-Wädenswil: Seite 88, 95 links, 134 oben, 136 unten, 138, 146 (2).
Güdemann, U., CH-Hallau: Seite 217 links.
Hapo Agrar & Naturbild, D-Rielasingen: Seite 62, 142.
Henggeler, St., CH-Meggen: Seite 118, 226.
Henseler, E., D-Bonn: Umschlag kleines Bild links, Seite 63, 102 unten, 140 rechts, 144, 185 links, 187, 188 rechts, 196, 198, 200, 202 links, 204 oben.
Kantonale Zentralstelle für Obstbau, Strickhof, CH-Lindau/ZH: Seite 155 links, 158, 160, 166 (2), 170.
Landesanstalt für Pflanzenschutz, D-Stuttgart: Seite 45, 82 rechts, 83, 85, 86 unten, 106 unten, 107, 109 oben, 110 rechts, 112, 122, 131 rechts, 134 unten, 135, 145 links, 149 unten, 151, 152, 154, 155 rechts, 157, 159, 163, 172, 173, 180, 182, 185 rechts, 188, 193, 194, 202 rechts, 204 unten, 221.
Keller, E., CH-Arenburg/Mannenbach: Seite 76, 84, 92 unten, 93, 101, 138 links, 169 rechts.
Keller, S., CH-Watt: Seite 39 mitte und unten, 41 oben links und rechts, 43 (2), 47, 73, 112 rechts, 113, 121, 220, 222.
Pfirter, A., CH-Baden: Seite 66, 115 unten links.
Reinhard, H., D-Heiligkreuzsteinach: Seite 26, 27, 30, 33, 34, 35, 37 links.
Remund, U., CH-Wädenswil: Seite 36, 42, 127 (2), 145 links, 149 oben links und unten.
Schauz, E., D-Geislingen/Steige: Seite 41 unten links.
Schmid, O., CH-Wertmatswil: Seite 48, 51 oben links, 54, 67, 86 oben, 106 oben, 109 unten, 115 rechts, 140, 141, 215, 217 rechts, 223.
Schütz, S., CH-Zollbrück: Seite 208.
Steiner, H. (†): Umschlag großes Bild und kleines Bild rechts, Seite 39 oben 44, 46, 144 unten.
Thomas, S., CH-Winterthur: Seite 32.
Wepf, E., CH-Dietwil: Seite 194 (2).

Register

Halbfette Ziffern verweisen auf Schwerpunkte der Ausführungen, Ziffern mit Sternchen * beziehen sich auf Farbabbildungen.

Sachregister

Verzeichnis der Wissenschaftsnamen